“十三五”职业教育国家规划教材

营销素养训练

——团队与个人管理实务

（第二版）

肖剑锋 主编

U0833039

中国财经出版传媒集团
中国财政经济出版社

图书在版编目（CIP）数据

营销素养训练：团队与个人管理实务／肖剑锋主编
. --2 版. --北京：中国财政经济出版社，2021.2（2022.8重印）
“十三五”职业教育国家规划教材
ISBN 978-7-5095-9479-7

Ⅰ.①营… Ⅱ.①肖… Ⅲ.①销售管理-中等专业学校-教材 Ⅳ.①F713.3

中国版本图书馆 CIP 数据核字(2019)第 263014 号

责任编辑：樊　闽　　　　封面设计：育林华夏
责任印制：张　健

营销素养训练
YINGXIAO SUYANG XUNLIAN

中国财政经济出版社 出版
URL：http：//www.cfeph.cn
E-mail：cfeph@cfeph.cn
（版权所有　翻印必究）
社址：北京市海淀区阜成路甲 28 号　邮政编码：100142
营销中心电话：010-88191522
天猫网店：中国财政经济出版社旗舰店
网址：https：//zgczjjcbs.tmall.com
北京富生印刷厂印刷　各地新华书店经销
成品尺寸：185mm×260mm　16 开　11 印张　259 000 字
2021 年 2 月第 2 版　2022 年 8 月北京第 2 次印刷
定价：30.00 元
ISBN 978-7-5095-9479-7
（图书出现印装问题，本社负责调换，电话：010-88190548）
本社质量投诉电话：010-88190744
打击盗版举报热线：010-88191661　QQ：2242791300

编写 说明

本书是"十三五"职业教育国家规划教材，经全国职业教育教材审定委员会审定，作为全国职业院校财经商贸类专业教材使用。

一、本书编写目的

近年来，职场中出现频率最高的词大概非"团队"和"个人素养"莫属了。企业招聘时要求雇员能"融入团队"并具备良好的"个人素养"，个人应聘时要突出自己具备良好的"团队精神"和"个人素养"。究其原因，主要是因为一个组织强大的竞争优势不仅在于员工个人能力的卓越，更重要的体现在整体合力的强大。而现代组织中，岗位分工的日益细化和工作内容的不断复杂化，要求员工之间必须充分沟通和合作，才能发挥"1+1>2"的效应，才能实现组织绩效的最大化，才能最终确保成员各自利益的最大化。可以肯定，单打独斗的"独行侠"时代已经一去不复返了。

管理界有句名言："智力比知识更重要，素质比智力更重要，觉悟比素质更重要。"20世纪以来，科学家在相继提出"智商"（IQ）、"情商"（EQ）的概念后，又提出了"灵商"（SQ）的概念，并通过大量的研究得出结论：一个人的事业成就，更多地取决于情商和灵商。著名心理学家荣格曾列出一个公式：I + We = Full，意思是要把自己融入团队才能实现自我价值。所以，提高个人素养管理水平，培养个人在团队中工作的意识和能力是当代职业教育中必不可少的一个环节。

然而，当前职业教育面临的现状是：一方面企业对员工团队和个人管理能力日益重视，另一方面学生团队意识相对淡薄和个人职业素养相对滑坡，二者的矛盾虽然已引起职业教育界的注意，但却鲜有学校开设相关课程，这方面的教材就更是缺乏。为此，我们组织编写了这本适合职业院校学生使用的《营销素养训练——团队与个人管理实务》。

二、本书编写原则

1. 实务原则。本教材编写着眼于理论知识在工作生活实践中的应用，力求解决"所学无用"和"所用未学"的问题。通过借鉴大量的企业在职人员实际培训课程，紧密结合当前企业对员工团队与个人管理技能的实际要求，采用多种实训手段，努力使教材达到"工作和生活中就是如此"的效果。

2. 能本原则。本教材的目的是增强学生团队工作和自我管理的技能，坚持"能力本位"原则，借鉴任务驱动法，以学生为主体、以任务为核心、以活动为载体、以行动为主线、以"干中学"为方法、以实训为手段，通过学生之间及师生之间的亲密合作和互动来提高学生的技能，并让学生在反复的演练中形成一种良好的职业习惯。

3. 兴趣原则。根据“兴趣和方法是获得知识、发现真理的工具”，“游戏是学习新的复杂的客体和事件的一种方法”等思想，本教材尽量缩减理论篇幅，注重通过有趣的拓展游戏活动让学生去“玩”去“悟”，让学生在痛快的“玩”中通过观察、思考去体验领悟其中蕴含的道理和应对方法。

4. 新颖原则。教材体系充分体现职业教育的特点，采用“做一做”“议一议”“评一评”“想一想”“学一学”“练一练”“悟一悟”这样的独创体例，形成一条借鉴任务驱动法步骤而不断深入的“学习链”，同时配以“名词解释”“小伴读”“技能点拨”“小提醒”“小资料”等栏目，引发学生的阅读兴趣。

5. 可行原则。作为培养学生通用能力的职业课程，本教材力求保证教学内容符合职业院校学生年龄特征和知识水平，拓展活动简易可行，活动中所用的器具和必备的条件都坚持“就地取材、易于开展”的原则，具有很强的教学可实施性。

三、本书编写思路

在教学实践中，我们发现学生对团队和个人管理的大道理其实都耳熟能详，但在实践中碰到各种问题时却找不到或不会运用好的解决方法，所以本课程重点突出方法论而不是突出理论教学。我们借鉴企业拓展培训和欧美职业教育教学的经验，重视右脑式的“干中学”方法，将团队与个人管理的每项技能逐一分解为一个个任务，强调身体力行的“体验”，再通过教师的“对症下药”教学，一方面通过不断的强化演练使学生养成一种良好的职业习惯，另一方面让学生从亲身的感受中去进一步学习和领悟团队与个人管理技能。教材编排的基本步骤是：“做一做”（学生参与分组拓展游戏活动）——“议一议”（活动后分组讨论总结）——“评一评”（教师评点）——“想一想”（教师提出相关课题）——“学一学”（背景理论）——“练一练”（案例和实践题进行知识巩固和消化）——“悟一悟”（学习体会）。全书的课时分配如下表所示。

教学内容		课时分配		
任务	课题	理论课	实训课	合计
任务一：构建团队组织	课题一：人际破冰——态度决定人生	2	2	4
	课题二：认识团队	4	4	8
	课题三：团队形象设计	2	2	4
	课题四：团队项目管理	2	2	4
任务二：铸造团队精神	课题一：赢在团队	2	2	4
	课题二：互尊互信——建立团队互相信任的方法	2	2	4
	课题三：合作共赢	2	2	4
	课题四：勇担责任	2	2	4
	课题五：换位思考	2	2	4
	课题六：乐于奉献	2	2	4

续表

教学内容		课时分配		
任务	课题	理论课	实训课	合计
任务三：提升团队效能	课题一：团队决策	4	4	8
	课题二：团队沟通	4	4	8
	课题三：团队教练	4	4	8
	课题四：团队冲突	4	4	8
	课题五：团队激励	2	2	4
	课题六：打造学习型团队	2	2	4
任务四：促成个人超越	课题一：唤醒潜能	2	2	4
	课题二：找回自我	2	2	4
	课题三：形象管理	4	4	8
	课题四：时间管理	4	4	8
	课题五：健康情绪管理	2	2	4
机动	机动	4	4	8
总计		60	60	120

四、本书编写分工

本书由广东财贸职业学院肖剑锋任主编，编写任务一；扬州科润德机械有限公司曾国良任副主编，编写任务二；广东财贸职业学院全君君编写任务四；关怀庆编写任务三。

在教材编写过程中，我们借鉴和参考了大量的相关书籍和文献，在此谨向这些作者表示诚挚的感谢！受编者水平所限，书中难免会有不妥和错误之处，恳请各位读者给予批评指正。

本书为用书学校任课老师提供了课后习题答案和电子课件，如有需要，请登录 jiaocai. cfeph. cn 下载。

编　者

(xjfinchina@ 163. com)

2021 年 1 月

目　录

任务一 构建团队组织

【任务要点】
- 培养主动积极的心态和行为习惯
- 正确认识团队
- 塑造团队形象
- 掌握团队项目管理流程及技巧

课题一　人际破冰——态度决定人生

做一做

【游戏名称】马兰花开。

【场地设施】多功能课室/礼堂/操场/空地，尽量与其他班级地点分开。

【所需时间】10～15 分钟。

【游戏步骤】

将全班同学集合起来，先自由排列成四列，再采用报数等方式将他们重新编排成男女相间的混合四列，注意尽量不让熟悉的同学排在一起。然后叫每位同学依次伸出双手搭接在前面同学的双肩上，将四列首尾相连使全班同学搭接成一个圆圈并不断转圈行进。教师则一边拍手一边大声说："马兰花，马兰花，风吹雨打都不怕，机灵的人儿要说话，请你马上就开花！"学生行进的节奏必须随教师的掌声和语速而起伏。

教师宣布游戏规则如下：

每位男生代表一瓣花，每位女生代表两瓣花。每当教师说完"请你马上就开花"时，学生们要大声齐问："开几瓣？"然后按照教师回答的开花瓣数迅速自由组合，在规定的时间内如果不能恰好组合成规定的花瓣数的学生将被淘汰，淘汰的学生将依顺序站在另一边。如此多次重复，直到决出优胜者。

该游戏还可进一步延伸：在学生组合成相应瓣数的花朵后，要求每朵“花”要给自己取个名字并摆个造型，这个名字要求包含所有“花瓣”的特征，然后评选哪朵“花”最美。

【注意事项】

- 在游戏开始时，教师要注意保持幽默的态度，让大家迅速消除腼腆情绪。
- 在商务活动中记住对方姓名很重要，教师应尽量引导大家相互记住姓名。
- 被淘汰的人往往比较内向，要注意给他们以足够的鼓励和尊重。

议一议

游戏结束后教师充当主持人角色，注意通过鼓励和适当引导启发提问的方式，请获得最终胜利的1～3位同学和最先被淘汰的3～5位同学分别谈谈感受并总结原因。

评一评

各组汇报完毕后，教师对刚才的游戏表现作评点。

教师评述要点

- 和别人增进沟通和交流，拉近身心距离，创造合作共赢机会需要积极主动。
- 努力和勤奋不一定会赢，消极和懒惰一定会输。
- 你对事情采取什么样的态度，就会有什么样的结果。
- 资源是稀缺和有限的，只有主动行动和大胆竞争的人才有可能获得。
- 遇到上级，主动迎上去问好；遇到客户，主动询问需求。

想一想

完成评点后，教师进一步提出问题，请同学们思考发言：

- 为什么有的同学会输？为什么“会哭的孩子有奶喝”？
- 为什么说“消极是成功的绊脚石”，而“懒惰是成功的死神”？
- 你会从正反两方面评价“是金子总会发光的”这句名言吗？
- 单位新招一批员工，如何让他们迅速融入新环境？

名词解释

智商（IQ）：就是智力商数，是人们认识客观事物并运用知识解决实际问题的能力。智力主要包括观察力、记忆力、想象力、分析判断能力、思维能力、应变能力等。

人在智力上是有差别的，但是差别很小，智力超常和智力低下者都只占极少数，不到全部总数的3%，因而绝大多数都是平常人。谁都羡慕神童，期望自己有超常的智力，但是智商超常就等于前途无量、就等于成功吗？科学家经过大量的统计研究发现，杰出人物之所以与众不同，起决定因素的不是智商， 而是人的心态——态度决定人生。

一位牧师有一天路过市场，偶然听到一个顾客与屠夫的对话。

顾客："给我割一斤好肉。"

屠夫："哪一块不是好肉？看你想怎样吃了。你想吃排骨，要的就是骨头上的瘦肉；你想炼油，要的就是肥肉。"

顾客当场怔住，一边的牧师却恍然大悟。

生命可以价值极高，也可以一无是处，看你怎么去选择。让你的态度适应环境，而不是让环境控制你的态度。所以，无论情况好坏，只要你始终抱着积极的态度，始终有强烈的成功信念和无穷的精神力量，始终热情主动地寻找机会并勇于行动，尽管你可能现在是两手空空，但总有一天你可以依靠自己的打拼，创建事业，拥有自己的天地！

心灵就像一座花园，这座花园中有两名园丁——两者都会遵从你的每一道命令。一位园丁是积极的，专门处理积极思想的存取；另一位园丁是消极的，专门接受消极思想的存入与反馈。你是心灵的主人，对提取或存入都能完全控制。存入部分代表你的人生经验；取出部分决定了你的成功与快乐。你无法取出未曾存入的任何事物。每一项交易都包含"要用哪一位园丁"的选择。消极的园丁每遇到问题，就让你回想起过去你是怎样处理类似的问题，并预期你目前的问题会失败。积极的园丁每遇到问题时，会很热心地告诉你，过去你是怎样成功地处理更困难的问题，它带给你一些技巧和天才的例子，并且使你确信能够很容易地解决这个问题。进入你心灵的每一种思想，多少都会有些作用。积极的思想会产生积极的结果，而消极的思想会产生消极的结果。很明显，你应该只跟积极的园丁打交道，相信你能做到！

要对自己认定的事情热心并付诸行动，心理学家指出，只要你热心地行动，你就会变得热心；你会变得充满活力、兴奋并具有更高的效率。热心会变成生活的一种方式，你会发现当你热心时，会得到很多乐趣，会有更大的成就，同时你的经济情况也会令人满意。你不仅有实质上的利益，而且你的朋友、同事、家人甚至陌生人也能因此获益。

小伴读：

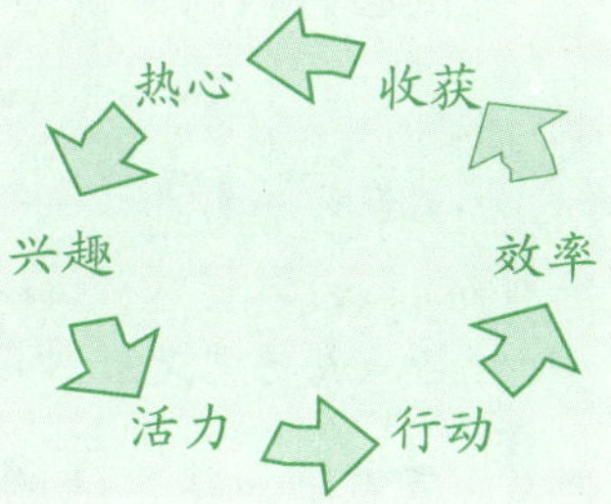

美国西点军校有一句名言："态度决定一切。"没有什么事情做不好，关键是你的态度问题。事情还没有开始做的时候，你就认为它不可能成功，那它当然也不会成功；或者你在做事情的时候不认真，那么事情也不会有好的结果。没错，一切归结为态度，你对事情付出了多少，你对事情采取什么样的态度，就会有什么样的结果。

一个人有什么样的心态，就会有什么样的追求和目标。具有积极、乐观心态的人，其人生目标必然高远；有了高远的目标，必然会为之努力。有努力必有回报。但看看我们身边，有多少人能真正对待自己学习的专业和从事的工作？甚至少数同学做学生时不是抱怨学校生活设施不好，就是抱怨专业没有前途，对学习、锻炼、第二课堂活动、竞选班团干部为同学服务等全都提不起精神。上课不是逃课就是打瞌睡，晚上通宵不睡觉去泡网吧打游戏，整日浑浑噩噩。在校几年碌碌无为，最终一事无成。毕业了好不容易找到工作单位，屁股还没坐热，就抱怨工资太低、管理太严、工作太辛苦等等一走了之，既影响公司经营也损伤学校声誉，但最终高不成低不就，于是干脆跑回家中做起“啃老一族”，徒令父母心伤。反观那些最后有所作为的同学，无一不具有积极主动、兢兢业业、一丝不苟、乐观向上的良好品行。

案例：

一位老板叫秘书给另外一位公司的经理发一封电子邀请函，连发几次都被退回。老板问秘书是怎么回事，秘书没去调查原因，只是猜测说，可能是对方邮箱满了的原因。可一周过去了，对方公司经理仍然没有收到企业的邀请函。这位老板又问秘书，秘书的回答竟然还是邮箱满了！企业因此失去了与该公司筹备已久的合作项目。后来才知道是由于秘书将对方的电子邮箱地址输入错误造成的。一气之下，老板辞退了这位具有本科学历的秘书。

还有一位秘书，她是高职毕业后应聘到一家外贸公司的。她的意向是经理秘书，但公司却安排她做办公室文员，具体任务就是负责收发传真、复印文件。她虽然有点犹豫，但还是抱着积极的态度投入到工作中，因为她觉得这样的机会来之不易，而她又只是一个高职生。她工作非常认真，同事们交代的事情，她都能准确而及时地完成，从没有怨言。有一次，经理拿来一份合同让她复印说要急用，细心的她习惯性地快速浏览了一遍合同。当经理有些不耐烦地催促她时，她指着一处发现的错误给经理看。经理吓出了一身冷汗，原来是一个数字后面多了一个零。她的细心为公司避免了上百万元的损失，很快她就被提升为经理助理。

（资料来源：改编自马菁：《态度决定一切全集》，中国戏剧出版社 2007 年版。）

很明显，两位秘书境遇是态度造成的。前者对工作消极懒惰，给公司带来了损失；后者则相反，不管工作是否理想，她都毫无怨言，能积极认真对待，对自己分内的工作是如此，对分外的工作也能注意到细枝末节。正是这种主动积极的工作作风，为企业挽回了一大笔的损失，也为她自己带来了工作机遇。

小伴读：

心态变→行为变→习惯变→性格变→做法变→结果变→人生变。成功就是一种习惯！

你的心有多高你就会飞多高。如果你认为你行，那你就行；如果你觉得不行，那你就不行。成败往往在一念之间。一个人能否成功，就看他对待事业的态度。成功人士与失败人士之间的区别就是：成功人士始终用最积极的思考、最乐观的精神支配和控制自己的人生。失败者刚好相反，他们的人生是受过去的种种失败与疑虑所引导和支配的。一个人是不是幸福，就看他对待生活的态度，幸福的人总会向希望、向光明看齐，而不幸福的人总是抱怨自己比不上别人。好的态度应该是，努力地付出，努力地追求，至于结果就不要强求了，毕竟还有很多因素制约着结果。有着这样心态的人往往更容易获得幸福感，最终也容易收获成功。所以，有一句格言说得好：“**性格决定命运，态度决定人生，思想决定高度，行动决定成败！**”

积极的人像太阳，走到哪里哪里光；消极的人像月亮，初一十五不一样。积极的心态创造人生，消极的心态耗尽人生。想法决定我们的生活，有什么样的想法就有什么样的未来。一个人的心态往往把他的命运决定了。如果你充满干劲、充满活力，你就可以克服现实中的种种艰难险阻，就会有人愿意追随你，形成一个团队，能干很多事情，事业也会取得成功。

好的心态导致成功，差的心态导致失败。要想温暖别人，你的内心就得有热情；要想照亮别人，你就得先照亮自己；要想照亮自己，就要先照亮内心。

- 有个妈妈在厨房洗碗，她听到儿子在后院蹦蹦跳跳玩耍的声音，便问："你在干嘛？"儿子回答："我要跳到月球上！"妈妈既没有泼冷水，也没有阻止他，只是说："好，不要忘记回来喔！"这个小孩后来成为第一位登上月球的人，他就是阿姆斯特朗。
- 旅馆房间的门上通常都挂有一个牌子，上面写着"请勿打扰"，供客人休息时使用。但是有多少人知道，自己每天从家里到办公室，脖子上仿佛也挂了这么一个牌子。由于你对一切事物缺乏热忱，同事不喜欢跟你合作，客户也觉得最好离你远一点。你也把这块牌子带回家，孩子不敢跟你亲近，太太也小心地避开你。难道你不想把脖子上的牌子拿掉吗？

（资料来源：改编自黎鸿：《做智慧的自己——企业教练感悟》，鹭江出版社2009年版。）

练一练

一、案例题

1. 有位秀才第三次进京赶考，住在一个经常住的客栈里。考试前两天他做了两个梦：第一个梦是梦到自己在白云上种白菜；第二个梦是下雨天，他戴了斗笠又打把伞。

这两个梦似乎有些寓意，秀才赶紧去找算命先生解梦。算命先生一听，连连摇头说："你回家吧。你想想，白云上种菜不是白费劲吗？戴了斗笠还打雨伞不是多此一举吗？"秀才一听，心灰意冷，收拾包袱准备回家。

店老板见到秀才准备回家，感到非常奇怪，问："不是明天就考试吗，怎么你今天就要回乡呢？"秀才将做梦解梦之事说了一番，店老板一听乐了："哟，我也会解梦的，这梦大吉大利，先生这次一定能考上！你想想，白云上种菜不是高种吗？戴斗笠打伞不是说明你这次有备无患吗？"

秀才一听，大喜，于是精神抖擞地参加考试，居然超水平发挥中了个探花。

（资料来源：王大庆：《35岁以前成功的几条黄金法则》，新华出版社2004年版。）

问题： 这则故事给你什么启发？

2. A对B同学说："我在这家公司工作五年了，现在还是干这种工作，我恨这个公司！我要离开这破公司！"B建议道："我举双手赞成你报复！破公司就要给它点颜色看看。不过你现在离开，还不是最好的时机。"A问："为什么？"B说："如果你现在走，公司的损失并不大。你应该不动声色，拼命去为自己拉一些客户，然后带着这些客户突然离开公司，公司才会受到重大损失，这样才能出口恶气。"A觉得B说得非常在理。于是不再发牢骚，只顾埋头工作，事遂所愿，半年多的努力工作后，他有了许多忠实客户。再见面时B对A说："现在是报复时机了，赶快行动哦！"A淡然笑道："老板已主动找我长谈过，准备升我做总经理助理，我现在没有离开的打算了。"

（资料来源：李元秀：《哲理故事三百篇》，内蒙古人民出版社2009年版，有改动。）

问题： A为什么前后会有如此大的变化？这则故事给你什么启发？

3. 有一家经济型旅馆，餐厅很窄小，里面只有一张长餐桌，所有进去就餐的客人都坐在一张桌子上，由于彼此陌生，气氛非常沉闷，大家都觉得很不自在，眼睛也不知往哪里看好。

又一天，吃饭的人又坐了满满一桌。大家开始都很静默，过了一会儿，有位先生拿起放在面前的盐罐，微笑着递给右边的女士："我觉得青豆有点淡，您或者您右边的客人需要盐吗？"女士愣了一下，但马上露出笑容，向他轻声道谢。她给自己的青豆加完盐后，又微笑着把盐罐传给了下一位客人。渐渐地，不知什么时候，胡椒罐和糖罐也加入了"公关"行列，餐厅里的气氛渐渐活跃起来，饭还没吃完，全桌人已经像朋友一样谈笑风生了，他们中间的"冰"被一只盐罐轻而易举地打破了，吃完饭后许多人便三五成群相约一起开展各种活动了。

分手的时候，他们依依不舍地互相道别，很多人还互留电话等联系方式，这时，有个人说了句："其实昨天的青豆一点也不淡。"大家都会心地笑了。

（资料来源：王悦："与陌生人同桌"，《精神文明导刊》，2007 年第 8 期。）

问题：联系故事，谈谈你如何理解"人与人之间的隔膜既厚也薄"这句话？

4. 有兄弟二人，年龄不过四五岁，由于卧室的窗户整天都密闭着，他们认为屋内太阴暗，看见外面灿烂的阳光，觉得十分羡慕。兄弟俩就商量说："我们可以一起把外面的阳光扫一点进来。"于是，兄弟两人拿着扫帚和畚箕，到阳台上去扫阳光。等到他们把畚箕搬到房间里的时候，里面的阳光就没有了。这样一而再再而三地扫了许多次，屋内还是一点阳光都没有。正在厨房忙碌的妈妈见到后就问："你们在做什么？"他们回答说："房间太暗了，我们要扫点阳光进来。"妈妈笑道："只要把窗户打开，阳光自然会进来，何必去扫呢？"

（资料来源：李元秀：《哲理故事三百篇》，内蒙古人民出版社 2009 年版。）

问题：谈谈你对"只要把窗户打开，阳光自然会进来"这句话有何感想？

5. 父子俩骑着毛驴准备到集市上卖。起初，父亲骑驴，儿子走路。路人看见后说："真狠心啊，一个壮汉骑在驴上，那可怜的小家伙却要步行。"

于是，父亲下来，儿子上去。可人们说："真不孝啊，父亲走路，儿子骑驴。"

于是，父子俩一齐骑上去。路人又说："真残忍，两个人骑在那可怜的驴上。"

两人只好都下来走路。路人见了说："真愚蠢啊，有驴却不骑。"

父子俩一路折腾，最后到达集市时，整整迟了一天。人们还惊讶地发现，两人是一起抬着那头驴来到集市的！

（资料来源：纪江红：《让孩子受益一生的 300 个经典寓言》，北京少年儿童出版社 2007 年版。）

问题：联系案例和本节内容，谈谈你对"走自己的路，由别人去说吧"这句话有何认识和感想？

二、实践题

以往在你上课或下课的路上，是否虽然碰到很多似曾相识的面孔，但大家从来都没有打过招呼，好像非常陌生的路人一样？

但从现在开始，当你再碰到他们时，试着迎面走上去，露出你的让对方能感觉到的微笑，并热情地对着他/她问候一声"你好！"。看看会出现哪些情况？

还犹豫什么，快去试验吧！

悟一悟

学习心得：________________________________

____

课题二 认识团队

做一做

【游戏名称】合力起身。

【场地设施】多功能课室/礼堂/操场/空地，尽量与其他班级地点分开。

【所需时间】8~10分钟。

【游戏步骤】

将全班同学分成2~4组（每组以不少于15人为宜），每组同学背向中心围成一个大圆圈坐在地上，相邻同学依次手臂挽紧手臂，并将双腿往前挨地伸开。老师先指挥大家齐唱《团结就是力量》，比比哪组声音最整齐宏亮；唱完后当听到老师“一、二、起立”的口令时，请大家迅速一起站起来，看看哪组整体站立起来最快。

【注意事项】

- 游戏中，相邻同学自始至终必须手臂相挽不得松开。
- 起立时任何一位同学都不得用手或臂支撑地面。
- 违反以上两条规定之一者，该组将坐下重新再开始。

议一议

游戏结束后，请每组先总结讨论一下自己组的表现和胜利或失败的原因，并各派1~2名代表向全班汇报总结情况。

评一评

各组汇报完毕后，教师对刚才的游戏表现作评点。

教师评述要点

- 个人的成功需要建立在团队成功的基础上。
- 充分信任你的团队并贡献你的力量，你就能感受到团队的巨大支持。

想一想

完成评点后，教师进一步提出问题，请同学们思考发言：

- 一个公司的全体员工是一个团队吗？团队和群体是一样的吗？
- 为什么现代社会流行团队工作方式？
- 优秀的团队应该是什么样的？

大雁迁徙时通常会排成“人”字形或“一”字形，前面大雁的飞行可以带起一股向上的气流，从而减少了后面大雁的空气阻力。当领头雁飞累了的时候就会发出信息，队列中的另一只强壮的大雁就会自觉地飞上去替补。有人甚至做过这样的试验，用枪射杀第一只大雁后，队形依然会保持不变。正是这样一种勇于奉献、团结合作的精神，使得大雁能够冬去春来，长途迁徙数千里。动物学家的试验表明，大雁长距离结队飞行的速度是单只大雁飞行速度的1.73倍。

当今社会是知识经济的时代，各种知识、技术不断推陈出新，社会需求越来越多样化，企业乃至个人间的竞争日趋紧张激烈，人们在工作学习中面临的情况和环境极其复杂。在很多情况下，单靠个人能力已很难完全处理好各种错综复杂的问题并采取切实高效的行动。所有这些都需要人们组成团体，并要求组织成员之间相互依赖、相互关联、共同合作，建立合作团队来解决错综复杂的问题，并进行必要的行动协调，发挥1+1 > 2的效应。

美国一个动物研究小组研究狼群十几年后，作出结论：“如果人类没有发明枪支，统治这个地球的将是狼，而不是人。”他们认为真正的百兽之王不是老虎，不是狮子，而是狼，只不过后面还要加一个字——群。狼群是自然界中最具作战能力的群体之一。

动物学家观察发现，即使是老虎，遇到狼群也只有退避三舍，并不是害怕狼的凶猛，而是因为狼的群体行动。动物学家同时也发现，那些离开狼群生活的独狼，如果不能尽快成为另一群狼的成员，存活的时间相当有限。

（资料来源：卞维林：《狼型赢销》，南京大学电子音像出版社2007年版。）

一、什么是团队

“团队”是管理学界近年较为流行的一个词，是指在工作中紧密协作并相互负责的一小群人，他们拥有共同的目的、绩效目标以及工作方法，且以此自我约束。团队肯定是个群体，但群体不见得就是团队。

想一想

团队、群体、部门、小组有何异同？

团队并不是一群人的机械组合，而是一个有机整体。团队成员除了具有独立完成工作的能力之外，还具有与他人合作共同完成工作的能力。一个真正的团队应该有一个共同的目标，其成员之间的行为相互依存，相互影响，并且能很好地合作，追求集体的成功。团队的绩效源于团队成员个人的贡献，同时永远大于团队成员个人贡献的总和。部门和小组的一个共同特点是：存在明确内部分工的同时，缺乏成员之间的紧密协作，成员没有协同工作的要求，其总绩效是成员个人绩效的总和。团队则不同，队员之间没有明确的分工，彼此之间的工作内容交叉程度高，相互间的协作性强。团队可以随时组建，一旦完成工作，便可随时解散。

二、高效团队的特点

比尔·盖茨说："团队合作是企业成功的保证，不重视团队合作的企业是无法取得成功的。"建设一支有凝聚力、有战斗力的高效团队，已是现代企业生存发展的一个基本条件。那么，高效的团队都会有哪些特征呢？

（一）清晰的目标

共同的目标能够引导大家共同去追求、去努力。要想建立一个真正意义上的团队，就必须使团队成员之间达成共识。高效的团队必须有非常清晰、具体的目标，团队成员对要达到的目标有很清楚的理解，并坚信这一目标包含重大的意义和价值。而且，这种目标的重要性还激励着团队成员把个人目标升华为群体目标。在有效的团队中，成员愿意为团队目标作出承诺，也清楚地知道他们该做什么以及他们怎样共同努力并实现目标。

（二）相互的信任

高效团队中成员对团队表现出高度的忠诚和承诺，每个成员对其他人的品行和能力都深信不疑，为了使群体获得成功，他们愿意去做任何事情。我们在日常的人际关系中都能够体会得到，信任这种东西是相当脆弱的，需要花大量的时间去培养而又很容易被破坏，而一旦被破坏便会造成团队执行力及效能的大幅降低。而且，信任是相互的，只有信任他人才能换来他人的信任。所以，维持群体内的相互信任十分重要。

案例：

小王是一家电视购物公司电话销售一部的优秀业务员。由于一部的经理辞职，公司在考察了一部全体业务员的业绩后，将小王提升为一部的经理。一部一直是公司业绩最突出的部门，部门里几名业务员的业绩都很不错，特别是小李和小张，业绩与小王不相上下。小王上任后，很担心小李和小张因业绩突出而在哪一天取代自己，于是在日常工作中绞尽脑汁地对他俩采取了加重任务、分配较难的工作、夸大问题等打压排挤的手段。同时为了巩固自己的地位，他还在员工中散布谣言中伤小李和小张。小李和小张知道情况后，也在团队中拉帮结派，导致销售一部形成三个小帮派，分崩离析，以前形成的团结合作局面破坏殆尽，部门业绩迅速下滑。

（资料来源：李宁、郑海燕：《如何管好电话销售团队》，中国社会科学出版社 2009 年版。）

（三）相关的技能

高效团队是由一群有能力的成员组成的。他们具备实现目标所必需的技术和能力，而且相互之间能够很好合作，从而能形成合力并出色地完成任务。能与团队成员合作这一条尤为重要，但却常常被人们忽视，有精湛技术能力的人并不一定就有处理群体内关系的高超技巧，而高效团队的成员则必须兼而有之。

案例：

杨兰、胡杰、邓忠是刚毕业的高职生，新加入电话销售部。经理把他们简单地介绍给销售团队的成员后，就安排他们打电话联系业务。过了一段时间，经理发现他们的电话在线率很低，情绪也很低落，在部门会议上基本坐在角落里不发言。同时，老员工对他们也有些看法，认为他们摊薄了团队的业绩。渐渐地，三人经常一同进出而不与其他成员交往。一个月过去了，三个人不但没有出单，连意向客户数量都很少。

经理觉得团队出了问题，但却不知该怎么办为好。

（资料来源：李宁、郑海燕：《如何管好电话销售团队》，中国社会科学出版社2009年版。）

要想团队高效，必须了解团队成员所面临的困难，提高他们完成工作的技能。尤其是新成员，要深入了解他们完成任务的能力，采取平和坦诚的方式为他们答疑解惑，与他们一起寻求解决问题的方法，帮助他们尽快融入团队，促使他们尽快出业绩。只有这样，才能提高整个团队的绩效。

（四）一致的承诺

高效团队的成员对团队表现出高度的忠诚和承诺，为了使群体获得成功，他们不计较个人得失，愿意去做任何事情，我们把这种忠诚和奉献称为一致承诺。对成功团队的研究发现，团队成员对自己的群体具有强烈的认同感和归属感，愿意为实现团队目标而调动和发挥最大潜能。

狼是对团队最忠诚的动物。在狼群集体捕猎时，如果有同伴牺牲，其他狼都不会离去。到了深夜，它们会围绕在同伴的尸体周围哀嚎。狼群在一起生活、觅食，互相照顾，它们用许多方式来表达彼此的关心和爱。狼嚎就是狼群交流感情的最生动、最主要的途径。狼群之间的关系，甚至比人类的许多家庭还要亲密。

在一个狼群中，只有头狼和它的配偶才有生育的权利，而其他雄狼和雌狼却连交配的权利都没有。这一方面是为了控制狼群的数量和狼群后代的质量，但从另一方面看，团队的成员愿意作出很大的牺牲，为了狼群共同的利益而放弃了许多利益。也正因为它们对团队的忠诚和奉献精神，才造就了卓越的狼团队，帮助狼种族傲然屹立于动物之林。

（五）良好的沟通

团队成员乐于沟通且有畅通的渠道交流信息，善于使用各种交流工具和运用各种交流方式，此外，管理层与团队成员之间健康的信息反馈也是良好沟通的重要特征，有助于管理者指导团队成员的行动，消除误解。当成员之间能迅速而准确地了解彼此的想法和情感，团队的各项工作就会富有成效。

案例：

某销售经理一边打电话，一边叫李平去买复印纸。李平本来想问清楚再去，但见到经理催促的眼神，迫于经理平时的威严，只好赶紧出去，买了一沓复印纸回来。

经理见到李平买回来的复印纸，禁不住大叫："这一点纸怎么够，我至少要一箱!"李平赶紧又去买了一箱复印纸回来。经理一看，又大叫："你怎么买了 B5 的，我要的是 A4 的，这么点事都办不好!"李平忍无可忍，回敬了一句："你刚才又不说!"经理被气得半天回不过神来。

（资料来源：余世维：《余世维管理培训经典》，时代光华出版社 2007 年版。）

有效的沟通，要做到双向沟通，要站在对方或双方共同的立场去沟通，以明确表达为工具，别以为自己想得很使劲了，别人就能洞悉你的思维。更不能一味以自我为中心，如果总自以为是，则会缺失有效的交流。

（六）恰当的领导

有效的领导者能够为团队指明前途所在，带领团队成员为愿景而奋斗，鼓舞团队成员的自信心，帮助他们更充分地了解自己的潜力，分享团队成功的喜悦，也有能力让团队跟随自己度过最艰难的时期。高效团队的领导者往往担任的是教练和后盾的角色，他们懂得授权和分权，对团队提供指导和支持，对团队具有影响力，但并不试图去控制团队。

一天，一个男孩问迪士尼："你画米老鼠吗?"

"不，我不画。"迪士尼说。

"那么你负责去想所有的笑话和点子吗?"

"没有。我不做这些。"

最后，男孩追问："迪士尼先生，那你到底都做些什么啊?"

迪士尼笑了笑回答："有时我把自己当作一只小蜜蜂，从片厂一角飞到另一角，搜集花粉，给每个人打打气。我想，这就是我的工作。"

（资料来源：沈思：《决定一生的 99 个简单法则》，陕西师范大学出版社 2005 年版。）

（七）公平的制度

在团队管理中，不可能把团队成员都想象成"雷锋"。人的"经济属性"决定了每个人的骨子里面多多少少会有"自私自利"的成分，而依靠有效的团队制度能够平衡团队成员的利益。有了铁的制度和严格的制度执行，才能让每个团队成员获得权利公平、机会公平、分配公平和规则公平的机会。

有七个人每天分一桶粥。要命的是，粥每天都是不够的。

一开始，他们每人一天来分粥，于是每周下来，他们只有自己分粥的那天是饱的。

后来他们开始推选出一个道德高尚的人出来分粥，但强权就会产生腐败，大家开始挖空心思去讨好他、贿赂他，搞得整个小团体乌烟瘴气。

然后大家开始组成三人的分粥委员会及四人的评选委员会，但争吵随之而来，互相攻击扯皮下来，粥吃到嘴里全都是凉的了。

最后他们想出来一个方法：轮流分粥，但分粥的人要等其他人都挑完后拿剩下的最后一碗。为了不让自己吃到最少的，每个人都尽量分得平均。于是，矛盾没有了，和和气气，日子越过越好。

（资料来源：李正堂：《哲理故事三百篇》，内蒙古人民出版社 2009 年版。）

同样是七个人，不同的分配制度就会有不同的风气。所以一个团队如果有不好的工作习气，一定是机制问题，一定是没有完全公平公正公开的制度或没有严格执行。邓小平曾说过：好的制度可以让坏人变好，坏的制度可以让好人变坏。

（八）共享的资源

为了最大限度地利用有限的资源为团队创造价值，高效团队应保持充分的资源共享，这种资源包括各种设备、知识、信息、技术等方面，如经常举办销售技能经验交流会，交流客户信息资料等。

团队成员间实现资源共享，可以发挥协同作用，提高工作效率，降低工作中的失误，从而更好地给客户提供服务，进而提升个人和团队的业绩。

（九）持续的学习

团队要保持高效，唯一持久的竞争力就是能比竞争对手学习得更快，就是要建立学习型团队。塑造学习型团队时，要努力培养成员的学习态度、责任感，营造出一种利于学习的环境氛围，形成团队学习型文化，支持员工学习、合作和知识共享的软环境。

1930 年以前，英国牛奶公司送到居民家中的牛奶都是没有封口的，因而，山雀与知更鸟这两种英国常见的鸟，每天都可以轻松地喝到牛奶。后来，牛奶公司用铝箔将奶瓶口封了起来，以防止鸟儿偷喝。但没想到的是，到了 1950 年，英国所有的山雀都学会了把铝箔啄开，继续偷喝，而知更鸟却一直没学会啄开铝箔，自然没奶可喝。

这两种鸟为何有如此大的差别呢？经过生物学家研究后才发现，山雀是群居，常常迁徙换巢，当某只山雀发明了啄去铝箔的方法喝到牛奶后，别的山雀通过沟通，很快就学到了该技能；而知更鸟都是独居，即便偶有知更鸟啄破铝箔，其他的鸟儿也无从学习。

（资料来源：栾小龙：“打造团队执行力”，《大河报》，2004 年 2 月 15 日。）

生存环境在变，如果团队成员不具备学习本领，没有形成学习机制，那就很容易被环境淘汰。山雀正是因为形成了好的团队学习机制，才能快速适应环境的变化。

三、如何建设高效团队

我们可以借助 5W1H 管理思路来建设高效团队。这 5W1H 是：who（我们是谁）、where（我们在哪里）、what（我们成为什么）、when（我们什么时候行动）、how（我们怎样行动）、why（我们为什么）。通过明确这几个方面的问题来建立高效团队。

名词解释

共同愿景：是指能鼓舞成员共同努力的愿望和远景，由共同目标、价值观、使命感三个要素组成。

（一）我们是谁（who）

在建设团队时，要引导全体成员共同探索团队航向，构筑共同愿景，打造生命共同体。要加深成员的自我认识，分析团队成员具有的优势和劣势、对工作的喜好、处理问题的方式、基本价值观差异等，最后在团队成员之间形成共同的信念和一致的对团队目标的看法，以建立起团队运行的游戏规则。

（二）我们在哪里（where）

每一个团队都有优势和弱点，而团队要取得任务成功又面对外部环境带来的威胁与机会，通过运用 SWOT 分析方法来评估团队的综合能力，找出团队目前的综合能力与要达到的团队目的之间的差距，以明确团队如何发挥优势、回避威胁、提高迎接挑战的能力。

> **名词解释**
>
> **SWOT 分析**：是用来确定组织本身的竞争优势（Strengths）、劣势（Weaknesses）、机会（Opportunities）和威胁（Threats），从而将组织的战略目标与组织内部资源、外部环境有机结合的方法。

（三）我们成为什么（what）

以团队的任务为导向，运用 SMART 原则制定团队目标，并使每个团队成员明确团队的目标，为了能够激发团队成员的激情，应树立阶段性里程碑，使团队对任务目标看得见、摸得着，创造出令成员兴奋的前景。

> **名词解释**
>
> **SMART 原则**：指组织目标的制定要明确、可测量、可实现、与个人工作相关、在规定的时间内完成。

案例：

某汽车销售分公司团队下半年工作目标如下：

下半年工作目标为五升、五保、四止、一开发。五升即上海、华北、东北、山东、西北要确保稳中有升，力争按 5.3 万辆指标计划完成；五保即天津、江苏、华中、皖赣、琼桂力争保住上年 4.6 万辆的销量；四止即广东、浙江、福建、西南要止住下滑趋势，争取将下滑率控制在 1% 以内；一开发即在明年元旦前成立大户部，主动上门促销，开发专用车、特种车，增加卖点。

为确保完成任务，强调要做好以下工作：分工到位、责任到人，任务落实到经营部、业务员、经销商（具体任务指标此处略）；加强销售管理，注重考核落实；加强品牌宣传力度；解放思想、创新模式，大刀阔斧地调整销售网络；对所有销售人员轮训一次等。

（资料来源：http：//www. China. ccm. com。）

课堂讨论：你认为该销售团队的目标制定是否科学？为什么？

（四）我们什么时候采取行动（when）

合适的时机采取合适的行动是团队成功的关键。团队遇到机遇、困难或障碍时，应于何时分析与解决，团队面对内、外部冲突时，应在什么时机进行舒缓或消除；以及在何时与何地取得相应的资源支持等，都必须因势利导。

北约打击南联盟的科索沃战争结束后，谁去维持秩序呢？美国人和欧洲人都不敢去，谁都知道南斯拉夫人最擅长打游击战。最后经联合国出面，俄罗斯部队承担了第一批维和任务。可当他们开进科索沃时，却发现中国的温州人已经到了。温州人去干吗？温州人知道，只要是一打仗，就一定缺衣少食。他们来科索沃，就是来卖吃卖穿的。据说当科索沃战争刚刚打响时，温州人就开始出发了。

思考：你如何理解“有危就有机”这句话？

（五）我们怎样行动（how）

怎样行动涉及团队运行问题，即团队内部如何分工，不同的团队角色应承担的职责、履行的权力，协调与沟通等。因此，团队内部各个成员之间也应有明确的岗位职责描述和说明，以建立团队成员的工作标准。

（六）我们为什么（why）

对于这个问题，目前在很多企业团队建设中都容易被忽视，这可能也是导致团队运行效率低下的原因之一。团队若要高效运作，必须要让团队成员感知自身的价值，体会到工作能给自己带来尊严和快乐，从而知道自己为什么乐于加入这个团队，以及为什么愿意为这个团队努力付出。

美国《财富》杂志选举思科公司为信息产业“最吸引员工的公司”。

其首席执行官钱伯斯在接受记者采访时多次纠正记者：“叫我约翰，而不是钱伯斯先生！”实际上，思科内部互相称呼名字而不是职位只是一个小细节，公司一直致力于消除员工之间由职务差异而引起的地位上的差别，努力营造一种人人平等的氛围。

这些努力使员工得到一种受尊重的满足，使得整个团队更趋于凝聚而不是分散，公司各个部门、阶层之间的交流更为轻松，并最终使公司的运作更为高效。思科中国公司总裁杜家滨在一次受访中曾说：“成功定需他人相助，失败则一定是自己造成。”一个高素质、高度凝聚的团队是思科成功的关键。如果说思科网罗的大批优秀技术人才和管理人才是构成思科大厦的砖石，那么充分尊重人的机制就是这栋大厦的黏合剂。

保持工作环境的愉快是十分必要的，那些能够快乐工作的人往往更敬业，更多产高效，更热爱他们的工作，也更愿意与团队成员合作，他们在一份工作上愿意停留的时间也会更长，最终使团队的绩效得到提高。

练一练

一、案例题

1. 猎人在湖边布网，许多鸟儿落网了，然而这些鸟很大，托起网飞起来了。猎人跟在鸟儿后面追，农夫看到说：“你要追到哪里去呀？鸟儿飞得那么快，你能用一双脚追上鸟吗？”猎人回答说：“如果只有一只鸟，我是没有办法把它捉住的，但像现在这样，我是十拿九稳的。”果然，那些鸟儿各自要朝自己的目的地飞回去，有的要去森林，有的要去田野，有的要去沼泽，到头来就一起连网掉到了地上，猎人轻松地把它们捉住了。

问题：这个故事让你受到哪些启发？

2. 有人将一盘点燃的蚊香放进一个蚁巢里，蚂蚁先是乱作一团，但片刻之后，蚁群就开始变得镇定起来，开始有蚂蚁向火光冲去，并向燃烧的蚊香喷出蚁酸。随即，越来越多的蚂蚁冲向火光，喷出蚁酸，许多冲锋的“勇士”因此葬身于火光中，但更多的蚂蚁踏着死去蚂蚁的尸身继续冲向火光。过了不到一分钟的时间，蚊香的火被扑灭了。存活下来的蚂蚁们将献身火海的“战友”的尸体转运到附近的空地摆放好，在上面盖上一层薄土，以示安葬和哀悼。

过了一个月，一支点燃的蜡烛又放进了上次实验的那个蚁巢里。面对更大的火情，蚁群一点都没有慌乱，先是以自己的方式迅速传递信息，然后便有条不紊地调兵遣将。大家协同作战，不到一分钟烛火即被扑灭，而蚂蚁们几乎无一死亡。

问题：联系本节内容，谈谈这则故事给你哪些启发？

3. 老刘是一个部门经理，刚刚参加完公司的新项目论证会议，拿着一大叠文件匆匆忙忙地跑回自己的办公室，一边仔细地阅读文件，一边拿着笔在笔记本上写着。过了一会儿，老刘又拿着文件和笔记本冲出办公室。

老刘走近正在忙于设计的小李，把文件往桌子上一放，打开笔记本就讲开了，讲完后小李刚想说点什么，老刘挥挥手就收起资料往外走，一边走还一边叮嘱小李要放下手上所有的事情，抓紧时间做刚安排的工作。然后，老刘旋风般地又走进小林的办公室，同样地对小林讲了一遍，留下一脸茫然而无奈的小林。老刘走回自己的办公室后，看看手表，该去参加另一个项目预算会了。

布置好工作以后，老刘为自己的高效工作而得意不已，很高兴地参加会议去了。

问题：你认为老刘所在的团队是一个高效的团队吗？为什么？

4. 茫茫大海里，几只零星的海豚正在觅食。忽然，它们看到海洋深处有一大群鱼游动，它们知道，如果此时冲向鱼群，急于求成，鱼群就会被冲散。于是，它们悄悄地尾随在鱼群后面，并用特有的声音向大海的远方发出召唤。

一只、二只、三只……越来越多的伙伴游了过来，不断加入队伍一起高声呼唤着。十只、二十只……已经五十只了，它们还在不停地呼唤，当同伴的数量聚到一百多只的时候，奇迹发生了。

所有的海豚环绕在鱼群周围游动着，形成一个球状，把鱼群全都围拢在中间，它们分成小组有秩序地冲进鱼群开始捕食，慌乱的鱼群无路可逃，当中间的海豚吃饱以后，它们就会游出去，替换外面的下一队伙伴，让它们进去美餐，就这样不断循环往复，直到最后一只海豚都得到了饱餐。

问题：你从该案例中得到哪些启发？

5. 有一个著名的心理学实验：分别让三组人向着 10 公里以外的村子进发。

第一组的人既不知道村庄的名字，又不知道路程有多远，只告诉他们跟着向导走就行了。刚走出两三公里，就开始有人叫苦不迭；走到一半的时候，有人几乎愤怒了，他们抱怨为什么要走这么远，何时才能走到头，有人甚至坐在路边不愿走了。越往后走，他们的情绪也就越低落。

第二组的人知道村庄的名字和路程有多远，但路边没有里程碑，只能凭经验来估计行程的时间和距离。走到一半的时候，大多数人想知道已经走了多远，比较有经验的人说"大概走了一半的路程"。于是，大家又簇拥着继续向前走。当走到全程的 3/4 的时候，大家情绪开始低落，觉得疲惫不堪，而路程似乎还有很长。当有人说"快到了!"大家又振作起来，加快了行进的步伐。

第三组的人不仅知道村子的名字、路程，而且公路旁每一公里就有一块里程碑。人们边走边看里程碑，每走完一公里大家便欢呼一阵子。行进中他们用歌声和笑声来消除疲劳，情绪一直很高涨，所以很快就到达了目的地。

问题：本实验说明了什么道理？你有何启发？

6. 在我国的古典名著中，《西游记》和《水浒传》塑造了两个有代表性的团队。

西游团队中，每一个队员都有缺点：

唐僧，好坏不分，手无缚鸡之力，只会动不动就念紧箍咒来折磨不听话的徒弟；孙悟空，胆子大，本事大，点子多，但我行我素从不把别人放在眼里；猪八戒，好色、懒惰、贪吃、本事不大，毛病不少，大概只有脸皮够厚充当笑料的用处；沙和尚和白龙马老实巴交，也没什么本事，唯一的优点就是循规蹈矩做事踏实。

但是，尽管有八十一难，这个团队还是取得了最终的胜利。

而水浒兵团中，个个都是身怀绝技威震一方的英雄好汉：文有吴用、公孙胜，武有林冲、武松、鲁智深。天罡星36员，地煞星72员，哪个都不简单，可谓兵强马壮、人才济济。

但结果，不但整个团队被毁了，很多梁山好汉都死得很难看，连宋江也不例外。

问题：联系本节内容，请你分析两个团队成功和失败的原因。

二、实践题

与班主任联系，将全班同学按宿舍组成若干个篮球队，由班委会拟订出各队的比赛计划，并要求各队制订相应的团队目标、规章制度和训练计划。每次比赛完成后要求各队坐成一个圆圈召开总结会。

悟一悟

学习心得：______________________________

____

课题三　团队形象设计

做一做

【游戏名称】我们是谁。

【场地设施】礼堂/操场，两支大头笔，两支旗杆，封口胶带，大黄纸和大红纸各一张。

【所需时间】35～40分钟。

【游戏步骤】

将全班同学集合，先让他们自由排列成四排站立，再采用报数等方式将他们重新编排成男女相间的混合四排，注意尽量不让太熟悉的同学排在一起。然后将一、三排组成一个队，二、四排组成另一个队，两队分列两边。

【布置任务】每个团队集体设计并确定自己的队名、口号、队旗、队歌（可改编名歌曲）、队型展示和团队舞蹈，并选出自己的队长和政委，30分钟后将开始汇报演出，看看哪个队做得更好（发给大头笔和纸张，用来设计队旗）。

汇报演出时采用以下程序进行：

1. 队长喊口令组织队员进场，进场时高呼："不离弃，不抛弃，不放弃！"

2. 队长高呼："我们的队名是？"

队员齐答"××队！"

3. 队长高呼："我们的口号是？"

队员齐答："×××××××。"

4. 队长高呼："我们的队旗是？"

队员展示队旗，并由政委对队旗作简要解释说明。

5. 队长高呼："我们的队歌是？"

队员齐唱队歌。

6. 队长高呼："我们的队长是？"

队员齐答"××。"

7. 队长高呼："我们的政委是？"

队员齐答"××。"

8. 队长高呼："我们的队型是？"

队员演示团队造型。

9. 队长口令："请欣赏我们的团队舞蹈！"

全队一起表演团队舞（一分钟左右）。

【注意事项】

- 游戏自始至终团队成员不能少，游戏前说明主要考核整队表现（精神面貌、气势、创意、整体参与、整齐）。
- 一队在表演时，另一队坐下做观众，要多用掌声鼓励，不能捣乱和起哄，否则扣该团队分。
- 每队表演时间限3~5分钟。

议一议

游戏结束后，教师担任主持人，在每队随机抽3名同学访问，请他们谈谈两个队的表现，然后请两队集体围成圆圈总结讨论一下各自的表现，并各派1~2名代表向全班汇报总结情况。

评一评

两队汇报完毕后，教师对刚才的游戏表现作评点。

教师评述要点

- 这是一个两分钟的世界，第一分钟向人展示你，第二分钟则让人喜欢上你。
- 团队形象良好，员工就会感到自豪和骄傲，团队凝聚力就高。
- 形象就是软实力，就是生产力，就是竞争力，就是吸引力，就是影响力，形象就是名片，就是品牌，就是机遇，就是财富。

想一想

完成评点后，教师进一步提出问题，请同学们思考发言：

- 联系自己参与过的军训，想想为什么部队要求着装整齐步调一致？
- 每当看运动会节目时，当五星红旗升起国歌奏响时你有怎样的心情？
- 五星级酒店和大排档的员工团队有哪些区别？

随着团队工作形式在各种组织中得以广泛运用，越来越多的人开始重视团队的建设。一个高效的团队应该具备对外拥有良好的形象、容易被外人识别、具有特殊的自身魅力等特点。团队形象是团队的无形财富，不仅代表着团队的发展层次和建设水平，也体现其战斗力和凝聚力。为此，我们应该重视团队形象的塑造，建立团队形象识别系统——TIS。

团队形象识别系统 TIS，是 Team Identity System 的缩写，乃借用 CIS（形象识别系统）概念，运用整体表达体系（尤其是视觉表达系统），将特定团队的理念与本质视觉化、统一化、规范化、系统化，对内增强团队的凝聚力，对外使公众对团队产生一致的认同感，借以营造一种适合团队发展的内外部环境。

TIS 基本上由三者构成：团队的理念识别（Mind Identity，MI）、团队的行为识别（Behavior Identity，BI）、团队的视觉识别（Visual Identity，VI）。在具体运作中，一般可通过以下几方面去设计团队 TIS：团队章程、队名、队旗、队徽、口号、队歌、队服、队纪等。

一、团队章程

团队章程是经特定程序制定的关于团队规程和办事规则的文书，是团队的规章制度，是建立目的明确的团队的最有效工具。团队成功的一个关键因素在于团队章程的确立和被接受程度。

好的团队章程内容至少应包括以下几点：

1. 团队的战略任务或业务内容；
2. 团队的具体目标；
3. 预期的结果及期限；
4. 团队必须考虑的基础规则或约束；
5. 团队成员的资格及角色。

广东财贸职业学院雏鹰文艺团队章程

（2019 年 10 月 20 日通过）

第一章　总　　则

第一条　本团队名称：雏鹰文艺团队，是在学院党委领导下由院团委具体指导的自我管理、自我教育、自我服务的自治组织。

第二条　团队的宗旨任务：以“文明和谐校园”为指导思想，结合本校特点，把思想教育与开展健康有益的文体活动结合起来，挖掘有文艺特长的骨干力量，壮大学校的文体队伍，丰富同学们的业余文化生活。

第二章　队　　员

第三条　成为本团队队员必须同时具备以下条件：

1. 学籍在本校的在读学生。

2. 品德良好，身体健康，有一定活动能力，热心公益事业。

3. 本人申请，两位以上正式队员推荐并经团队正副团长讨论批准。

第四条　本团队队员拥有以下权利：

1. 有权参加团队的各项集体活动。

2. 对团队的工作有监督、批评和提建议的权利。

3. 团队内的选举权和被选举权。

4. 有申请退出团队的权利。

第五条　本团队队员须履行以下义务：

1. 服从团队安排，积极参加团队各项公益活动。

2. 按时出席团队各项活动。

3. 支持学校开展各项工作。

4. 自尊、自爱、保持良好素质，为团队树立良好形象。

第三章　组　　织

第六条　团队最高权力属于队员大会，由大会选举产生团长一人、副团长两人，正副团长的每届任期为一学期，最多可任两届。

第七条　队员大会每学期期初召开一次，主要议题是审议团队工作报告、审查团队经费支出情况、讨论制订团队学期工作计划、选举正副团长。

第八条　团长负责团队日常工作计划的实施，副团长协助团长工作，每学期须组织两次以上大型活动。

第四章　经　　费

第九条　本团队经费来源：赞助和捐赠、奖励、表演服务等其他合法收入。

第十条　本队的收入、支出，受队员大会监督。

第五章　附　　则

第十一条　本章程解释权属于雏鹰文艺团队。

第十二条　本章程自队员大会通过之日起实施。

广东财贸职业学院雏鹰文艺团队

二、队名

索尼公司创始人盛田昭夫说过：“起一个响亮的名字，以便引起顾客美好的联想，提高企业知名度与产品的市场竞争力。”这句话在一定程度上肯定了商业名称在商业活动的成败中具有举足轻重的作用。同理，团队名称也向公众传递着它的追求、定位、文化和品味。

那么怎样为团队选择一个满意的名字呢？一般应注意以下几点：

1. 符合法规，符合风俗人情。例如，在广州，“316”和“916”哪个好？显然是前者，因后者用广州话发音的谐音是“狗一路”。

2. 体现团队对社会的责任，内涵美好。如尚德读书社、一品堂文学社等。

3. 易记、易读，能够体现团队的特征与文化。如闪电篮球队、雏鹰航模队等。

4. 字义的意境优美，符合团队形象。如美女厨房、沁香健美队等。

5. 寓意深远，容易被人联想。如蚂蚁搬家队、天下为家驴友俱乐部等。

6. 符合团队的业务定位和地域特征。如健之舞俱乐部、湘味一族俱乐部等。

蒙牛创立前的起名工作至少经历了三个月。牛根生起先是向自己认识的朋友、教师、策划人、社会名流私下征名，这样征来的名字大概就不下50个，但还是没有满意的；后来，就召集部下一次又一次地开会，会议的内容是多方面的，但起名一直是其中一项重要议题。

在给蒙牛起名的过程中，牛根生向与会人员强调了几个简单的规则：一是字数要少，易听易记；二是要体现牛奶特点；三是体现草原概念。比如车牌的地域标志，“蒙A”、“蒙B”就是内蒙古，“沪A”、“沪B”就是上海……

于是，人们在“蒙X”、“蒙Y”的组合中，顺理成章地导出了“蒙牛”和“蒙奶”两个名字。但“奶”是上声，“牛”是阳平，读起来，“蒙奶”的力度不如“蒙牛”的力度大。然后集体投票，“蒙牛”独占鳌头。

“蒙”——内蒙古。背景联想是：蓝天，白云，草原，畜牧的故乡，奶的摇篮。

“牛”——奶牛，牛奶。背景联想是：牛气，牛市，勤奋如牛，气壮如牛。

（资料来源：张治国著：《成就领袖企业的36个法则：蒙牛方法论》，北京大学出版社2008年版。）

三、队旗、队徽

队徽作为团队的标志图案，通常与队旗紧密相连。队徽的意义和作用与队旗相似，都具有标志、象征和宣传功能，能给队员带来荣誉感、自豪感，从而增强团队的凝聚力、向心力。所不同的是，队徽在使用上较队旗更为广泛、灵活。它不仅悬挂或建筑于庄重场合，而且绘制于服装及办公用具等以便于宣传自我，队徽图案代表着一支团队的职责与使命。

一个好的队旗、队徽设计通常应具备以下的条件：

1. 原创，独特，合法；

2. 精美，寓意深刻；

3. 表达团队理念和追求；

4. 能够体现团队的类型、内容和风格；

5. 简洁，有视觉冲击力。

四、口号

团队口号，就是供团队成员口头呼喊的有纲领性和鼓动作用的简短句子。它是一盏明灯，照亮团队前进的方向；它是一支兴奋剂，点燃团队激情，鼓动队员为团队的共同目标去努力奋斗；它还是一扇窗口，折射出一个团队的精神面貌和雄心壮志。

在创作团队口号时，一般应注意以下几点：

1. 表达出团队理念，如："为人民服务"；
2. 朗朗上口，如："尚德是我家，努力靠大家"；
3. 易读易记，如："高、真、无、优"等；
4. 有震撼力鼓舞人心，如："更高、更快、更强"等。

五、队歌

队歌是用在团队中唱的激励士气的合乐的词曲。由于表现形式更综合，因而队歌比口号有着更强的感染力。队歌是喉舌，可以传达队员心声，增强队员凝聚力和战斗力，增强队员自豪感；队歌是桥梁，可以加强内部沟通、协调，构筑和谐，将队员个人发展愿景和团队发展远景有力结合；队歌是窗口，对外展示团队实力和形象，为公众组织对团队的认同度加分。

在创作团队队歌时，一般应注意以下几点：

1. 歌词充分体现团队发展理念和奋斗精神，如《游击队歌》等；
2. 旋律要求充满激情，易于传唱，如"赢在中国"主题曲《在路上》等；
3. 朗朗上口，时尚易记，如《阳光总在风雨后》等；
4. 旋律简易、歌词精练，男声和女声均宜，如《众人划桨开大船》等。

欧洲的足球俱乐部都有自己的队歌，很多球迷也都是通过队歌来了解球队的。在比赛开始前，球队全体成员都会在赛前轻吟自己的队歌，用来提高士气。每当到了比赛的关键时刻，球迷们都会齐声高唱自己球队的队歌，所营造出的气氛可谓惊天动地，极大地鼓舞了球队的士气。

拜仁慕尼黑的队歌：《永远第一》；

曼联的队歌：《光荣的曼联》；

皇家马德里的队歌：《前进，马德里》。

六、队服

队服的作用概括起来有如下四点：

1. 增强凝聚力，营造团结一致的氛围，提升团队归属感；
2. 团队规范化的象征，让外界觉得正规有实力；
3. 宣传作用，扩大团队知名度；
4. 形成视觉冲击，有利于展示团队的形象和理念。

在设计队服时，通常要注意以下几点：

1. 队服前面一般要印有队徽；
2. 队服后面一般应印团队名称和口号；
3. 忌花哨，颜色一般不超过三色；
4. 底色不要太抢眼，要对比突出队徽、团队名称和口号。

七、队纪

不少团队过于追求团队亲和力和人情味，认为“团队之内皆兄弟”。这虽然可营造表面上的一团和气，但很容易导致管理制度不完善，或虽有制度但因执行不力而形同虚设。这样的团队充其量只是一群乌合之众，稍遇挫折和困难就会作鸟兽散。

所以，严明的纪律不仅是维护团队整体利益需要，在保护团队成员根本利益方面也有着积极的意义。GE 前 CEO 杰克·韦尔奇有这样一个观点：指出谁是团队里最差的成员并不残忍，真正残忍的是对成员存在问题视而不见，一味充当老好人。

制定团队纪律制度时通常要注意以下几点：

1. 纪律面前人人平等；
2. 保证团队和个人利益的平衡和需求；
3. 简明扼要；
4. 队员共同参与，减轻执行阻力；
5. 让员工参与监督。

练一练

一、案例题

1. 写新闻的人都知道，“题好文一半”，也有倒过来说的，“文好题一半”。据俄罗斯《观点报》报道，名字对人的命运可能有一定的影响，这种影响并非来自神秘因素，而是来自社会因素。

西方社会学家通过调查发现，名字位于英文字母表中前半部分的人，一生比较顺利。谜底很简单，因为这些人的名字在上学时按照字母顺序常被排在前面，从而使他们有一种领先于人的良好感觉，因此就更加努力，这无意中为他们走向成功奠定了良好的基础。当毕业走向社会后，他们也要填写各式各样的表格，而所有表格中的名字也是按字母顺序排列的。公司在招聘工作人员时，总喜欢从前面开始，这样名字排在前面的人被选中的几率就高。

英国医生在行医时也发现，患者在就诊时一般也是按名字字母顺序排队，这样，名字的字母顺序排在后半部分的人总是落在别人的后面，容易上火生气，这对一个人的健康也是十分不利的。

美国大学教授卓尔金发现，一个人拥有好名字，有助于在生意中取得成功。当然也有因为名字在生意场上倒霉的人。例如，俄罗斯人伊万·伊万诺夫在与合作伙伴签署协议时，许多人会认为他将自己的名字写了两遍，从而认为他是一个做事马虎的人，因而不愿与他继续合作。有一次，他甚至为此丢掉了一单 55 万美元的生意。

另外，还有人做过试验：同样一组作文，分别冠以顺口的作者名，再分别冠以一组绕口的作者名，分别让陌生的老师评分……没想到，阴差阳错，统计结果表明：名字顺口的学生比名字不顺口的学生平均得分高出一个等级。

（资料来源：张治国著：《成就领袖企业的 36 个法则：蒙牛方法论》，北京大学出版社 2008 年版，有删节。）

问题：联系本节内容，请你分析在给团队命名时要注意哪些因素？

2. 三国时代的诸葛亮与司马懿在街亭对战，马谡自告奋勇要出兵守街亭，诸葛亮心中虽有担心，但马谡表示愿立军令状，若失败就处死全家，诸葛亮才勉强同意他出兵，并指派王平将军随行，并交代在安置完营寨后须立刻回报，有事要与王平商量，马谡一一答应。可是军队到了街亭，马谡执意扎兵在山上，完全不听王平的建议，而且没有遵守约定将安营的阵图送回本部。等到司马懿派兵进攻街亭，围兵在山下切断粮食及水的供应，使得马谡兵败如山倒，重要据点街亭失守。事后诸葛亮为维持军纪而挥泪斩马谡，并自请处分降职三等。

问题：马谡当不当斩？诸葛亮该不该降职？为什么？

3. A 企业与 B 公司商谈合作问题，在做足了前期准备工作之后，A 企业邀请 B 公司来企业考察。前来考察的 B 公司老板先与 A 企业所在市领导举行了会谈，然后在一干人的陪同下考察了城市和企业的整体环境，B 公司对市里给的优惠政策及 A 企业的设备、技术水平以及工人操作水平等，都表示了相当程度的认可。A 企业非常高兴，设宴招待 B 公司老板。宴会选在一家十分豪华的大酒楼，A 企业所有高层领导和部分中层干部都前往作陪。酒过几轮之后，A 企业领导忍不住一只脚踏在旁边的椅子上，一边用筷子指着一位中层人员，叫他向客人敬酒，B 公司见到此景后当即表示与 A 的合作要进一步考虑，其理由是："我们不能认同贵公司的团队文化。"

问题：请你从团队 TIS 角度分析为何 B 公司会拒绝与 A 企业的合作？

二、实践题

与班主任联系，以宿舍为单位进行 TIS 设计比赛，每个宿舍团队选出舍长，集体给宿舍起个名，并制订舍规、舍旗、舍徽、舍号、舍歌、舍服，然后评比哪个宿舍设计得最好。

悟一悟

学习心得：______________________________

____

课题四　团队项目管理

做一做

【游戏名称】团队大比拼。

【场地设施】多功能课室/礼堂，最好有音响设备。

【所需时间】55 ~ 60 分钟。

【游戏步骤】

两位队长分别将自己团队的同学集合，集合好后分列教师两边。

【布置任务】每个团队在30分钟内准备五个节目，要求至少一个节目是全队集体参加，余下的节目也必须是集体节目，每个节目的时间限制在2～4分钟内完成。30分钟后将开始汇报演出，演出时两队节目交替出场，看看哪个队做得更好。

【注意事项】

- 规定时间到，所有同学必须停止排练节目；游戏自始至终，队员都不能无故离场。
- 第一个出场节目由两位队长抽签决定，然后两队交替出场。
- 一队在表演时，另一队坐下，要多用掌声鼓励，不能捣乱和起哄，否则扣该团队分。

议一议

游戏结束后，请两队先总结讨论一下自己组的表现和胜利或失败的原因，并各派1～2名代表向全班汇报总结情况。

评一评

各组汇报完毕后，教师对刚才的游戏表现作评点。

教师评述要点

- 有计划不忙，有原则不乱，有预算不穷。
- 在每一个项目开始时，制订有效的计划。
- 成本和进度管理是紧密相连的，在项目实施时，尽可能小地变动计划。
- 授权就像放风筝，部属能力弱，线就要收一收；部属能力强了就要放一放。
- 应该明确谁去做什么，谁对什么结果负责，要消除由于分工不清造成的执行中的障碍。
- 三流的点子加一流的执行力，永远比一流的点子加三流的执行力更好。

想一想

完成评点后，教师进一步提出问题，请同学们思考发言：

- 为什么说“磨刀不误砍柴工”？
- 假如你是队长，在接到任务后首先要做的是什么？
- 在数量和质量都有要求的比赛中，你觉得应如何平衡？

一、项目和项目管理

所谓项目，就是在既定的资源和要求的约束下，为实现某种目的而相互联系的一次性工作任务。一般来说，项目具有如下的基本特征：

1. 明确的目标。其结果只可能是一种期望的产品或希望得到的服务。
2. 独特的性质。每一个项目都是唯一的。
3. 资源成本的约束性。每一项目都需要运用各种资源来实施，而资源是有限的。

4. 项目实施的一次性。项目不能重复。

5. 项目的不确定性。在项目的具体实施中，外部和内部因素总是会发生一些变化，因此项目也会出现不确定性。

6. 特定的委托人。它既是项目结果的需求者，也是项目实施的资金提供者。

7. 结果的不可逆转性。不论结果如何，项目结束了，结果也就确定了。

所谓项目管理，就是项目的管理者在有限的资源约束下，运用系统的观点、方法和理论，对项目涉及的全部工作进行有效的管理。即从项目的投资决策开始到项目结束的全过程进行计划、组织、指挥、协调、控制和评价，以实现项目的目标。

项目管理类似于一个乐队演出：乐队指挥就是项目经理，他的目标就是要成功地完成演出，最大限度地满足听众对演出的目标要求。演奏好这场音乐会需要所有演奏人员齐心协力，同时还要有一个统一的指挥，统一的要求。乐队的总谱就相当于项目管理的一个计划，乐队指挥要按照项目计划进行，项目工作才得以开展。演奏过程的先后次序，工作的轻重缓急，乐曲的强弱，包括不同声部的进入，都需要有一个完整、周密的计划。

二、项目团队管理技能

项目团队是指为完成某一业务目标，在一定时间内，由有关人员临时组成的、充分运用相关资源完成任务的有机整体，包括营销项目团队、研发项目团队、工程项目团队、管理项目团队等。

要做好一个团队项目，必须按一定的管理流程去运作，通常来说要注意运用好以下几项管理技能：

（一）确定目标

团队项目的使命和任务，必须转化为目标，有了目标才能确定每个人的工作。在一个项目中，有许多工作往往要并行处理才能高效推进。当团队管理者确定了团队目标后，必须对其进行有效分解，转变成各小组以及每个人的分目标。因此团队管理者应该通过分解目标对一个个工作小组进行管理，管理者根据分目标的完成情况对小组或队员进行考核、评价和奖惩。如果没有方向一致的分目标指示每个人的工作，则团队的规模越大、人员越多、项目越复杂、专业分工越细，发生冲突、浪费和混乱的可能性就越大。团队每个成员的分目标就是团队总目标对他的要求，同时也是队员对团队总目标的贡献。

“好的开始是项目成功的一半”。项目成功的标准就是实现项目目标，而目标就是在启动时来确定。具体而言，此过程要分析干系人、确定项目目标以及找出制约因素和假设。

项目成功的标准客观上是实现项目目标，主观上是干系人满意，满意的前提是了解干系人需求。需要注意的是，一个是干系人不明确表达自己潜在的需求，项目经理需要有优秀的沟通能力了解其潜在需求；另一点就是项目干系人往往需求不一致，而且有时候会矛盾，项目经理需记录下来他们各自需求，并进行平衡；如果涉及很多方干系人，项目经理还需要评估他们对项目的影响力和影响是正面的负面的，并高度关注那些影响力较强的干系人。

（二）拟订计划

计划是目标的细化、具体化，详细而周密的计划是做好管理的基础。

拟订计划必须考虑适用性，特别是时间面。项目运作计划应该是一个整体计划再加上若干个阶段性的计划，从而形成一个计划体系。中长期的计划指明方向，而短期计划用于付诸实施。工作计划是由实施部门根据细分目标来制订的，因为细分目标来源于项目的总目标，因而在制订过程中往往会发现，本部门的计划受其他部门的影响与制约，并深受其困扰。因此，一个成熟的操作性强的计划，在执行部门制订并提交后一定要通过科学的评估与系统化过程，使各部门工作计划在总目标下形成一个有机的整体，才能够付诸实施。一个系统的项目工作计划应当是各部门工作计划的提升，具有更高的层次，有项目自身的主线，各部门的实际执行计划必须以项目主线为主导，所有的工作进程安排均要围绕项目主线进行，从而有效地避免部门之间的摩擦，产生更高的工作效率。

项目管理计划及其子计划的制订和完善，是一个“滚动式”的过程，需要执行 PDCA（计划、执行、检查、修正）循环。现实世界中没有哪个项目的计划制订是“一劳永逸”的。因此，在团队项目的实施中，一定需要养成在项目的推进过程中不断检查、修正和完善项目管理计划及其子计划的习惯，唯有这样，项目管理计划才能真正发挥作用。

（三）分工授权

管理的首要工作就是科学分工。只有每个队员都明确自己的岗位职责，才不会产生推诿、扯皮等不良现象。如果团队像一个庞大的机器，那么每个队员就是一个个零件，只有他们爱岗敬业，团队的机器才能得以良性运转。团队是发展的，管理者应当根据实际动态情况对人员数量和分工及时作出相应调整，否则，队伍中就会出现工作冲突和混乱。如果队伍中有人滥竽充数，给团队带来的不仅是效率的损失，而且会导致其他人员的心理不平衡，最终导致团队整体绩效下降。

案例：

在非洲大草原上，三只瘦弱的小狗正与一只高大的斑马进行一场生死搏斗。

乍一看来，三只弱小的小狗根本不是大斑马的对手。但实际情况是，一只小狗咬住斑马的尾巴，任凭斑马的尾巴如何甩动，都死死地咬住不放；一只小狗咬住斑马的耳朵，任凭斑马如何摇头，也绝不松口；一只稍显强壮的小狗咬住斑马的一条腿，任凭斑马如何踢弹，一点也不懈怠。

不一会儿，在三只小狗的齐心攻击下，“庞然大物”斑马终于体力不支瘫倒在地，成为三只小狗的盘中餐。

思考：为什么小狗可以战胜斑马？

名词解释

授权：是指主管将职权或职责授给某位部属负担，并责令其负责管理性或事务性工作。

授权是一门管理的艺术，充分合理的授权能使管理者们不必凡事亲力亲为，从而可以把更多的时间和精力投入团队发展上，并增长队员的才干，促进队员的成长。授权是完成目标责任的基础，是调动部属积极性的手段，是提高部属能力的途径，是增强应变能力的条件。不会有效授权的领导不是好领导。

在进行有效授权时，要注意把握以下几点：

1. 大部分工作可以授权。通过对团队领导的工作进行盘点可以发现，80%的工作都是可以授权的。团队领导只需做好如下工作：团队的重要决策，制定重要目标并下达，人事安排和奖惩，发展和培养部属等。其他如日常事务性工作、具体业务工作、专业技术性工作、可以由他人代表出席的工作、一般客户的接待等均可授权。

需要着重说明的是：无论授权到何种程度，有一种东西是无法下放的，那就是责任。授权只能意味着责任的加大，不仅对自己，更要对部下的工作绩效负全部责任。

2. 传授工作诀窍：领导在授权时需要面授经验和重要事宜，向队员讲述完成任务时常采用的方法、程序、重点及关键环节、工作细节提示，以及此项工作的最终目的，等等。

3. 做好授权控制。授出的权力不加以控制，轻则影响公司绩效的完成，重则可能造成严重的后果。

4. 牢记几个要点：

- 授权之初就要确定监控的机制；
- 恰当地掌握工作的进度和情况，不让人觉得不被信任；
- 控制目标，不控制细节；
- 及时纠正偏差；
- 采用团队控制方法。

案例：

秦伟被任命为一个项目的经理，管理着9位项目成员，他们均来自不同部门，相互也不太熟悉。在开启动会时，秦伟说了很多谦虚的话，也希望大家齐心协力做好项目。

项目开始以后，项目成员遇到问题就去请示经理。秦伟为了显示能力和树立权威，也总是有求必应身体力行。其实有些问题项目成员之间就可以相互帮助解决，但是他们怕自己的弱点被别人发现，成为别人以后攻击自己的借口，所以都愿意找经理。即使秦伟的做法不对，成员发现了也不吭声，他们认为只要按经理说的去做，出现问题时经理也会负责。“找秦经理去”“我们听你的”成了该项目团队的口头禅。

但随着时间的推移，这个一团和气的团队很快在进度上出现了问题，项目管理部意识到问题的严重性，另派高级项目经理来指导该项目的实施。

思考：该项目问题出在哪里？秦伟应该怎么做？

（四）有效监控

名词解释

控制：是为了确保团队目标及拟订的计划得以实现，对团队内部管理活动及其绩效按照既定标准进行衡量和纠正的过程。

计划是在对未来团队和外部环境预测基础上制订的。未来具有不确定性，这些不可预知的因素会影响计划的执行。无论计划制订得如何周密，由于各种各样不可预知的因素，在执行计划的过程中或多或少会出现与计划不一致的情况。如何保证计划顺利实现？控制发挥着重要的作用。控制是管理的基本职能之一，是组织活动正常进行的保障。没有控制，管理工作很难完成，目标也无法实现。

管理控制中经常用到的控制方法有：预算控制、视察、报告、比率分析、盈亏分析、程序控制、计划评审和绩效审核等。

（五）绩效考核

如何对项目团队进行考核，是决定团队组织绩效考核预期目标能否实现的关键。

在项目团队考核中，除遵循常规绩效考核的一般原则外，还应突出以下几个原则：

1. 把结果考核和行为评价相结合。结果应该用四个维度来测量：质量、数量、时间和成本，强调投资回报。

2. 把项目外部评价与内部评价相结合。只对项目产出进行评估是不够的，必须对项目为团队带来的价值进行评估，即项目效果和价值的评价。

3. 业绩和激励机制相联系。实现业绩管理体系与薪酬体系的动态联动，真正把考核的结果落到实处，是团队考核实效的最有力的保证。

案例：

A公司在业内具有较高的知名度，目前有员工1 000人左右。总公司本身没有业务部门，只设了一些职能部门；总公司下设有若干项目公司，分别从事不同的业务。

绩效考核工作是公司重点投入的一项工作。公司的高层领导非常重视，人力资源部在原有的考核制度基础上制定出了《项目公司管理考核办法》，在每年年底正式进行考核之前，人力资源部还会出台当年的具体考核方案，以使考核达到可操作化程度。

A公司的做法通常是由公司的高层领导与相关的职能部门人员组成考核小组。考核的方式和程序通常包括被考核者填写述职报告、在自己项目公司内召开全体职工大会进行述职、民意测评（范围涵盖全体职工）、向中层干部甚至全体职工征求意见（访谈）、考核小组进行汇总写出评价意见并征求主管副总的意见后报公司总经理。

考核的内容主要包含三个方面：被考核项目公司的经营管理情况，包括该单位的财务情况、经营情况、管理目标的实现等方面；被考核者的德、能、勤、绩及管理工作情况；下一步工作打算，重点努力的方向。具体的考核细目侧重于经营指标的完成、政治思想品德，对于能力的定义则比较抽象。各项目公司都在年初与总公司对于自己部门的任务指标进行了讨价还价。

对项目公司经理的考核完成后，公司领导在年终总结会上进行说明，并将具体情况反馈给个人。尽管考核方案中明确说明考核与人事的升迁、工资的升降等方面挂钩，但最后的结果总是不了了之，没有任何下文。

对于一般员工的考核则由各部门的领导掌握。项目公司的领导对于下属业务人员的考核通常是从经营指标的完成情况（该公司中所有项目公司的业务员均有经营指标的任务）来进行的；对于非业务人员的考核，无论是总公司还是项目公司均由各部门的领导自由进行。通常的做法，都是到了年度要分奖金了，部门领导才会对自己的下属做一个笼统的排序。

课堂讨论：你认为A公司的绩效考核科学吗？为什么？

练一练

一、案例题

1. 某机油公司每月都要给销售员制定销售指标，销售代表需要在他们本人所属的区域内完成销售指标，没有完成任务的销售代表要书面向上级汇报原因。东部销售片区作为一个整体也要按同样的方式完成月度总指标，因而片区总经理将总指标层层分解直到每个销售代表，但这个地区过去多次没有能够完成销售总指标。众所周知的原因是，这个地区的许多销售代表如果已经完成了这个月的指标，就会将其余的销售订单拖延至下个月，这样一来，整个片区只有完不成任务的销售代表，而几乎没有超额完成任务的销售代表，最后造成片区的销售总指标不能完成的情况屡屡出现。销售代表们关注的焦点是自己的指标，而不会去关心整个地区的销售情况。如果一位销售代表做成了一笔大买卖，卖给一个客户几百加仑的机油，那么他很清楚，下个月甚至再下个月，这个客户再不会买油了，这就会造成那几个月份完不成指标而要递交一份说明报告，因而他就会想办法将这张大订单分解成几个小订单，以造成每个月都有销售业绩的情况。

问题：联系本节内容，请你分析公司在目标管理方面的不足之处和改进措施。

2. 在《西游记》中，唐僧师徒四人历经千难万险，从东土大唐出发，最终完成“西天取经”的任务。

从项目管理的眼光来看，这本身就是一个项目的实施过程，也符合项目的一般特征，即“特定性”和“过程性”。

任务完成过程中的其他要素也很齐全，包括项目交付物的“受益人”、项目的“资助人”、项目实施过程中的支持保障体系等。

《西游记》中的“项目团队”也很符合项目团队的一般特征：唐僧师徒四人构成了项目实施团队，其团队成员有着不同背景、能力和性格特征；而唐僧这位团队领导人也面临着许多项目经理在团队管理中所面临的一般问题：项目团队成员并不是他自己挑选的，而是项目实施组织的管理机构指派给他的。唐僧的三个徒弟，甚至包括白龙马，都是“上级领导”观音菩萨在他出发前确定的。换句话说，他没有“选人权”。

但最后的结果证明，这个项目团队取得了圆满的成功！

问题：联系本节内容，请你分析唐僧在项目管理上有哪些过人技能？

3. 我们是一家经营时尚小家电的公司。为了在销售方面有所突破，我们制订了一个授权计划，给下面的销售分区经理和员工充分授权，使一线人员不需经过上级的层层批准，就有权独立处理顾客的特殊要求，其中包括修改现有的产品和服务，调货甚至降低价格。而且为了配合授权政策的有利发展，我们还进行了一系列的产品创新。

事情并没像我们预想的那样发展。一线人员无原则地取悦客户：大幅压低价格、增加附加服务。而且由于授权太多，有一个副经理竟然在没收到客户订金的情况下赊销了价值30万元的原材料。另一个销售人员则以产品降价10%为条件从客户手里收取回扣。

与此同时，新产品虽然热销，顾客的满意度也从76%上升到87%，却出现了销量大、利润低的情况。

面对这些问题，我们是否应收回“授权”，回到以前20元钱就要审批的时候？

问题：联系本节内容，请你分析案例中的授权存在哪些问题？如何改进？

二、实践题

1. 回想你做过的一次授权（委托别人去干一件重要的事情），请你做下面的实践练习题。

（1）这是一项什么工作？您控制的总目标、阶段目标和重要指标是什么？

（2）您设置预警信号了吗？是什么？您是怎样掌握工作的进度和情况的？

A. 按照我们当时授权时的约定，定期联系

B. 我时常出其不意地去看看他干得怎样了

C. 我一想起来这事就了解进度，每次见面都问一下

D. 我告诉他们放手去干，我信任他们，不干涉他们。但他们从来都让我保持对事情进程的了解，不让我蒙在鼓里

（3）在控制的全程中，您怎样做的？

A. 我时刻告诉自己，也提醒他们我的目标，而不替他们作决定

B. 他们因为经验不足出了差错，我能容忍；但我会抱怨几句

C. 他们工作出现偏差，如果是目标和标准不当的问题，我会坦然承认并立即修正

（4）从工作的情况看，您的授权是否有效？怎样能做得更好？

2. 以小组为单位，每组为班级制订一份三年总规划和每学期规划，并制定一份操行评定考核办法和细则。

悟一悟

学习心得：____

____

任务二
铸造团队精神

【任务要点】
- 认识个人利益与团队利益
- 建立团队信任
- 参与团队合作
- 勇于承担责任
- 掌握人际沟通技能
- 奉献个人才智

课题一 赢 在 团 队

做一做

【游戏名称】杀人游戏。

【场地设施】多功能课室/礼堂，扑克牌1副，学生自备眼罩（或长毛巾）。

【所需时间】25~30分钟。

【游戏步骤】（以12人游戏为例）。

1. 裁判将洗好的12张牌（其中有3个警察牌、3个杀手牌和6个平民牌）交大家抽取。自己看自己的牌，记住自己的角色，不要让其他人知道你抽到的是什么牌。

2. 裁判开始主持游戏，众人要听从裁判的口令。

3. 裁判说：天黑了，请大家闭眼。

4. 等大家都戴好面具后，裁判说：杀手请睁眼。

5. 抽到杀手牌的3个人将面具摘下，辨认自己的同伴。

6. 确认完同伴后由任意一位杀手或众杀手统一意见后示意裁判杀掉某人，如果意见无法完全统一，则由裁判取其中多数人的意见（不给任何意见者被裁判视为同意其他人的意见）。注意不要发出声音让别人察觉。

7. 裁判在示意确定死亡的人是谁了之后说：杀手请闭眼。

8. （稍后）裁判说：警察请睁眼。

9. 抽到警察牌的 3 个警察以相同的方式睁开眼睛，相互确认自己的同伴。

10. 确认完同伴后由某一个警察或警察们统一意见后指出一个其认为是杀手的人，并由裁判给出相应的手势来告知警察被指认人的准确身份。

11. （指认完成后）裁判说：警察请闭眼。

12. （稍后）裁判说：天亮了，请大家睁眼。

13. 待大家睁眼后，裁判宣布这一轮谁被杀，同时，裁判指示被杀者留遗言。

14. 被杀者可以指认自己认为是杀手的人，并陈述理由。遗言毕，被杀者退出本局游戏，不得继续参与游戏进程。但如果其仍留在课室内，则在其他人闭眼时亦必须闭眼，以防止影响他人继续游戏。

15. 裁判主持由被杀者右手边第一人开始逐一陈述自己的观点，发言必须说“过”以表示发言结束。每个人每轮只有一次发言机会，且除自己发言时间以外不得发表任何意见。

16. 发言完毕，由裁判主持投票。从本轮被杀者右手边第一个人开始进行投票，裁判叫到谁，想投票给他的人可以投票。每个人只有一次投票机会，也可弃权不投。

17. 投票完毕后，得票最多者视为被公决出局，可留遗言，然后退出本局游戏，此时，本局游戏第一轮结束。

18. 按照上述顺序进入本局第二轮游戏，同样由裁判宣布天黑闭眼，然后重复以上过程。

19. 留遗言人数与警匪人数相同。即如果是 3 警 3 匪配置，则前面 3 个“死人”（包括被杀者和被公决者）可留遗言。其后死的人没有遗言。

20. 直到某一种身份者全部出局，本局游戏结束。此时依照游戏胜负判定方法由裁判判定本局结果。

21. 游戏胜负判定方法：杀手一方全部死去，则警察与平民获胜；警察或平民一方全部死去，则杀手一方获胜。

22. 在投票过程中，如出现得最多票数者达到一人以上，则由平票者进行再一轮的发言，发言过后再对平票人进行投票，得票多的人出局；若再次出现平票，则由平票人以外的其他人逐一发言，之后投票，得票多的人出局；若仍然平票，则本局将被系统硬性判定为平局。

【注意事项】

- 在游戏开始时，教师要讲清基本原则：警察，找出杀手并带领平民公决出杀手；杀手，找出警察并在天黑时杀掉；平民，帮助警察公决出杀手，任何时候平民都不得故意帮助杀手。
- 参加人数及警匪配置：参加人数限定在 11～16 人范围内。其中玩家数在 11～14 人为 3 警 3 匪配置，15～16 人为 4 警 4 匪配置。

议一议

游戏结束后，由教师充当引导者的角色，请三组角色分别开会讨论游戏的得与失，并最终各自派出代表分别谈谈感受和总结。

评一评

教师对刚才的游戏表现作评点。

教师评述要点

- 团队利益是一定社会成员利益的集合。团队利益从本质上来说，是每个成员利益有机联系的统一整体。
- 个人在社会和集体中的活动，既是为了他人，也是为了自己，他提供给集体和社会的价值越大，个人价值和利益实现的程度也就越高。
- 在选择和确立个人价值目标时，必须考虑到国家、集体、个人三者的利益。
- 在每个人的职业生涯中，凡事必须从大局出发，以大局为重，不顾大局就有可能出局。

想一想

完成评点后，教师进一步提出问题，请同学们思考并交流讨论：

- 为什么说“归根结底，个人利益和集体利益是统一的”？
- 你如何认识大局意识？
- 公司新招一批员工，如何考察他们对个人利益和团队利益的认知呢？

无论是工作还是生活，我们每一天的大部分时间都在忙碌中度过，并且总是感到无法从繁杂的事务中解脱出来。好好想一想：我们这么忙碌，究竟是为了什么呢？我们追求的是个人利益还是团队利益或者是两者兼具？个人利益和团队利益哪个更重要？人需要大局意识吗？现在，让我们坐下来认真思考和交流这些问题。

就个人利益而言，每一个社会成员都希望能自由地发展和发挥其全部才能和力量并得到社会的认可。如果得不到社会的认可，只讲所谓的“自我”，最终只能导致个性的膨胀和扭曲。

在现实生活中，个人总是处于各种社会关系之中。从这个角度讲，任何个人都离不开社会和集体。个人在社会和集体中的活动，既是为了他人，更是为了自己，他提供给集体和社会的价值越大，自身的发展和进步就越快，个人价值和利益实现的程度也就越高。这就启示我们，在选择和确立个人价值目标时，必须统筹兼顾到国家、集体、个人三者利益。正是从这个意义上，我们认为：“个人利益和集体利益是相统一的。”

英国社会调查机构的调研结果表明：个人在选择和确立个人价值目标时，必须考虑到国家、集体、个人的三者利益。换句话说：在每个人的职业生涯中，凡事必须从大局出发，具有大局意识。

就团队利益和个人利益的关系而言，一般情况下，团队利益要高于个人利益，但并不是说在任何情况下，只要个人利益与团队利益发生矛盾，就必然要作出个人牺牲。只有当个人利益与团队利益发生冲突，如果不牺牲这种个人利益，团队利益就无法实现的时候，原则上就要求牺牲个人利益，来达到团队利益目标。同时，在不违反团队制度的情况下，人们可以争取最高的个人利益。在企业团队中，任何一位员工的利益都是和他人利益捆绑在一起的，帮助别人就是帮助自己，别人得到的并非是自己失去的。成功的人总是能付出的人，只有先付出，才能有收获。帮助别人的时候，就是帮助自己。如果过分地突出自己而不肯与他人合作，那就很可能失去自己心中所希望和祈盼的一切，这就好像我们要建筑一座大厦，单靠一己之力是不能让它成为现实的。

有一个寓言故事：有一个人想知道天堂和地狱的人各是怎么生活。上帝满足了他的愿望。在地狱，他看到人们一个个饿得皮包骨，但是，饭桌上并不是没有吃的东西，而是因为他们拿着一米长的筷子，拼命往自己嘴里夹，然而还没喂到嘴里，菜就掉了。在天堂，他看到人们过得富足而快乐，饭桌上的菜肴和地狱并没有两样，人们也拿着一米长的筷子，所不同的是他们所夹的菜不是喂自己，而是喂对方。天堂与地狱只在一念之差，心态和行为方式不同，就会导致不同的结果。

为了维持团队的正常运作，领导者和员工必须共同努力做到以下几点：

1. 作为管理者，应了解和理解团队成员的心理，尊重他们的要求，具备“服务管理心态”。通过自己的组织协调能力以及领袖魅力去影响和引导团队成员按照既定的方向完成组织目标，而不是监管、控制的心态。没有人愿意被“管理”，只愿意接受“影响和指引”。

作为领导者最大的难度就是保持求同存异的理念，保留不同的思想，利用好团队的合力。虽然，谁都喜欢别人赞同自己，不同的声音听起来总有点刺耳，作为领导由于维护自己的尊严，比一般人更难做到倾听不同的声音，尤其是当这声音来自下属的时候。但是，恰恰这些意见是最珍贵的。接受不同的意见和观点，并对此加以重视和思考，既有利于防范决策风险，又赢得下属的尊敬。只有在一个开明的领导下，在友好团结的工作气氛中，员工才不会明哲保身，才会以高度的责任心和对领导的信任，勇于提出自己的意见。

以公司策划部门的管理问题为例。众所周知，策划部门人员多属创意性人才，管理创意性人才最好使用松—紧型的管理模式，有点“无为而治”的意思。采取松—紧型的管理模式，既不会过度放纵，又不会束缚团队成员的主观能动性和创作激情。具体来说，就是要给予授权人一定的责任，使其明确工作的重要性和完成期限，其中不时给予指导，这样得到的结果将不只是预料的结果，而且还会超出期望。

任何领导者都想找一个或几个有能力独当一面，又有极高忠诚度的人减轻自己的负担，使企业达到最佳的运作状态。可是，这只是一个理想的状态。因为这样的人才并不多见。管理者应该从现在开始在现有团队中挖掘能成器者进行培养，并注意使其个人目标与组织目标保持一致。因为只有当其个人奋斗目标和职业生涯道路与团队的组织目标高度契合时，他才可能为之奋斗。这是比金钱、地位更能留住人才的方法。

2. 作为团队成员来说，要理解领导者，积极主动地与领导者沟通，配合领导者做好公司的日常工作。这里所指的领导者是从日常的业务工作中分离出来，从事团队内部计划、组织、协调、指导工作的专业人员。

3. 对于所有团队成员而言：一个团结的团队才会有战斗力，在这个团队里，团队成员才能有愉悦快慰的心情去为达到组织目标而奋斗。每个人都希望在这样的团队里工作。我们经常说："对事不对人"。但是否能做到这点呢？以下几种方式可以帮助你达成所愿：

（1）多了解和理解你的沟通对象，因为良好的沟通是建立在沟通双方相互了解和理解的基础之上。

（2）要用"双赢"的沟通方式去求同存异，达到良好的沟通目的。这意味着既能维护自己的尊严和利益，又不忽视对方的尊严和利益，而这正是取得"双赢"结局的保证。

（3）每个人都应抱有一颗"宽宏大量的心"，善于理解和原谅别人。

（4）学会从多个角度考虑问题，树立"否定之否定"的思想，营造和维护良好的合作环境。

（5）加强团队沟通。

你的心有多高你就会飞多高，而助推你腾飞的动力就是将个人利益和团队利益协调统一的大局意识。一个人成功与否，就看他具备不具备大局意识。成功人士与失败人士之间的区别就是：成功人士始终具有大局意识，善于将个人利益和团队利益相统一。失败者刚好相反，他们斤斤计较于个人利益的得失而不惜牺牲团队的整体利益。

团队精神如今已经成为雇主口头禅了，而实际情况并不乐观，在形式上大家都穿一样的制服，说话都很有团队意识，但心里却是另外的想法。雇主往往会说："希望大家把公司当做自己的，因为公司的利益与个人利益是紧密相关的，只有公司赚钱了，个人才有收获。"这句话很动听，却显得一厢情愿，雇员不可能把别人的公司当成自己的，他们很清楚谁是老板。要想做到全员努力就必须营造相互信任的团队氛围。一句话：将团队利益和个人利益统一起来是企业成功的有力保障。

练一练

一、案例题

1. 刘备是个非常注重态度的人，与关羽和张飞结成死党，关系很铁，但最后却是一个失败者。曹操不管态度，唯人是举，成就大业。因为赢得利润不仅靠态度，更要靠才能。那些重视态度的管理者一般都是权威感非常重的人，一旦有人挑战自己的权威，内心就不太舒服。所以，认为态度决定一切的管理者，首先要反思一下自己的用人态度，在评估一个人的能力时，是不是仅考虑了自己的情感需要而没有顾及雇员的？是不是觉得自己的权威受到了人才的挑战不能从内心接受？

问题：这段论述给你什么启发？

2. 有一个雇员要辞职，雇主说："你不能走啊，你非常出色，之前的做法都是为了锻炼你，我就要提拔你了，我还要奖励你！"可是，雇员却认为这是一句鬼话，他废寝忘食地工作，反而没马屁精的收入高，让他如何平静！他选择了离开。

一段时间过后，当得知老板当时所说是真心表白时，他不无感慨地说："如果老板早一点告诉我真相，我就不会离开公司了。"

一个想重用人才，一个想为企业发挥自己的才能，仅仅因为沟通方式不畅，雇佣双方都很受伤害。

问题：联系故事，谈谈你如何理解“如果老板早一点告诉我真相，我就不会离开公司了”这句话？

二、实践题

你们的班级是和谐的班级还是关系紧张的班级呢？

从现在开始，试着培养自己的大局意识，多想想班级，多考虑他人，努力营造自己满意、同学高兴、班级和谐的局面。试试看，你们班会出现什么情况？

悟一悟

学习心得：____

____

课题二　互尊互信——建立团队互相信任的方法

做一做

【游戏名称】爱的臂膀。

【场地设施】多功能课室/礼堂/操场/空地，尽量与其他班级地点分开。

【所需时间】10～15 分钟。

【游戏步骤】

将全班同学分成 2～4 组（每组以不少于 15 人为宜），每组选择几个同学轮流（每次一人）背向小组成员闭上眼睛站在台阶上向背后倒下，下面的人用双臂结成一个安全的网，牢牢接住倒下的人。授课教师带领几位学生在旁保护并监督不出意外，看看哪组完成得最好。

【注意事项】

- 自始至终小组成员要认真完成，不可疏忽大意，以免造成失误。
- 授课教师要切实起到监督和保护的作用。

议一议

游戏结束后，请每组先总结讨论一下自己组的表现和感受，并各派 1～2 名代表向全班汇报总结情况。

评一评

各组汇报完毕后，教师对刚才的游戏表现作评点。

教师评述要点

- 个人的成功需要建立在团队成功的基础上。
- 倒下的人把信任给了大家，大家则把爱给了倒下的人，因此训练是安全的，传导出的思想就是以爱的臂膀托起生命的希望。

想一想

完成评点后，教师进一步提出问题，请同学们思考发言：

- 如何认识“人心隔肚皮”“防人之心不可无”等古训？
- 作为一个团队成员怎样才能克服畏惧心理呢？
- 优秀的团队应该是什么样的？

现代企业中不缺少有能力的人，但每个企业都缺少有能力的团队；在这个飞快变化和不断创新的时代，成功不再是一个人的表现了，而是要协同企业中人与人、人与事、人与利益等之间的关系，才能适应现代企业管理的需求。员工是种子，团队是土壤，只有把种子投入适合成长的土壤里才有可能茁壮成长。成功的团队没有失败的个人，但失败的团队没有成功的个人。可见，个人成功与团队成功的关系是何其密切，而团队成败的关键在于信任二字。

一、信任四要素

有四个要素对于团队信任是非常关键的：获得成效、一致性、诚实和关注表现。

1. 获得成效。首要的或者说最重要的因素就是获得成效。就算一个人的动机是善意的，如果他不能实现我们对他的期望，他也不可能得到我们的信任。而能力是个人获得成效的保证，因此个人必须具备一定能力，且这种能力足以使他的承诺得到实现时才可能得到别人的信任。

2. 一致性。一致性与个体的可靠性、预见性和把握局势的良好判断力有关，言行不一必然会降低信任。在大多数情况下，我们信任那些言行一致的人；言行不一意味着他可能是不诚实的或者是自私的，那是不值得别人信任的。

3. 诚实。诚实，首先是真诚和正直，其次是坦白。如果一个人缺少了真诚和正直的品质，别人很难对这个人产生信任。

4. 关注表现。一般来说，我们信任那些关心我们的人，信任那些我们认为行为处世符合我们的需要、至少不和我们的需要相冲突的人。

信任是合作的开始，也是企业管理的基石。信任对于一个团队来说，具有相当重要的

作用:

第一，信任能使人处于相互包容、相互帮助的氛围中，易于形成团队精神以及积极热情的情感。

第二，信任能使每个人都感受到自己对他人的价值和他人对自己的意义，满足个人的精神需求。

第三，信任能有效地提高合作水平及和谐程度，促进工作的顺利开展。尽管信任对于一个团队具有化腐朽为神奇的力量，但实际上很多企业都处于一种内部的信任危机当中。比如，没有凝聚力、上司在下属面前没有威信、人心不稳、工作没有积极性，企业犹如处在一个随时都可能爆发的火山口上。

人，最重要的不在于他是什么，而在于你把他当作什么。你给他多少信任，他就会回报你多少努力。

信任你的团队，信任你的员工，是团队成功的第一步。

信任他人，不仅能有效地激励人，更重要的是能塑造人。在人与人相互信任的氛围中，彼此友好相处，思维空前活跃，可以尽情发挥自己的聪明才智。在这样的境界里，人性本能驱使自己要维护这方相互信任的净土，当一个不光明的念头出现时，人们都会自觉抵制。这种境界是物质激励无法达到的。物质是重要的，但不是最重要的。要建设一个具有凝聚力并且高效的团队，第一个且最为重要的一个步骤，就是建立信任——坚实的以人性脆弱为基础的信任。这意味着一个有凝聚力的、高效的团队成员必须学会自如地、迅速地、心平气和地承认自己的错误、弱点、失败，他们还要乐于认可别人的长处，学会向别人求助。

二、信任的原则

看看我们现在的沟通方式，组织即将淹没在通信工具中，淹没在论坛、博客、电子邮件、电话和网络通信工具中。我们比过去都更需要信任和我们一同工作的人。“信任”听起来美好，但行之不易。信任管理依赖于清楚的规则和原则。我们认为，建立信任应遵循七大原则:

1. 信任不是盲目的。信任一个你不十分了解、一个没有长期观察其所作所为的人是不明智的。

2. 信任需要界限。无限信任实行起来是不实际的。组织里的“信任”其实指的是信心，对于一个人的能力与他们对目标鞠躬尽瘁的信心。只要目标清楚，受信任的个人或者团队就可以放手去做。

3. 信任需要不断学习。固定的群体内容易建立信任，但是固定群体必须在适当的时机或工作有所要求的时候，有足够支持变革的弹性。

4. 信任是很艰难的。信任就像玻璃，一旦碎了就永远无法恢复原状。碰到不能信任的对象，就要仔细核查，让所有的控制系统发挥作用。

5. 信任需要密切的结合。各小单位的目标必须与整体目标融为一体。

6. 信任需要接触。无论领导者说得多么好，仍然是不够的，依然需要人际间的接触才能使承诺有真实的感觉。

7. 信任必须努力赢得。组织若期望得到员工的信任，就必须首先证明自己是值得信任的。

案例：

经理对两个主管说："这个问题要尽快处理才能得到良好的效果。我会转呈老总，请他同意这项立案。好了，你们赶快着手进行这件事吧！"

"经理虽然那样说，但要进行这件事到底有没有困难呢？"

"我看大有问题。虽然经理那样说，但老总一定不会同意的，经理根本没办法说服老总。"

"说的也是，那么暂时放着，看看情形再说吧！"

课堂讨论： 该团队存在什么问题？

人非草木，孰能无情。作为领导者，仅仅依靠一些物质手段激励员工，而不着眼于员工的感情生活，那是不够的，与下属进行思想沟通与情感交流是非常必要的。现代情绪心理学的研究表明，情绪、情感在人的心理生活中起着组织作用，它支配和组织着个体的思想和行为。因此，感情管理应该是管理的一项重要内容，这一点对技术创新型企业尤其重要。

斯特松公司是美国最老的制帽厂之一。有一段时间公司的情况非常糟糕：产量低、品质差、劳资关系极度紧张。此时，一位管理顾问薛尔曼应聘进厂调查。他的调查结果显示：员工们对管理层、工会缺乏信任，员工彼此间也如此。公司内的沟通渠道全然堵塞，员工们对基层领班的做法，如偏激的作风、言语辱骂、不关心员工的情绪等更是极度不满。

针对这些问题，薛尔曼开始实施一套全面的沟通措施，在管理层的支持下，在4个月内，不但员工憎恨、责难的心态被消除，同时他们也开始展现出团队精神，生产能力也有所提高。感恩节前夕，薛尔曼和公司的最高主管亲手赠送火鸡给全体员工，隔天收到员工回赠的一张签名谢卡，上面写着：谢谢把我们当人看。

美国著名的管理学家托马斯·彼得斯曾大声疾呼：你怎么能一边歧视和贬低员工，一边又期待他们去关心质量和不断提高产品品质！他建议把能激发工作激情当成一个领导人的"硬素质"。要晋升这样的人：他们在没当领导之前，能在同事中激发工作热情；当了领导后，在他们的下属中甚至在其他部门的同级人员中，也能激发热情、热心与积极性。

想一想

为什么说感情和工作的有效管理有着密切的关联。

三、如何建立信任

工作与情感的紧密联结是现代社会分工的结果，也是市场由生产转向消费的结果。工作与情感的关系表现为两个方面：一个是工作外部的情感关系，即情感劳动；另一个就是工作内部的情感关系，即情感管理。前者满足的是顾客的情感需要，后者满足的是员工的情感需要。二者具有同等的价值和相关性，可以形成一种良性循环：提高了员工的情感满足程度和满足质量，他们在为顾客提供的情感劳动也会是保质保量的；顾客的情感满足感又会促使工作绩效增加，使员工形成工作的愉悦情感体验。通过情感劳动和情感管理以实现企业目标，促成了情感在公共领域的运用而不是一种个人的内在感受。一个企业如果能够很好地对外开展情感劳动，对内做好情感管理，则将在市场上立于不败之地。

综上所述，建立高效团队的关键在于建立团队信任，而建立团队信任关键在于掌握和熟练地运用团队建立信任的方法。

我们在工作场合需要专业上面的信任。专业上面的信任是指：我相信你能胜任这项工作，你会与大家分享相关的信息，而且你对整个团队有良好的动机。人们可以根据以下五个方法在团队中建立信任：

1. 坦率地解决问题。信任的建立依赖于团队成员具备相当的勇气去与“给他们带来麻烦”的人进行坦率的沟通，而不是压根不与对方沟通。当人们不知道如何处理不快的对话或者认为维护工作关系与他们无关的时候，团队的信任就会受到损害。

2. 分享相关的信息。要敢于说出你的想法。如果你不赞同，这一定要说出来。当然，有建设性地说出想法对有效沟通是很重要的。但不管怎样，说出来最重要。当团队里某人在讨论问题的时候保留自己的观点和想法，之后又批评说“我认为这主意从头就是错的”，其他团队成员就会觉得措手不及。这会伤害彼此的信任感。

3. 信守承诺，当不能守诺时应提早告知。当事态发展偏离原计划时，应尽力做到透明和提前告知，以便尽量减少意外发生的频率。

4. 不同意就说“不”。没有原则地说“是”，只会让其他人不再信任你的言词。

5. 把你知道的和你不知道的都展现出来。简单地讲，就是把自己掌握的信息和别人分享，可以意识到哪些东西自己不知道，并对其保持开放的心态。

技能点拨：

对于接受一个新团队，或者刚被提拔为团队领导，应该需要注意以下几个方面：

★ 必须相信自己一定能。

★ 必须相信你的同事，也相信他们能。

★ 与同事多沟通，谈出你的沟通模式以及沟通中的注意事项，特别是要提到求同存异的观点，要坦然接受被拒绝，相互尊重、包容。

★ 经常灌输职业化、敬业精神。

★ 强调团队内各同事必须紧密合作。

★ 建立了团队的文化后，你就可以逐步推出管理制度，诸如命令的执行力、工作汇报、任务跟进、任务验收、任务完成评估等。

★ 最后，在带领团队遇到阻力时，如果不能通过其他方法解决，则寻求上司的帮助。

信任是人类彼此良好沟通和良好合作的基础，团队要完成共同的事业，建立团队同事间的相互信任，领导对下属的信任以及下属对领导的信任都是十分重要的。

练一练

一、案例题

1. 很多人都看过动物世界节目，知道大象和羚羊的迁徙都是需要一只领头的大象或者羚羊来领路，不管几千里路还是上万里路行程，它们都在领路者的带领下取得迁徙的成功，保证了种群的延续。

问题：联系本节内容，谈谈对这则故事的认识。

2. 王先生在一家印刷公司做业务两年，其间给公司创造很多价值，带来很多客户，由于爱好使然，对设计钟情的他选择离开印刷公司、离开业务，重新在家钻研设计。在公司的两年里，王先生工作勤勉，忠诚踏实，一心为公，但令他费解的是离职前一天，公司经理以一理由当即封掉其企业邮箱，并告之其相关客户离职，使本来准备好好回报公司、继续义务为公司介绍业务的王先生“大跌眼镜”，兴趣茫然。

问题：你认为王先生所在的团队是一个高效的团队吗？为什么？

3. 信任你的员工，你的员工工作上会更加卖力，认为一定要对得起经理对自己的信任，不能辜负经理的期望；相反，不信任你的员工，会影响他对企业的忠诚度，损害企业与员工间的关系，使员工的积极性、主动性大打折扣，工作效率、绩效也大打折扣。诚所谓：“用人不疑，疑人不用。”

问题：谈谈你对这段话的理解和认识。

4. 卓越的团队不需要领导提醒团队成员竭尽全力工作，因为他们很清楚需要做什么，他们会彼此提醒注意那些无助于成功的行为和活动。而不够优秀的团队一般对于不可接受的行为采取向领导汇报的方式，甚至更恶劣：在背后说闲话。这些行为不仅破坏团队的士气，而且让那些本来容易解决的问题迟迟得不到办理。

问题：联系本节内容，请你从信任的角度来分析一下本案例。

二、实践题

全班完成“过河”游戏：将全班同学分为若干组，每组6~10人，其中一半扮演瞎子（需戴眼罩），其余一半扮演瘸子（需绑腿）。在场地上画几个长十米宽一米的长方形作为桥。每组每次由一个瞎子和一个瘸子共同过河，到对岸后下一对再上桥，以此类推。踩线视为落水，需回到起点重来。最后，最先全部完成的一组为获胜队。

比赛完成后要求各队召开总结经验会，并说出自己的感悟。

悟一悟

学习心得：______________________________

____

课题三　合作共赢

做一做

【游戏名称】大迁徙。

【场地设施】多功能课室/礼堂/操场/空地，几十根橡皮带或布条、障碍物、秒表。

【所需时间】25～30分钟。

【游戏步骤】

将全班同学集合，先让他们自由排列成四排站立，再采用报数等方式将他们重新编排成男女相间的若干组，注意尽量不让太熟悉的同学排在一起。

用橡皮带将相邻小组成员的内侧脚踝绑在一起，小组成员互相牵着手，教师发令后，各队立即向前跑或走，在距起点30米处，绕过障碍物后折回原处，以用时少者为优胜。

【注意事项】

- 游戏自始至终，团队成员不能少，主要考核整队表现。
- 必须在起跑前把脚绑好绑紧，不准抢跑。
- 每队时限6分钟内。

议一议

游戏结束后，教师担任主持人，在每队随机抽1～2名同学，请他们谈谈各队的表现，然后请全体同学围成圆圈总结讨论一下各自的表现，并各派1～2名代表向全班汇报总结情况。

评一评

汇报完毕后，教师对刚才的游戏表现作评点。

教师评述要点

- 团队成员只有动作协调、敏捷和相互协作才能顺利完成任务。
- 团队合作是一种为了达到既定目标所显现出来的自愿合作和协同努力的精神。
- 如果团队合作是出于自觉自愿，它必将会产生一股强大而且持久的力量。

想一想

完成评点后，教师进一步提出问题，请同学们思考发言：

- 联系自己参与过的集体活动，想想为什么团队需要合作？
- 看70周年国庆阅兵直播时，你有哪些感受？

在实际经济生活中，高效的团队可谓凤毛麟角，究其原因不外乎团队合作进入了误区所致。

一、团队合作的误区

（一）“冲突”会毁了整个团队

很多团队管理者都很忌讳发生冲突，他们会采取种种措施来避免团队中的冲突，而无论这种冲突是良性还是恶性的。管理者们的担忧不外乎三点：（1）一些管理者把冲突视为对领导权威的挑战，因为担心失去对团队的控制，在拍板和讨论之中他们会果断地选择前者；

（2）过于激烈的冲突往往会引发团队内部的分裂，带来不和谐音符；（3）在冲突中受打击的一方不仅会伤及自尊，同时也会对成员的自信心造成很大的影响，不利于团队整体工作效率的保持和提升。

想一想

冲突也可以带来机遇吗？没有冲突的团队都是理想的团队吗？

要成为一个高效、统一的团队，领导就必须学会在缺乏足够的信息和统一意见的情况下及时作出决定，果断的决策机制往往是以牺牲民主和不同意见为代价而获得的。对于团队领导而言，最难做到的莫过于避免被团队内部虚假的和谐气氛所误导，并采取种种措施，努力引导和鼓励适当的、有建设性的良性冲突。应将不同意见摆到桌面上，通过讨论和合理决策加以解决，从而达到统一思想，推动团队发展的目的。

（二）1+1一定大于2?

2004年6月，拥有NBA历史上最豪华阵容的湖人队在总决赛中的对手是14年来第一次闯入总决赛的东部球队活塞。从球队的人员结构来看，科比、奥尼尔、马龙、佩顿，湖人队是一个由巨星组成的“超级团队”，每一个位置上成员几乎都是全联盟最优秀的，再加上传奇教练迈克尔·杰克逊，在许多人眼中，这是20年来NBA历史上最强大的一支球队，要在总决赛中将其战胜只存在理论上的可能性，更何况对手是一支缺少大牌明星的“平民”球队。

然而，最终的结果却出乎所有人的意料，湖人几乎没有做多少抵抗便以1:4败下阵来。失败有其原因：几大球星都认为自己才是球队的领袖，在比赛中单打独斗，全然没有配合；而马龙和佩顿只是冲着总冠军戒指而来的，根本就无法融入整个团队，也无法完全发挥其作用。缺乏凝聚力的团队如同一盘散沙，其战斗力自然也就会大打折扣。

明星员工的内耗和冲突往往会使整个团队变得平庸，在这种情况下，1+1不仅不会大于或等于2，甚至还会小于2。在工作团队的组建过程中，管理层往往竭力在每一个工作岗位上都安排最优秀的员工，期望能够通过团队的整合使其实现个人能力简单叠加所无法达到的成就。然而，在实际的操作过程中，众多的精英分子共处一个团队之中反而会产生太多的冲突和内耗，最终的效果还不如个人的单打独斗。

在通常情况下，团队工作的绩效往往大于个人的绩效，但也不是那么绝对，这取决于团队工作的性质：如果团队的任务是要搬运一件重物，单凭其中某个成员的力量绝对搬不动，必须要两个以上的成员才能够搬动，这时团队的绩效要大于个人绩效，1+1的结果会大于或等于2；但如果换成是体操比赛中的团体项目，最后的成绩往往会因为某位成员的失误而名落孙山，这时，1+1的结果反而会小于2。

（三）“个性”是团队的天敌

二战时期，美军司令部中的艾森豪威尔、巴顿、布雷德利三人性情各异。

艾森豪威尔注重大局、运筹帷幄、富有远见，性格和蔼可亲，是一位一流的协调者，但缺乏具体执行的能力。

巴顿性情暴躁、雷厉风行、爱出风头，他是一个战争天才，他以率领坦克军大胆突进，攻城略地而闻名于世。但他却个性极强，常常只凭自己的意愿办事。

布雷德利性格沉着稳重、爱护部下、注重小节，虽然在战争中缺少创意，但却能坚决贯彻上级的命令。

诺曼底战役中，艾森豪威尔、巴顿、布雷德利三人组成了一个成功的组合：巴顿使这个组合富有了战争创意和生气；布雷德利使这个组合有了秩序和规则；艾森豪威尔使这个组合具备了长远的目光。

换个角度来看，“个性”也许并不是那么可怕。就像唐僧，虽然处事缺乏果断和精明，但对于团队目标抱有坚定信念，以博爱和仁慈之心在取经途中不断地教诲和感化着众位徒弟。队中明星员工孙悟空是一个不稳定因素：虽然能力高超，嫉恶如仇，但桀骜不逊，喜欢单打独斗。最重要的一点是他对团队成员有着难以割舍的深厚感情，同时有一颗不屈不挠的心，为达成取经的目标愿意付出任何代价。也许很少有人会意识到，猪八戒对于团队内部承上启下所发挥的重要作用。他的个性随和健谈，是唐僧和孙悟空这对固执师徒之间最好的“润滑剂”和沟通桥梁，虽然好吃懒做的性格经常使他成为挨骂的对象，但他从不会因此心怀怨恨。至于沙僧，每个团队都不能缺少这类员工，任劳任怨，从不争名逐利，是领导的忠实追随者，起着保持团队稳定的基石作用。每个团队成员都会有个性，这是无法也无需改变的，而团队的领导艺术就在于如何发掘组织成员的优缺点，根据其个性和特长合理安排工作岗位，使其达到互补的效果。

想一想

你的个性是什么样的呢？你理解个性对团队信任的影响吗？

仔细研究那些成功的创业团队，我们会发现，这些团队的个体无一例外都具有鲜明的个性，他们各自发挥自己的才华，相互结合，从而有力地推动着创业进程。

二、团队合作能力的形成

团队合作能力是如何形成的呢？优秀的员工除了应具备过硬的专业知识外，还应具备优秀的团队合作能力，在某种程度上说，团队合作能力比专业知识更为重要。所以，团队成员应该从以下几个方面培养和形成团队合作能力：

1. 懂得欣赏。很多时候，同处于一个团队中的工作伙伴常常会乱设“敌人”，尤其是大家因某事而分出了高低时，落在后面的人心里就会酸溜溜的。这种心态对团队合作很有利。所以，每个人都要先把心态摆正，用客观的目光去看看“假想敌”到底有没有长处，欣赏团队的每一个成员，就是在为团队增加助力；改掉自身的缺点，就是在消灭团队的弱点。“三人行，必有我师”。每一个人的身上都会有闪光点，都值得我们去挖掘并学习。适度的谦虚并不会让你失去自信，只会让你正视自己的短处，看到他人的长处，从而取长补短。总之，团队的效率在于每个成员配合的默契，而这种默契来自于团队成员的互相欣赏和熟悉。

2. 尊重。尊重没有高低之分、地位之差和资历之别，尊重是团队成员交往时的一种平等的态度。平等待人，有礼有节，既尊重他人，又尽量保持自我个性，这是团队合作能力之一。团队是由不同的成员组成的，每一个团队成员首先是一个追求自我发展和实现的个体人，然后才是一个从事工作、有着职业分工的职业人。互相尊重，既是团队顺利开展工作的前提，也是团队成员合作的基础。

3. 宽容。宽容是人们最为推崇的一种合作基础，因为这是一种真正的以退为进的团队策略。雨果曾经说过，“世界上最宽阔的是海洋，比海洋更宽阔的是天空，而比天空更宽阔的则是人的心灵。”这句话无论何时何地都是适用的，即使是在角逐竞技的职场之上，宽容仍是能让你尽快融入团队之中的捷径。

4. 平等。平等是人和人之间的一种关系、人对人的一种态度。不论地位和等级，当每一个团队成员都处于相同的起跑线上时，他们之间就不会产生距离感，他们在合作时就会形成更加默契、紧密的关系，从而使团队效益达到最大化。

5. 信任。信任是成功协作的基石。管理专家坚信这样一个简单的理念：如果连起码的信任都做不到，那么，团队协作就是一句空话。团队是一个相互协作的群体，它需要团队成员之间建立相互信任的关系。信任是合作的基石，没有信任，就没有合作。

6. 负责。负责，不仅意味着对错误负责，对自己负责，更意味着对团队负责、对团队成员负责。一个对团队工作不负责任的人，往往是一个缺乏自信的人。

7. 诚信。古人说：人无信则不立。说的是为人处世若不诚实，不讲信用，就不能在社会上立足和建功立业。一个个体，如果不讲诚信，那么他在团队之中也将无法立足，最终会被淘汰出局。诚信，是做人的基本准则，也是作为一名团队成员所应具备的基本价值理念。

8. 热心。职场之内，人们一致认定的竞争法则是：强者有强者的游戏规则，弱者有弱者的生存法则。作为一个团队成员必须记住，一个完全发挥作用的团队，才是最具竞争力的团队；而只有身处一个最具竞争力的团队之中，个体的价值才能得到最大程度的体现！当你是团队中的那块“短木板”时，应该虚心接受“长木板”的帮助，尽一切努力提高自己的能力，不要让自己拖整个团队的后腿；当你是团队中的那块“长木板”时，你不能只顾自己前进的脚步，而忽略了“短木板”的存在。当我们身处于一个团队中时，只有想方设法让“短木板”达到“长木板”的高度，或者让所有的板子维持“足够高”的相等高度，才能完全发挥团队作用。

9. 个性。坚持自己的特质，要的就是与众不同。团队精神不是集体主义，不是泯灭个性、扼杀独立思考。一个好的团队，应该鼓励和正确引导员工发挥个人能力。团队成员个人能力的最大发挥，其实是个人英雄主义的最好体现。个人英雄主义在工作中往往表现为个性的彰显、创造性的工作以及勇于面对压力和敢于承担责任的勇气。团队若能给团队成员提供一个充分施展、表现自己才能的机会，那么，这将会为团队带来永不枯竭的创新能力！记住，团队制度的建立是为了更好地发挥成员的才能，而不是束缚他的才能。

10. 团队利益至高无上。“皮之不存，毛将焉附。”个性必须与团队的行动一致，要有整体意识、全局观念，要考虑到整个团队的需要，并不遗余力地为整个团队的目标而共同努力。只有当团队成员自觉思考到团队的整体利益时，他才会在工作中处处以让团队利益达到最大化为根本，自然不会因为工作中的小摩擦而耿耿于怀，也不会为同事之间的分歧而斤斤计较，更不会因为公司对自己的一时错待而怨恨于心。

11. 超越自我的团队意识。强调团队合作，并不意味着否认个人智慧、个人价值，个人的聪明才智只有与团队的共同目标一致时，其价值才能得到最大化的体现。成功的团队提供给我们的是尝试积极开展合作的机会，而我们所要做的是，在其中寻找到我们生活中真正重要的东西——乐趣——工作的乐趣、合作的乐趣。团队成员只有对团队拥有强烈的归属感，强烈地感觉到自己是团队的一员，才会真正快乐地投身于团队的工作之中，体会到工作对于人生价值的重要性。

12. 永远不要抛开你的队友。杰克·韦尔奇有句关于团队的名言：你可以拿走我的企业，但不能拿走我的团队，只要我的团队在，我就能再开创一个更加辉煌的企业。这是通用的路标，也是现代企业中生存必须秉持的原则。

练一练

一、案例题

1. 两个人一起做坏事，结果被警察抓了起来，分别关在两个独立的不能互通信息的牢房里进行审讯。在这种情形下，两个囚犯都可以作出自己的选择：或者供出他的同伙（即与警察合作，从而背叛他的同伙），或者保持沉默（也就是与他的同伙合作，而不是与警察合作）。这两个囚犯都知道，如果他俩都能保持沉默的话，就都会被释放，因为只要他们拒不承认，警方无法给他们定罪。但警方也明白这一点，所以他们就给了这两个囚犯一点儿刺激：如果他们中的一个人告发他的同伙，那么他就可以被无罪释放，同时还可以得到一笔奖金。而他的同伙就会被按照最重的罪来判决。当然，如果这两个囚犯互相背叛的话，两个人都会被按照最重的罪来判决，谁也不会得到奖赏。

问题：联系本节内容，请你分析这个被称为“囚徒困境”的案例。

2. 有一次，天鹅、狗鱼和虾，一起想拉动一辆落入河中的货车。三个家伙套上车索，拚命用力拉：天鹅拼命向云里飞，虾尽力向后倒拖，狗鱼直向水里拉。于是，车子不管怎样就是拉不动。

问题：请你分析车子为什么就是拉不动呢？

二、实践题

将学生分组完成“衔纸杯传水”游戏。步骤如下：

1. 选 8 人一组，男女交替配合。

2. 每次共选 16 名同学，分两组同时进行比赛。

3. 每个参赛成员衔着一个空纸杯。

4. 选两个辅助人员，向各组的第一名成员的纸杯里倒水，在比赛时间内持续倒水，进行传递。

5. 裁判宣布开始。两组的第一名同学衔着装有水的纸杯，将水倒入同组下一个组员衔着的纸杯内，依次传递，最后一人将纸杯内的水倒入一个小桶内。

6. 限定时间 10 分钟。时间到，比赛结束，看哪个组桶内的水最多，哪个组就获胜。然后各组分头总结比赛经验教训及心得体会。

悟一悟

学习心得：________________________________

____

课题四 勇担责任

做一做

【游戏名称】报数。

【场地设施】多功能课室/礼堂，秒表。

【所需时间】30～45分钟。

【游戏步骤】

1. 将所有参加的人平均分成两队。

2. 每队挑选男女队长各一名，组织团队进行比赛（队长不参加比赛）。

3. 要求队长宣誓，问三个问题："有没有信心战胜对手""如果失败，敢不敢于面对队员的指责""如果失败，愿不愿意承担由此所带来的一切责任"。

4. 要求两队学员进行报数，速度越快越好。

5. 分别进行8轮比赛，每轮比赛间隔休息3分钟、2分钟（2次）、1分半钟（2次）、1分钟（2次）。

6. 每轮比赛均进行奖惩。输者，由队长率领全体队员向对方深鞠躬，表示诚心服输，并齐声说："愿赌服输，恭喜你们！"并由男女队长做俯卧撑10个；如果以后再输，俯卧撑的个数将会按倍数递增。赢者，全队哈哈大笑并做胜利手势。

7. 将每轮比赛的结果记录在黑板上。

8. 游戏结束，播放一篇5分钟左右的有关责任心的抒情音乐散文。

【注意事项】

- 游戏开始，要求队员遵守纪律和规定，并举手表决通过。
- 认输鞠躬时要诚心诚意，有故意搞笑或不诚心者将做20个俯卧撑。

议一议

游戏结束后，请同学们讨论如下题目：

1. 每个人都同意团队所有的意见吗？如果不是，为什么？

2. 谈谈责任心对我们人生的意义。

讨论完后各组派代表汇报小组讨论情况。

评一评

各组汇报完毕后，教师对刚才的游戏表现作评点。

教师评述要点

- 通过竞争可以提高团队的效率。
- 团队成员具有责任心是团队成功的必备条件。

想一想

完成评点后，教师进一步提出问题，请同学们思考发言：

- 联系实际，想想为什么成功的团队必须具有勇担责任的能力？
- 如果你是公司老板，你会如何对待一个在紧要关头挺身而出勇担重任的员工？

责任是一种与生俱来的使命，它伴随着每一个生命的始终。从你出生到离开这个世界，我们每时每刻都要履行自己的责任：对自己的责任，对家庭的责任，对工作的责任，对社会的责任。

一个人只有具有高度的责任感，才能在任务执行中勇于负责。

一个人最有魅力的时刻莫过于他承担责任的那一刻。责任是一个人品格和能力的承载，是一个人走向成功必不可少的素养。所有成功的人，都有一个共同的品质——责任感。聪明、才智、学识、机遇等固然是促成一个人成功的要素，但责任感是最不可或缺的。

责任胜于能力。一个员工能力很强，如果他不愿意付出，就不能为企业创造价值。而一个愿意为企业全身心付出的员工，即使能力稍逊一筹，也能够创造出最大的价值。唯有责任才能让能力展现出最大的价值。从大处来说，责任就是最基本的职业精神；从小处来说，责任是一个人做事的基本准则。只有负责任的人，才有资格成为社会中优秀的一员；缺乏责任心的人，在任何组织中都不会受欢迎。

万物改变，由我开始，所以要改变整个世界，首先改变自己，改变的所有根源是改变自己，责任胜于能力，责任越大提升的空间就越大，责任是能力中的核心能力，能力好比是一个载体，责任就是舞台，要想使能力发挥得淋漓尽致，那就必须承担更多的责任，因为这样才有机会把你的舞台做大，真正地去展示你的能力。

老吴是个退伍军人，几年前经朋友介绍来到一家工厂做仓库保管员。库管工作并不繁重，无非就是收发材料、关好门窗、注意防火防盗等，但老吴却做得异常认真。他不仅每天做好提货日志，将货物有条不紊地码放整齐，还坚持每天都打扫仓库的各个角落。3 年下来，仓库没有发生一起失火失盗案件，车间每次来提货他都会在最短的时间里找到所提的货物。年终的庆功会上，总经理亲自为老吴颁发了普通员工 5 倍的奖金。好多员工不理解，一个仓库保管员，凭什么能够拿到高于我们几倍的奖金？总经理说：“作为一名普通的仓库保管员，老吴能够做到三年如一日地不出差错，而且积极配合其他部门人员的工作，对自己的岗位忠于职守，比起其他人老吴真正做到了爱厂如家，我觉得这个奖励他当之无愧！”

老吴的例子告诉我们，只要在自己的位置上真正领会到“工作意味着责任”，领会到责任的重要性，100% 负责地完成自己的工作，这样的员工迟早都会得到回报的。

责任胜于能力。不负责任，纵有天大的本事，也不会给他人、给团队创造价值；责任造就魅力。一个有责任感的人，会被欣赏、被信任，会被委以重任，因而也会创造更大的价值。

练一练

一、案例题

1. 你或许会碰到以下问题：

“员工没有责任感，执行力太差……”

“我说得已经很清楚，他们还是不能按质按量完成工作……”

“有些员工总是疲疲塌塌，做事总没激情……”

“问题主要出在公司管理层，他们总是变来变去……”

“部门的同事各自为政，纠纷不断，我天天救火和调节……”

问题：联系本节内容，想一想，你是否有了解决问题的利器？

2. 一个 11 岁的男孩踢足球时不小心将邻居家的玻璃打碎，邻居愤怒不已，向他索赔 12.5 美元。这 12.5 美元在当时可谓是天文数字，足够买下 125 只生蛋的母鸡了。男孩儿把闯祸的事告诉了父亲。见儿子为难的样子，父亲拿出了 12.5 美元，说：“这笔钱是我借给你的，一年后要分毫不差地还给我。”男孩赔了钱之后，便开始艰苦地打工。终于，经过半年的努力，他把 12.5 美元分毫不差地还给了父亲。这个男孩就是后来的美国总统罗纳德·里根。后来他回忆说：“通过自己的劳动来承担过失，使我懂得了到底什么是责任”。

问题：你怎样看待这个案例？它又给了我们什么启示呢？

3. 责任是一个永恒的话题，千百年来，责任作为备受人们推崇的核心价值理念，体现着最基本的职业精神。中央电视台举办的经济人物颁奖典礼，都把责任作为主题词，责任成为考核一个企业是否具有公信力的一个最重要的标准。

问题：请你分析上边这段论述的内涵。

二、实践题

将学生两人一组分成若干组完成“责任者”游戏。要求：两人一组进行比赛。两个人相距一米的距离，一个人背向另一个人平躺倒下去，另一个人站在原地不动，只是用手接着对方的肩膀，并说：“放心吧，我是责任者”。

游戏结束后请每个人谈谈自己的感悟及对责任的认识。

悟一悟

学习心得：

课题五　换位思考

做一做

【游戏名称】荒岛逃生。

【场地设施】多功能课室/礼堂，别针、大头笔、彩纸。

【所需时间】15～20分钟。

【游戏步骤】

1. 描述背景：一架飞机坠落在荒岛上，只有8人没有受伤，其余几十位乘客均受伤严重。岛上没有任何可以与外界通讯的工具，没有水和食物，这时逃生工具只有一个只能容纳一人的橡皮气球吊篮。全体成员必须在没有受伤的8人中投票选出一位信使先行坐吊篮离岛去搬救兵。谁都清楚，先行出去的人多了一次活命的机会。

没有受伤的8人角色如下：

A. 孕妇：怀胎7个月。

B. 发明家：正在研究新能源（可再生、无污染）汽车。

C. 医学家：多年研究爱滋病的治疗方案，已取得突破性进展。

D. 宇航员：即将远征火星，寻找适合人类居住的新星球。

E. 生态学家：负责热带雨林抢救工作。

F. 流浪汉：见过大风大浪，生存经验丰富。

G. 男歌星：天王级巨星，粉丝无数。

H. 政治家：某国际大都市市长，掌管丰富资源。

2. 针对由谁乘坐气球先行离岛的问题，第一轮由8人依次各自陈述理由。

3. 第二轮由各人依次先概述第一轮中其余几人的理由，再进行辩驳。

4. 第三轮由场下“伤员”对8人自由提问，被提问者必须作答，但不能进行相互之间的辩论。

5. 由全体成员（包括8人）对8人进行信任投票，每人只能投1票，得票最多者获得先行离岛资格。

6. 如得票多者出现多人并列，则由这几人进行最后一轮陈述，然后再对他们投票。

【注意事项】

- 角色随机产生，产生后在胸前挂牌（用彩纸和别针）。
- 游戏自始至终只有轮到自己发言时才能发言，成员间不能相互辩论。
- 授课教师可根据需要增加角色。
- 在投票前教师应引导学生以游戏中的人物身份和根据全程的感受去投票。

议一议

游戏结束后，请得票最多者和最少者总结一下自己的表现和感受，并各派 1 ~ 2 名投票给他们的同学谈谈自己投票的理由。

评一评

各组汇报完毕后，教师对刚才的游戏表现作评点。

教师评述要点

- 个人的成功需要建立在良好的人际关系之上。
- 站在别人的角度去思考和认识问题才容易获得认同。
- 团队的和谐高效建立在团队成员间能相互进行换位思考上。

想一想

完成评点后，教师进一步提出问题，请同学们思考发言：

- 团队员工在现实生活中人际交往能力的高低是团队成功的关键吗？
- 作为一个团队成员怎样才能练就高超的人际交往技巧呢？
- 优秀团队中的人际关系应该是什么样的呢？

现代社会中，个人的能量再大也不及团队合作的力量，而团队合作的力量来源于一个团队的全体成员均具有良好的人际交往能力。要知道：保持个性和融合集体并不矛盾，因为每个人都喜欢被人关注，这是一种内在的渴望。

一、人际交往过程中的心理效应

1. 首因效应。在人际交往活动中，我们会很重视开始接触到的信息（包括容貌、语言、神态等），至于后面的信息就显得不那么重要了，这种心理称为“首因效应”。首因效应告诉我们，一方面要给他人留下良好的第一印象，另一方面又要在以后的交往中纠正对他人第一印象的不全面的认识。

2. 近因效应。是指最近一次交往的印象对我们的认识所产生的影响。最近一次交往留下的印象，往往是最深刻的印象。一般而言，熟人之间的交往近因效应会发挥较大的作用，因此我们平时应该注意给人留下良好的最近印象。

3. 光环效应。是指在交往的过程中，我们往往会从对方的某个优点而泛化到其他有关的方面，由不全面的信息而形成完整的印象。

4. 投射效应。是指在交往的过程中，我们总是假设他人和自己有相同的倾向，即把自己的特性投射到他人身上，从而形成对他人的印象。有时候，我们对他人的猜测，无形中透露的正是自己的特质。所以，我们不应随意设想别人的坏处，不要“以小人之心度君子之腹”。

5. 刻板效应。是社会上对于某一类事物或人物的一种比较固定、概括而笼统的看法。在人际交往中，我们有时会把对某一类人物的整体看法强加到该类的每一个个体上而忽视了个体特征。刻板效应有利于总体评价，但对个体评价会产生偏差。

二、建立良好人际关系所应遵循的原则

1. 尊重原则。尊重包括两个方面：自尊和尊重他人。自尊就是在各种场合都要尊重自己，维护自己的尊严，不自暴自弃；尊重他人就是要尊重别人的生活习惯、兴趣爱好、人格和价值。只有自尊且尊重别人的人，才能得到别人的尊重。

2. 真诚原则。只有诚以待人，才能与他人产生感情的共鸣，才能收获真正的友谊。没有人会喜欢虚情假意。

3. 宽容原则。在人际交往中，难免会产生一些不愉快的事情，甚至产生一些矛盾冲突。这时候我们就要学会宽容别人，不斤斤计较。不要因为一些小事而陷入人际纠纷，这样不但会浪费很多时间，同时也会使自己变得自私和渺小。

4. 互利合作原则。互利是指双方在满足对方需要的同时，又能得到对方的报答。人际交往永远是双向选择，双向互动。在交往的过程中，双方应互相关心、互相爱护，既要考虑双方的共同利益，又要深化感情。

5. 理解原则。理解是人际交往的前提。理解就是我们能真正地了解对方的处境、心情、好恶、需要等，并能设身处地地关心对方。有道是“千金易得，知己难求”，善解人意的人，永远受人欢迎。

6. 平等原则。与人交往应做到一视同仁，不要嫌贫爱富，不能因为家庭背景、地位职权等方面原因而对人另眼相看。要学会将心比心，学会换位思考。只有平等待人，才能得到别人的平等对待。

三、人际交往的技巧

1. 交谈的技巧。一次成功的交谈不仅取决于交谈的内容，更多的取决于交谈者的神态、语气和动作等。同样的一句话，用不同的语气说出会有不同的效果。所以我们在交谈时要表示自己的友善之心，不要盛气凌人。同时，既不要没完没了地说个不停，也不能随便打断别人的谈话。

在人际交往中，当你与别人谈话时，必须始终能意识到双方同时兼有说话者和听话者的双重角色，意识到言语交往的双向性。为此，要注意以下四个方面的问题：

（1）选择话题。与熟人交谈，自然可以开门见山地直接引出各种话题，但与人初次相识，或参加一次社交活动，则应认真考虑如何选择话题。初次见面，难免要作一番自我介绍。实事求是、恰如其分地介绍自己，能给人以诚恳坦率、可以交谈的印象。在自我介绍之后，就要选择话题了。为了能使话题成为初步交谈的媒介、深入细谈的基础和纵情畅谈的开端，话题应达到的标准是：至少有一方熟悉，能谈；大家感兴趣，爱谈；有展开讨论的余地，好谈。

找话题的方法主要有：① 中心开花法。面对众多的陌生人，选择众人关心的事件为题，围绕人们的注意中心，引出许多人的议论，形成“中心开花”；② 即兴引入法。巧妙地借用彼时、彼地、彼人的某些材料为题，借此引发交谈；③ 投石问路法。与陌生人交谈，先提

一些“投石”式的问题，在略有了解后再有目的地交谈，便能谈得较为自如；④ 循趣入题法。问明陌生人的兴趣，能顺利地进入话题。因为对方最感兴趣的事，总是最熟悉、最有话可谈也最乐于交谈的。

（2）讲究对话。社交性谈话，是交往双方听与讲相配合的对话。对话的本质并非在于你一句我一句地轮流说话，而在于相互间的呼应。真正成功的对话，应该是相互应答的过程：自己的每一句话都应是对方上一句话的继续，对对方的每句话都应作出反应，并能在自己的说话中适当引用和重复。这样，彼此间就真正沟通了。

技能点拨：

应该避免的九种不正确的对话方式：

★打断别人的谈话或抢接别人的话头，扰乱别人的思路；

★忽略了使用解释与概括的方法，使对方一时难以领会你的意图；

★由于自己注意力的分散，迫使别人再次重复谈过的话题；

★连珠炮似的发问，使人穷于应付；对他人的提问漫不经心，言谈空洞，不着边际；

★随便解释某种现象，妄下断语，借以表现自己是内行；

★避实就虚，含而不露，让人迷惑不解；

★不适当地强调某些与主题风马牛不相及的细微末节，使人厌烦；

★当别人对某个话题兴趣盎然时，你却感到不耐烦，强行把话题转移到自己感兴趣的方面去；

★将正确的观点、中肯的劝告佯称为错误的，使对方怀疑你话中有戏弄之意。

（3）转移话题。在两种情况下需要转换话题：一种情况是自己对谈论的话题已失去兴趣，而对方却谈兴正浓，彼此难以谈到一块。此时，不必硬着头皮去听，可以通过提出一个富有启发性的问题，或接过对方的某一句话，自然地过渡到另一个双方都感兴趣的问题上。这样，对方的自尊和谈兴都未受到损害。另一种情况是，注意观察对方的反应，知趣地感受对方的暗示并约束自己的谈话。例如，当对方表现出厌倦的神色时，就该适可而止了。

（4）注意“小”事。在交谈中，倘若能注意以下“小”事，就能产生增进人际关系的效果：

- 让先。让别人先说，一方面可以表现你的谦虚，另一方面可以借此机会来观察对方，给自己一个揣度的时间和从容考虑的余地。
- 避讳。不论与什么人交谈，都应对对方有所了解，聪明地避开某些对方忌讳的话题，如个人的隐私、疾病及不愿提及的事情，以免引起对方的不快。
- 谦虚。社会心理学家发现，谦虚的态度，总是易为人所接受的。
- 诚恳。交谈的态度以诚恳为宜。油腔滑调，纵然有很好的意见，也难以为人们所接受。
- 幽默。恰到好处的幽默，能活跃谈话的气氛，提升你的个人魅力。
- 口头禅。口头禅固然能体现个性，但多数是语言的累赘，即使内容相当吸引人，但如果加上若干个“这个”“那个”“嗯”“啊”之类的口头禅，就如同在煮熟的白米饭中掺上一把沙子一样，令人难以下咽。所以，对作为语言累赘的口头禅，应当割除。
- 插话。要尽量让对方把话说完。实在需要中途插话时，也应征得对方同意，用商量的口气说：“对不起，我提个问题可以吗？”或“我插句话好吗？”这样可避免对方产生误解。

- 平衡。如果几个人一起交谈，你要注意不要只把注意力集中到某一个人身上而冷落了其他人。

2. 聆听的技巧。聆听是一门艺术。聆听需要我们耐心地倾听，同时作出适当的反应。这时应当注意集中精神，表情自然，经常与对方交流目光，适当地用点头、微笑来表示你的认真。如有疑问，我们也可以提出一些富有启发性的问题，这样，对方会感到你对他的话有兴趣且很重视。

聆听在搞好人际关系中具有十分重要的意义。如果我们能把人际关系融洽与人际关系不良的人作一比较，就不难发现，越是善于倾听他人意见的人，人际关系就越融洽。聆听对于增进人际关系是如此重要，应该怎样聆听呢？一些研究者认为，聆听时要注意以下三方面的问题：

（1）耐心聆听。就一般交谈而言，并非总是包含大量的信息量。有时，一些普通的话题，对你来说已经相当熟悉，但对方却眉飞色舞，谈兴正浓。此时，出于礼貌，你应保持耐心，不能表现出任何不耐烦的神色。

（2）虚心聆听。交谈的主要目的是沟通思想、联络感情，而不是演讲比赛。所以，在别人说话时，应抱虚心聆听的态度。

（3）会心聆听。听人谈话，不只是被动地接受，还应该主动地反馈，这就需要作出会心的呼应。在交谈时，你要注意与说话人经常交流目光，不停地赞许性地点头，或作出催促性的手势，并不时地用“哦”“是这样”等，来表示你在注意倾听，以鼓励对方继续往下讲，也可以有意识地重复某句你认为很重要、很有意思的话。如果你东张西望，则说明你心不在焉；有些人会下意识地看看手表，这可能意味着你听得无聊，不想再听下去。

3. 非言语交往技巧。美国心理学家梅拉比安曾提出一个公式：信息的全部表达 =7% 的语调 +38% 的声音 +55% 的表情。这就是说，如果把语调和表情都作为非言语交往的符号，则人际交往中信息沟通就只有 38% 是由言语进行的。当然，在一般交往中，我们的非言语行为很少独立担当起沟通信息功能，它往往起着配合、辅助和加强言语的作用。然而，一旦口头言语与非言语行为结合起来后，言语就只起了方向性和规定性作用，而非言语行为才会准确地反映出话语的真正思想和感情，担当起绝大部分信息的传播职能。

为了能达到增进人际关系的目的，在人际交往中，应当注意以下几点最主要的非言语交往技巧：

（1）服饰技巧。人的服饰也起着传播信息和人际沟通的作用。索菲亚・罗兰说过：“你的衣服往往表明你是哪一类人物，它们代表着你的个性。一个和你会面的人往往不自觉地依据你的衣着来判断你的为人。”因此，为了有助于增进人际关系，在与人交往时，必须注意自己的服饰：既要整洁美观，又要与自己的身份相符，同时还要照顾所在群体的习惯。

（2）目光技巧。目光接触，是人际间最能传神的非言语交往，人们总是凭借别人的眼神来了解其思想感情。在一般社交性谈话中，听讲者应看着对方，以示关注；而讲话者不宜再凝视对方的目光，讲话者在说完最后一句话时，才将目光移向对方的眼睛，这是在表示一种询问：“你认为我讲得对吗？”或者是一种希望对方接下去讲的暗示。在空间较大的社交场合中，目光交往还有一个作用，即可以通过相互对视而弥补交往距离过远的不足，从而使整个交往气氛更为融洽和亲切些。

（3）体势技巧。在人际交往中，人的一举手一投足，都能体现特定的态度，表现特定的含义。交往时，如果身体各部分肌肉绷得紧紧的，则可能是由于紧张、拘谨、畏惧所致，也可能是由于内心对对方充满敌意；如果身体各部分都十分放松，坐立都无定姿，就显得内心十分放松、坦然、随便，这是一种开放式的交往神态。人的思想感情会在体势中反映出来：身体略微倾向于对方，表示热情和感兴趣；微微欠身，表示谦恭有礼；身体后仰，显得轻视傲慢；侧转身子，则表示厌恶和蔑视；背朝人家，表示不屑一顾；拂袖而去，则是拒人千里的表示了。这些都是人们在不经意间会流露出来的交往体势。在人际交往中，要注意控制自己的体势。

（4）声调技巧。心理学家发现，在人际交往中，每一个信息都至少有三种意向：字面的意向、结构的意向和内涵的意向。字面的意向指所说的或所写的字、词的直接含义；结构的意向取决于交际双方所处的环境，例如，救生员向溺水者高喊："我来救你!"与牧师对忏悔者说"我来救你!"的意思是完全不同的；内涵的意向则是指说话者想让他人听的到底是什么，说话者到底想用这句话来怎样影响与听话人的关系，这通常通过其说话的声调、速度、节奏、起伏等表示出来，亦即所谓的"弦外之音"。

（5）距离技巧。即讲究人际交往中的个体空间距离。心理学家发现，人都具有一个把自己圈住的心理上的空间，它就像一个无形的气泡一样为自己割据了一定的领土。一旦这个气泡被人触犯，就会感到不舒服或不安全甚至恼怒起来。

技能点拨：

四种交往距离：

★亲密距离（0~44 厘米）：可能表现为挽臂执手或促膝谈心，体现出亲密友好的人际关系。亲密距离最具排他性。在同性之间，往往限于贴心朋友。

★个人距离（44~122 厘米）：稍有分寸感且较少直接身体接触的交往距离，表现为相互亲切握手，友好交谈。一般的个人交往都在这个空间之内，它有较大的开放性，任何朋友和熟人都可以自由地进入这个空间，但陌生人要慎重。

★社交距离（122~370 厘米）：超出了亲密或熟悉的人际关系，体现出一种社交性的或礼节性的正式关系。一般出现在工作环境和社交聚会上。社交距离中彼此说话响亮而自然，因而交谈的内容也较为正式和公开。

★公众距离（370~760 厘米）：人际间直接交往大大减少，人们彼此间可以视而不见，不予交往。

4. 观察他人的技巧。对别人外表观察和语言分析的目的是为推断其个性特征和内心世界，进而选择自己与其交往的方式和深度。

（1）通过"口头语"推断：

★这个，那个，嗯——小心谨慎。

★不瞒你说，老实说，真的——有主见，办事注意实效。

★没关系，不要紧——通情达理，开朗大方。

★我告诉你，你听着——傲慢无礼，好为人师。

★基本上——小心谨慎，注意分寸。

★不见得——自以为是。

★其实——倔强。

（2）通过“笑式”推断：

★开怀大笑——坦率，热情，遇事决断迅速，但情感脆弱。

★笑声干涩——冷漠，现实，能洞察别人内心。

★笑中带泪——富有同情心，热爱生活，积极进取。

★笑声尖锐——冒险精神，精力充沛，感情丰富，乐观而忠诚。

★笑声低沉——多愁善感，易受别人左右和影响，易与人相处。

★笑声柔和平淡——性格厚重，深明事理，事事为人着想，善于处理人事纠纷。

★吃吃而笑——严于律己，富有创造性，想象力丰富，富有幽默感。

★笑声多变不定——适应环境能力强。

（3）通过体态姿势推断：

★脖子伸得长的人可能有傲气。

★脖子缩着的人可能有点呆滞。

★偏着头听人讲话往往是乐意关心他人而且富于同情心。

★走路不断回头，安全感不足。

（4）通过“涂鸦”推断：

★无意识的行为与人的心理特征有一定的关系。

★勾画三角形——思路明晰、理解力极高的人，擅长于逻辑思维，富有判断力和决断力。

★勾画圆形——具有创造力和善于策划。

★勾画多层曲线——具有高度的分析能力，反应敏捷。

★勾画单式折线——心理经常处于紧张状态，情绪飘忽不定，显出内心的不安。

★连续性环形图案——适应力极强而且善于体谅别人，对人生充满信心，对生活感到满足。

★交错混乱线条——生命力极强，凡事一往无前，不达目的誓不罢休。

★波浪形曲线——随和而富于弹性，适应力极强，很可能是一个很有人缘的人。

★在方框内勾画不规则线条——心理上压力较重，情绪低沉，但是对人生抱有希望，尽力寻求解决和克服困难的办法。

★不规则围合弧线——豁达大度，玩世不恭，心境经常开放平和，不论逆境顺境都能应付自如。

★勾画带有明显棱角图形——极具竞争性，事事希望胜人一筹，千方百计寻求成功之路。

（5）通过“吃相”推断：

★将食物分割成若干小块去逐一食用者——小心而谨慎，倾向于保守的态度。

★慢速进食者——花时间反反复复思考问题，直到认为没有问题才会作出决定，此外也较挑剔，特别是在选购东西时，常常会觉得不满意而要求退换。

★快速进食者——精力充沛的工作狂，下决心的速度快，热情开朗，如果他们喜欢某件事或每个人，也会要求对方的承诺。

★过食者——享乐主义者，过分倾向于社会化，他们不会隐瞒自己的感情，而且不善于仔细地思考。

★每次吃完一种食物再吃另外一种食物——显示极有心机，对每一件事都极为专注，而且不会忽略某人和某事的细微末节。

四、人际交往中的禁忌

1. 热衷于探听家事。每个人都有自己的秘密，而有些人热衷于探听，事事都想了解得明明白白，即使你什么目的也没有，人家也会忌你三分。从某种意义上说，爱探听人家私事，是一种不道德的行为。

2. 喜欢嘴上占便宜。有些人喜欢开别人的玩笑；有些人喜欢争辩；有些人爱揪别人的小辫子；有些人爱议论别人的是非……这样的人极易引起别人的反感，进而拒绝与其交往。

3. 进出不互相告知。你有事要外出一会儿，或者请假不上班，虽然批准请假的是领导，但你最好要同办公室里的同事说一声。即使你临时出去半个小时，也要与同事打个招呼。这样，倘若领导或熟人来找，也可以让同事有个交待。互相告知，既是共同工作的需要，也是联络感情的需要，它表明双方互有的尊重与信任。

4. 有事不肯求助。轻易不求人，这是对的，因为求人总会给别人带来麻烦。但任何事物都是辩证的，有时求助别人反而能表明你对别人的信赖，能融洽关系，加深感情。求助他人，在一般情况下是可以的。当然，要讲究分寸，尽量不要使人家为难。

5. 有好事儿不通报。单位里发物品、领奖金等，你先知道了，或者已经领了，像没事似的，从不向大家通报一下；有些东西可以代领的，也从不帮人领一下。这样几次下来，别人自然会有想法，觉得缺乏团队意识和协作精神。以后别人遇到类似的事情，也会不理睬你。如此下去，彼此的关系就不会和谐了。

6. 明知而推说不知。同事出差去了，或者临时出去一会儿，这时正好有人来找他，或者正好来电话找他，如果同事走时没告诉你，但你知道，你不妨告诉他们；如果你确实不知，那不妨问问别人，然后再告诉对方，以显示自己的热情。明知而却说不知，一旦被人知晓，那彼此的关系就势必会受到影响。

7. 交谈的禁忌。和人交谈有四点禁忌要掌握：（1）忌打断对方；（2）忌纠正对方；（3）忌质疑对方；（4）忌补充对方。

一个人获得成功的因素中，85%决定于人际关系，掌握人际交往的技能是处世做事的基本功。

技能点拨：

人际交往30招

★多给别人鼓励和表扬，尽量避免批评、指责和抱怨，不要逼别人认错。

★要学会倾听。不要说得太多，想办法让别人多说。

★如果你要加入别人的交谈，先要弄清楚别人究竟在说什么。

★交谈之前尽量保持中立、客观，表明自己的倾向之前先要弄清楚对方真实的倾向。

★注意对方的社交习惯并适当加以模仿。

★不要轻易打断、纠正、补充别人的谈话。

★别人有困难时，主动帮助，多多鼓励。

★不要因为对方是亲朋好友而不注意礼节。

★尽可能谈论别人想要的，教他怎样去得到他想要的。

★始终以微笑待人。
★做一个有幽默感的人，但是在讲笑话的时候千万不要只顾着自己笑。
★做一个脱离低级趣味的人。
★跟别人说话的时候尽量看着对方的眼睛，不管你是在说还是在听。
★转移话题要尽量不着痕迹。
★要学会聆听对方的弦外之音，也要学会通过弦外之音来委婉地表达自己的意思。
★拜访别人一定要事先通知。
★不要在别人可能忙于工作或者休息的时候打电话过去，除非是非常紧急的事情。
★给别人打电话的时候，先问对方是否方便通话。
★一件事情让两个人知道就不再是秘密。
★你在背后说任何人的坏话都迟早会传入这个人的耳朵。
★不要说尖酸刻薄的话。
★牢记他人的名字，养成经常翻看名片簿、电话本的习惯。
★尝试着跟你讨厌的人交往。
★一定要尊重对方的隐私，不管是朋友还是夫妻。
★很多人在一起的时候，当你与其中某个人交谈，请不要无视其他人的存在。
★要勇于承认错误。
★以谦卑的姿态面对身边的每一个人。
★给予他人同情和谅解。
★尽可能用“建议”取代“命令”。
★不要轻易作出承诺，而一旦作了承诺就一定要尽全力做到。

练一练

一、案例题

1. 黄某，男，18岁，大学一年级学生。小时候父母的同事、朋友或亲戚到家里来，他不敢打招呼，总是想办法躲起来。高中以后稍微好一点，但在集体场合还是不敢讲话。除非大部分人都很熟悉，一般的聚会、集体活动都不参加。尤其不敢和女孩子讲话，不敢看女孩子的眼睛，一讲话就脸红。读大学后，大部分时间都用在学习上，虽然成绩很好，但内心很痛苦，别人无法理解。

问题：黄某的问题是什么？你有哪些方法帮助案例中的黄某？

2. 小翠，女，某职业院校一年级学生。自述由于自己爱计较，也就是有些“小心眼儿”，往往为了一点小事哪怕是同学的一句话就会生起气来，从而在与同学的交往过程中经常闹别扭，弄得大家都很不开心，自己心里也总是不能平静，总想着那些细枝末节、放也放不下，很是烦恼、为其所累。其实自己也不想这样，但又不知道该如何改变？

问题：联系本节内容，给她出出主意。

3. 小玲，高职一年级女生，在宿舍里和年龄最大的小敏是上下铺。小玲在班上学习成绩中等，为人胆小、性格懦弱、不爱说话，宿舍里总是有同学大声斥责她，以为她不生气。其实，她心里很难受，但又没有勇气说出。这一天，“小玲，小玲，你怎么又把鞋放我床底下……”小敏对着小玲大叫着。“我、我，我就放了，怎么啦？我睡上铺，不放那儿放哪儿？”虽然声音颤抖，但小玲还是紧绷着脸，终于忍不住顶撞了小敏。同学们都用异样的眼光看着小玲……

其实，像小玲这样既害怕得罪同学，又为自己的懦弱而苦恼的人在校园里并不少。

问题：联系本案例谈谈“性格懦弱者如何与人交往？”

4. 小A，女，17岁。有次在食堂中遇到一个同班的男同学，互相对视一下。这个男同学学习好，长得也很帅气，自己早就对他有好感，但没有说过话。这次面对面的对视，她忽然觉得自己脸红了，怕被同学们看出她对那个男同学的爱慕之情。以后，见到别的男同学她也感到表情不自然，脸红，心情抑郁、沉闷。再后来，她见了女同学也脸红起来，觉得女同学也看出了她的心思。近一年来，不论是见到熟人、生人、男人、女人，她都感到脸红，心慌，无地自容，好像心里有愧。因此，她尽量避开人，不到食堂吃饭，一个人躲在教室角落里读书，与父母姐姐也很少交往。

问题：如何帮助小A克服社交恐惧症？

5. 小马，高职二年级男生，家在农村，老实、怯懦。因为一件小事得罪了班上一个同学，这个同学不仅家庭条件好，还自恃身强力壮，与同学交往中从不吃亏。“这个最凶的同学就是对上我了，处处和我过不去。他说：‘我就是要你不痛快，你不痛快我就高兴’。他常把我水壶里的水倒掉，把我的衣服扔一边，晚上还故意把我关在门外……”。

问题：谈谈如何与蛮横的同学交往？

6. 小A和小B是一对要好的朋友，学习、生活中经常是形影不离。后来小A觉察到小B常常周末不在教室自习，问她去做什么，小B不肯说，又担心小A多心，影响两人的关系，内心很矛盾。小A则很不高兴，认为两个好朋友之间不该有个人隐私，若保留个人隐私就不是真正的友谊。她们的矛盾症结在哪里呢？

问题：联系本节内容，请你分析好朋友之间该不该有个人隐私。

7. 就读于某职院的二年级学生小蕾（化名）几次找到班主任老师要求退学。“她文采好，还弹得一手好钢琴”。小蕾的班主任说，听说她要退学，大家都很吃惊。小蕾要退学的理由主要是：觉得同学们瞧不起她，总在背后议论她，以致于她感觉“大家都挺虚伪的，一回到寝室，就胸口发闷”，甚至觉得“活着没意思”。

问题：请分析小蕾为什么会作出退学的决定？如何帮她走出困境呢？

二、实践题

将全班同学分成若干个小组，依次完成踩气球和开火车游戏。

（1）踩气球。

目的：活跃气氛，增进协调性和协作能力。

要求：人数为10名，男女各半，一男一女组成一组，共五组。

步骤：当场选出10名同学，男女各半，一男一女搭配，左右脚捆绑3~4个气球，在活动开始后，互相踩对方的气球，并尽量保护自己的气球不破。破得最少的胜出。

（2）开火车。

目的：可以增进同学的感情。

人数：两人以上，多多益善。

方法：在开始之前，每个人说出一个地名，代表自己。但是地点不能重复。游戏开始后，假设你来自北京，而另一个人来自上海，你就要说：“开呀开呀开火车，北京的火车就要开”。大家一起问：“往哪开？”你说：“往上海开”。那个代表上海的人就要马上接着说：“上海的火车就要开。”然后大家一起问：“往哪开？”再由这个人选择另外的游戏对象，说：“往××开。”如果对方稍有迟疑或没反应就算输了。

做完游戏后，请大家谈谈自己的感受。

悟一悟

学习心得：______________________________

____

课题六　乐于奉献

做一做

【游戏名称】五人三足。

【场地设施】礼堂/操场，橡皮筋或布带子若干、秒表。

【所需时间】20～25分钟。

【游戏步骤】

1. 将全班同学按5人一组分成若干小组。

2. 发令员发出“各就各位”口令后，五名运动员在起点处以任意方式组成五人三足（每一处着地点即为一“足”，将几只脚绑在一起计一“足”），站于起跑线后，做好预备姿势。

3. 发令员宣布开始后，五人以三“足”方式走过或者跑过终点（距起点60米以上）。

4. 裁判员以每组全体队员的整个身体越过终点为准，用时少者，名次列前。

【注意事项】

- 走或跑时绑带不能松开，否则重回起点绑好后再开始。
- 队员走或跑时不得串道影响他人，否则判为犯规，成绩无效。
- 授课教师要切实起到监督和保护的作用。
- 队员在行进过程中在保证着地点为三个“足”的情况下，相互间可以采用背、挽、搀、扶、架等任何形式。
- 注意男女搭配均匀。

议一议

游戏结束后，请每组先总结讨论一下自己组的表现和感受，并各派1名代表向全班汇报总结情况。

评一评

各组汇报完毕后，教师对刚才的游戏表现作评点。

教师评述要点

- 团队会碰上各种艰难任务，甚至需要有人作出牺牲。
- 团队中每个人都是有用的，分别扮演着不同的角色为团队作贡献。
- 只有人人都为团队奉献一份力，团队才能为人人提供一个舞台。

想一想

完成评点后，教师进一步提出问题，请同学们思考发言：

- 为什么三个和尚会没水喝？
- 为什么在现实生活中往往会“傻人有傻福”？你如何理解“吃小亏占大便宜”这句话？
- 在足球比赛中，为什么由世界大牌明星组成的精英队经常会输给一支不起眼的俱乐部队？一个优秀的团队应该全部由精英组成吗？

管理的基础是人。作为管理者，首先必须了解团队每一个队员的优、劣势。其次，根据每一个队员的特质合理组织自己的团队，使团队的整体能力产生 $1+1>2$ 的倍增效应。

一、团队角色理论

团队角色理论是英国管理学家梅雷迪斯·贝尔宾博士提出的。他通过对上千个工作班子的观察发现，在一个工作集体中，每个成员都具有双重角色：其一是职能角色，是工作赋予个人的“任务型”角色；其二是团队角色，是由个人气质、性格所决定，在工作集体中经常自然流露的“协作型”角色。富有集体工作经验的管理者深知，这类角色对工作班子内部协调关系起着重要的作用。通过大量深入的实证研究，贝尔宾博士分析筛选出八个角色，确认此八个角色对于构成一个有效团队是不可缺少的。这八种角色是：**协调员、智多星、推进者、实干家、监督员、信息者、凝聚者、善后者。**

1. 协调员。协调员首要关心的是别人，他们很容易看到别人的长处及短处，当别人不开心时，会尝试去开解；他们认为彼此不应存有竞争，一个团队应像一个快乐的家庭；他们喜欢发掘别人的潜能，亦能够与沉默寡言的人展开沟通；当他们遇到突发事件时通常会表现得沉着、冷静；他们对事物具有判断是非曲直的能力，对自己把握事态发展的能力有充分的自信；他们处理问题时能控制自己的情绪和态度，具有较强的抑制力。

（1）协调者的优点：

- 愿意虚心听取来自各方对工作有价值的意见和建议；
- 对来自其他人的意见，能够做到不带任何偏见地兼收并蓄；
- 对待事情、看问题都能站在比较公正的立场上，保持客观、公正的态度。

（2）协调者的缺点：

- 一般情况下，他们智力水平表现一般，他们身上并不具备太多的非凡的创造力和想象力；
- 注重人际关系，容易忽略组织目标。

2. 智多星。智多星类的人是充满创意的人。他们时常喜欢提出新意见，由于非常自信有时会欠缺交际手腕；受到别人批评他们会显得不高兴，因此有时他们会远离其他队员，以避免发生冲突；他们具有鲜明的个人特征，思想活跃、深刻，考虑问题不拘一格，有自己独到的见解。

（1）智多星的优点：

- 在团队中表现得才华横溢；
- 具有超出常人的非凡想象力；
- 头脑中充满了聪明和智慧；
- 具有丰富而渊博的知识。

（2）智多星的缺点：

- 往往像一个救世主，给人一种高高在上的印象；
- 不太注重细节问题的处理方式；
- 给人们的印象总是随随便便，不拘小节；
- 往往使别人感到与其不好相处。

3. 推进者。推进者喜欢支配，希望被服从；他们作的决定是决断的及实际的并会非常坚持自己的意见；他们认为达成目标至为重要，因此对于他人的表现要求非常严格；他们不大有耐性，然而队员通常比较欣赏他们的积极性及魄力；他们思维敏捷，对事物具有举一反三的能力；看问题思路比较开阔，对一件事情能从多方面考虑解决问题的方法；他们的性格比较开朗，容易与人接触，很快能够适应新环境；他们能够利用各种资源，善于克服困难和改进工作流程。

（1）推进者的优点：

- 在工作中不论做什么事情，总是表现得充满活力，有使不完的劲；
- 勇于向来自各方面的、落后的、保守的传统势力发出挑战；
- 永远不会满足于现在所处的环境，勇于向低效率挑战；
- 对自己的现状永远不能满足，并敢于向自满自足情绪发出挑战。

（2）推进者的缺点：

- 往往表现得有些好激动，遇到事情比较冲动，容易产生急躁情绪；
- 容易瞧不起别人。

4. 实干家。实干家对新生事物不感兴趣，甚至有些抗拒心理；他们对喜欢接受新生事物的人看不惯，对自己的生活环境很满足，不会主动寻求改变；当上司交给任务时，他们会兢兢业业、踏踏实实地把事情做好，给人留下务实可靠的印象；他们是实际且有效率的人，能集中注意力，看清楚目标、工作及成效；他们处事小心、果断，着重细节多于速度；当他们开始某项工作时，最不喜欢的是有很多临时的改动。

（1）实干家的优点：

- 有一定的组织能力，并具有较丰富的实践经验；
- 工作总是勤勤恳恳，吃苦耐劳，有一种“老黄牛”的精神；
- 对自己要求严格，表现出很强的自我约束力。

（2）实干家的缺点：

- 往往对工作中遇到的事情缺乏灵活性；
- 对自己没有把握的意见和建议没有太大的兴趣；
- 缺乏激情和想象力。

5. 监督员。监督员的头脑比较清醒，处理问题比较理智，对人、对事表现得言行谨慎，公平客观；他们喜欢比较团队成员的行为，喜欢观察团队活动的过程；他们喜欢仔细分析意见，看其是否符合团队的目标及方向；他们办事认真、为人精明，别人忽略的问题你也看得到，因此，别人会觉得他们很挑剔，但他们认为这样可避免犯错误；面对复杂资料，他们有能力明白个中意思，从而制定最好的决策。

（1）监督员的优点：

- 在工作中对人、对事表现出极强的判断是非的能力；
- 对事物具有极强的分辨力；
- 总是讲求实际，对人对事都抱着实事求是的态度，一是一，二是二。

（2）监督员的缺点：

- 缺乏对团队中其他成员的鼓动力、煽动力；
- 缺乏激发团队中其他成员活力的能力。

6. 信息者。信息者的性格比较外向，对人、对事总是充满热情，表现出很强的好奇心，与外界联系广泛，各方面的消息比较灵通。

（1）信息者的优点：

- 喜爱交际，具有广泛的与人联系沟通的能力；
- 对新生事物比其他人更敏感；
- 求知欲很强，并且愿意不断探索新的事物；
- 勇于迎接各种新的挑战。

（2）信息者的缺点：

- 常常给人留下一种事过境迁、兴趣马上转移的印象；
- 说话不太讲究艺术，喜欢直来直去。

7. 凝聚者。凝聚者比较擅长日常生活中的人际交往，能与人保持和善友好的关系，为人处事都比较温和，对人对事都表现得比较敏感。

（1）凝聚者的优点：

- 对周围环境和人群具有极快的适应能力；
- 具有以团队为导向的倾向，能够促进团队成员之间的相互合作。

（2）凝聚者的缺点：

- 常常在危急时刻表现得优柔寡断，不能当机立断。

8. 善后者。善后者做事勤奋努力，并且很有秩序；为人处事很认真，对待事情力求完美。

（1）善后者的优点：

- 总是持之以恒，而决不会半途而废；

- 在工作中表现得勤劳;
- 对工作认认真真,一丝不苟,是一个理想主义者,追求尽善尽美。

(2)善后者的缺点:

- 在处理问题时过于注重细节问题,为人处事不够洒脱,缺少风度。

三国时期的刘关张之所以前期被打得到处跑,而后期却能雄霸三分天下,就是因为在前期,虽然拥有刘备这样的战略领导者和关羽、张飞这样的强力执行者,以及孙乾、简雍这类行政善后者,却缺少诸葛亮这样的智慧型整合者。

二、团队角色分析的启示

1. 每一种角色都很重要,团队角色是平等的,没有等级之分。

2. 一个人不可能完美,但团队可以。例如:决定木桶能够装多少水,不取决于最长的那块板,而取决于最短的那块板!“木桶原理”告诉我们,每个人的优势都是相对的,都有“短板”。团队成员由于角色差异,能够互相弥补“短板”,从而取得绝对优势!

3. 团队中的每一个角色都是优点和缺点相伴相生的,团队领导必须善用人之长,容人之短。完美的团队并不是由一群完美的人组成的,而是由一群并不完美的人组成的。

4. 必须尊重团队角色的差异。每个人的角色特征都是长期养成的,不能断言哪一种角色类型就是绝对的好或绝对的坏。应该允许不同角色特征的存在,接受人与人不同这个事实,并尊重别人的不同。

5. 合作能够弥补能力不足。每个人的能力都有一定的限度,怎样能使每个人有限的能力在团队发挥更大的作用?答案是合作!

三、团队角色理论的应用

1. 角色齐全。唯有角色齐全,才能实现功能齐全。正如贝尔宾博士所说的那样:用我的理论不能断言某个群体一定会成功,但可以预测某个群体一定会失败。所以,一个成功的团队首先应该是实干家、信息者、协调者、监督者、推动者、凝聚者、创新者和完美主义者这八种角色的综合平衡。

2. 容人短处,用人所长。知人善任是每一个管理者都应具备的基本素质。管理者在组建团队时,应该充分认识到各个角色的基本特征,容人短处,用人所长。在实践中,真正成功的管理者,对下属人员的秉性特征的了解都是很透彻的,而且只有在此基础上组建的团队,才能真正实现气质结构上的优化,成为高绩效的团队。

3. 尊重差异,实现互补。对于一份给定的工作,完全合乎标准的理想人选几乎不存在——没有一个人能满足我们所有的要求。但是一个由个人组成的团队却可以做到完美无缺——它并非是单个人的简单罗列组合,而是在团队角色上亦即团队的气质结构上实现了互补。也正是这种在系统上的异质性、多样性,才使整个团队生机勃勃,充满活力。

4. 增强弹性,主动补位。从一般意义上而言,要组建一支成功的团队,必须在团队成员中形成集体决策、相互负责、民主管理、自我督导的氛围,这是团队区别于传统组织及一般群体的关键所在。团队角色能够帮助您正确地看待自己,使自己能够有意识地发挥自己的长处,找到自己合适的定位,有利个人职业生涯的规划和发展。

团队中有八种不同的角色,这些角色都有优点和缺点。团队角色分析给我们的启示是:

每个角色都很重要，没有完美的个人，只有完美的团队，合作才能够弥补不足。

四、团队角色与团队奉献精神

如上所述，一个团队中存在多种角色，这些角色的技能、个性均不相同，并且每个角色在团队中承担的职责和发挥的作用都不完全一样，他们面对各种问题也会有不同的想法和做法。要发挥团队的整体力量，这就要求每个成员都有一种牺牲精神和奉献精神。

一方面，你的想法可能与目标、计划有冲突，你必须保留你的想法，按确定好的目标去执行。当然，讨论的时候，你可以充分发表你的意见，但确定下来的事情，可能与你的不一致，你应该做的，是保留你的意见，而强有力地去执行。

另一方面，团队中的工作有重有轻。分清每个人职责是必须的，但每一个成员，承担的工作不一样，获得的关注也不一样。如果相互间看不起，只在成绩面前进行盲目攀比，有好处时冲锋在前，碰到困难就躲在后面，久而久之，就会形成“三个和尚没水吃”的情况，而不会产生“三个臭皮匠”效应。

现代的社会、现代企业，个人的成功，并不能代表企业的成功，只有团队的成功，才是企业的成功。这就要求我们每一个成员，有奉献精神和牺牲精神。

案例：

有一次，我和艾迪发现一群狼，大约有二三十只。当时，我们带了足够的弹药，我认为我们至少能杀掉十只狼。艾迪首先开枪杀掉了一只，狼群发现我们之后并没有乱，而是有序地向山谷方向跑去。我们骑上马带着猎狗开始追击，并渐渐缩短了与狼群之间的距离。

正当我们再举枪准备射击时，有三只狼突然停下了，转回头来面对着我们。当时，我们一下子愣在了那里，不知道该怎么办。那三只狼停下的地方正是一个山脊，其他的狼翻过了山脊就不见了。过了几秒钟，我和艾迪连续开了几枪，打死了那三只狼。后来我们发现这三只狼都是非常强壮的狼，大概是狼群中的首领。这时我们才明白，它们是为了整个狼群能够逃脱而牺牲了自己。

我不知道在动物界是否还存在像狼一样敢于牺牲自我来保卫团队的动物。至少在我们人类中间，这种高尚的行为已经越来越少见了。当我们为了各自的利益而争得不可开交、兵戎相见时，我们是否应该向狼群学一学呢！

练一练

一、案例题

1. 有人养了一头驴和一只哈巴狗。驴子虽然不愁温饱，却每天都要到磨坊里拉磨，到树林里去驮木材，工作繁重。哈巴狗会表演许多小把戏，颇讨主人的欢心，每次都能得到好吃的奖励。驴子在工作之余难免有怨言，总抱怨命运对自己太不公平。一天，机会终于来了，驴子挣断缰绳，跑进主人的房间，学哈巴狗那样围着主人跳舞。驴子又蹦又踢，不仅撞翻了桌子，还把碗碟摔得粉碎。驴子觉得这样还不够，它居然趴到主人身上去舔他的脸。这下可把主人给吓坏了，直喊救命。邻居听到喊叫赶来时，驴子还在等着奖赏呢！它绝想不到等待它的将是杀身之祸。

问题：联系本节内容，谈谈对这则故事的认识。

2. 一个医院外科手术小组，其成员都能对手术进程中的意外变故作出反应，他们对于紧急情况的共识提醒他们需要采取协调一致的行动和反应，每个人都知道他人能做什么，并且相信他们的能力，这就成就了一个团队的高效合作性。如果一个手术小组的其中一个成员没有在适当的时间按要求去做，那么，病人就会有生命危险。日常情况下，员工也许不会有生命危险，但是产品质量或者为客户提供的服务会由于一个人失职而受到损害，高效率的团队需要所有的人都全力以赴。

问题： 联系本节内容，谈谈对这则故事的认识。

3. 美国是汽车大国，但到了20世纪80年代，日本的汽车却成功地打入美国市场。日本汽车的成功靠的就是团队合作。

企业生产的产品一般经过市场营销、产品设计、成本核算、生产制造、销售、售后服务等环节。美国的汽车制造企业是按照流程从市场营销开始，一直到售后服务来开展业务，一般需要5年时间形成一个周期。而日本企业通过团队合作，从市场营销开始，各个部门共同参与，一般只需要18个月就形成一个周期。日本企业在20世纪80年代利用能源危机这一契机，成功占领了美国汽车市场。

问题： 谈谈你对这段话的理解和认识。

4. 蚂蚁驻地遭到了蟒蛇的攻击。蚁王在卫士的保护下来到宫殿外，只见一条巨蟒盘在峭壁上，正用尾巴用力地拍打峭壁上的蚂蚁，躲闪不及的蚂蚁丢掉了性命。

正当蚁王无计可施时，军师把在外劳作的数亿只蚂蚁召集起来，指挥蚂蚁爬上周围的大树让成团成团的蚂蚁从树上倾泻下来，砸在巨蟒身上，转眼之间，巨蟒已经被蚂蚁裹住，变成了一条“黑蟒”。他不停地摆动身子，试图逃跑，但很快，动作就缓慢下来了，因为数亿只蚂蚁在撕咬他，他身上已经是血流如注。最后，巨蟒因失血过多而死亡。

一条巨蟒，足够全国蚂蚁吃上一年了。虽然收获不小，但这次战争牺牲了两三千只蚂蚁。

问题： 谈谈你有何认识和感悟？

二、实践题

将全班同学分成两个队，依次完成“过毕业墙”的游戏。

游戏方法：全队队员在不借助外力（物品）的情况下全部攀登上三米高的“毕业墙”，以总用时少者为赢。

【注意事项】

（1）“毕业墙”要光滑平整，无安全隐患；

（2）学生需穿着运动装；

（3）有严重高血压、心脏病、手臂和腿部疾病者不能参加；

（4）“毕业墙”下应放置足够厚的防护垫，以确保队员安全。

游戏完成后要求各小组召开总结会谈谈心得体会。

悟一悟

学习心得：______________________________

____

任务三
提升团队效能

【任务要点】
- 学会科学决策
- 掌握沟通技巧
- 运用教练技术
- 处理团队冲突
- 建立激励机制
- 建立学习机制

课题一　团队决策

做一做

【游戏名称】断槽运水。

【场地设施】礼堂/操场，2 个水杯、4 个大号塑料水桶、按班级人数配置的每段长 60 厘米的半圆形水槽。

【所需时间】20～25 分钟。

【游戏步骤】

1. 在以前成立的两个团队的基础上，由两位队长分别在操场上集合好自己团队的同学。

2. 每个团队发给 1 个杯子、2 个大号塑料水桶、人手一段长 60 厘米左右的运水槽（将直径 8～10 厘米左右的 PVC 水管或竹子顺轴线锯开成半圆形槽）。

3. 划定一条起点线，两个团队各装满一桶水放在起点处。

4. 在距起点线一段距离（是一个团队所有水槽长度之和的 1.5 倍左右，比如一个队发给20根水槽，则起点和终点间的距离约为20×0.6×1.5=18米）划定终点线，将另一个空桶放在终点线处。

5. 每队指定一个在起点线处拿水杯从桶中取水的舀水人，其他人不得从桶中取水。

6. 水槽接水当时和之后都不能用任何东西堵住两端。

7. 在规定的20分钟内，两队将水从起点线的水桶通过水槽运到终点线的水桶，最终终点线水桶里面水多者赢。

8. 在规定的20分钟内，起点处水桶水用完后，可由各队指定的舀水人在附近水源处取水。

【注意事项】

- 两队之间应该平行摆开队阵，平行队阵间相距要在4～6米内，桶要放在平整位置。
- 除指定的舀水人可以接触起点线处的水桶外，其他任何队员不得用身体的任何部位接触水桶。
- 除起点处的水桶在重新取水时可以移动外，其他任何移动水桶的行为均是违规。
- 只能用水槽运水，禁止用其他任何工具（包括手掌）。
- 在规定时间内，哪个队终点处水桶已装满水（以开始溢出为标志），则该队胜出，比赛结束。

议一议

游戏结束后，教师担任主持人，在每队随机抽3名同学，请他们简单谈一下自己的感受，然后请两队集体围成圆圈总结讨论一下各自队的表现，并各派1～2名代表向全班汇报总结情况。

评一评

各组汇报完毕后，教师对刚才的游戏表现作点评。

教师评述要点

- 正确的决策来自众人的智慧。
- 在决策前，一定要认真研究规则，分析自己的可行目标。
- 在实施一个方案之前多问几句：还有没有比这更好的方案?
- 决策的最佳时机并不仅仅是快速，而是适速。
- 一个错误的决策，100个行动也无法挽救。

想一想

完成评点后，教师进一步提出问题，请同学们思考发言：

- 在讨论问题时，怎样让每个人的智慧都能发挥出来?
- 在别人提出自己的方案时，应该如何判断其优劣?
- 怎样才能使解决问题方案的数量和质量都有一定的保证?

每当团队接到任务时，就要拿出可行的方案让大家去执行。由于团队成员数量多，每个人有自己的个性和独特的做事方法，要想让每个团队成员充分发挥自己的才能，迅速制订出一套科学有效的行动方案，去共同解决棘手的议题，这的确不是一件容易的事情。

一、团队决策流程

科学、有效的团队决策通常包括以下 10 个步骤：

步骤一：实现全员参与

团队所经手的任务与全体队员的利益密切相关，决策后的结果会影响到团队中的所有人员，因而在决策过程中所遇到的棘手问题绝不只是团队负责人个人的事。所以，团队要建立一种制度性的决策习惯：在集体决策时，以召开圆桌会议的形式，让全体队员参与决策并贡献自己的意见，这样既可让队员觉得被信任并共同分享经验，又能使大家获得更多的思路和信息，还可以使团队领导者避免树敌。要特别防止那种“没有足够的时间让所有人员参与进来”这种有害思想的出现。

> **名词解释**
>
> **圆桌会议：**是一种平等对话的协商会议形式。与会者不分等级围圆桌而坐，每个人都以平等的身份发表意见。

要想使这一步骤付诸实施，团队除应邀请那些真正掌握有用信息之人参与决策之外，还必须让作出最终决策、受决策影响以及具体执行决策的人员都参与进来。团队领导者必须确保应当参会之人都在决策会议现场，并应尊重每个人的意见。

> 全员参与生产与决策是福特公司在员工管理方法中最突出的一点。公司赋予了员工参与决策的权力，缩小了员工与管理者的距离，职工的独立性和自主性得到了尊重和发挥，激发了员工潜力，为企业带来巨大效益。
>
> “参与制”的最主要特征是将所有能够下放到基层的管理权限全部下放，对员工报以信任的态度并不断征求他们的意见。这使管理者无论遇到什么困难，都可以得到员工的广泛支持。
>
> **课堂讨论：**全员参与决策有哪些好处？

步骤二：寻找共同目标

许多团队都不清楚什么才是对他们真正重要的，因而有些队员迟迟不能真正将身心融入团队。通过询问如下两个问题“你们的目标是什么？”和“它们为什么对你们很重要？”，可以帮助团队走出困境。

找出共同的目标其实是一种让队员将自己的利益与团队利益相联系起来的有效方式。只有这样，队员心态才会从原来的“要我干”变成“我要干”，进而发挥自己的能量。

实施步骤：（1）要求所有参与者在纸上写下他们的目标；（2）将几个不熟识的人分在一组，让他们相互询问“为什么你的目标对你这么重要”，并记录答案；（3）将各自的目标与整个小组分享，找出共同主题；（4）核查每位成员是否支持其他成员的目标；（5）以团队的目标为中心进行讨论。

案例：

里克是一家公司的总经理，此时距年底只有不到6周的时间，而里克还没有完成公司设定的年度目标。

面对如此严峻的局面，里克采取了步骤二提供的建议：他要求团队所有成员写下自己的希望，以发现什么才是对他们真正重要的及原因所在。结果大大超出他的预期：“我们不但发现了完成年度目标的许多解决方案，而且发现了可能帮助我们一飞冲天的新创意。”

里克成功地释放了团队成员的能量，让每位成员都尝到了集体智慧的甜头。

思考： 经理人通常会警示员工如完不成目标将造成严重后果，里克为什么不采用这种方式？

步骤三：发现真正的问题

在解决棘手议题时，常出现的一个最大缺陷是未能发现真正的问题。而“反应式倾听”有助于解决这个问题。

> **名词解释**
>
> **反应式倾听：** 指的是对对方所述内容进行归纳理解后用自己的话进行重述，让对方知道你一直在听他说话，而且也听懂了他所说的话。

要想将这一步骤付诸实施，不应当将注意力集中于解决问题而应当专注于发现问题。要让所有的参与者依次表达自己的想法和感觉，不对他人进行评判，只是静静地倾听，不辩论亦不提出解决方案。最后，请参与者将他们听到的话题全部表达出来，这样，真正的问题将浮出水面。

案例：

承包商杨俊承受的压力越来越大，“我正在努力完成100万元的建筑合同，但由于我的客户李杰朝令夕改，我们已经超出预算10万元。而且，他老是打电话告诉我一些鸡毛蒜皮的事，令我不能全身心地投入工作。”

由于李杰讲得太多，所以杨俊听不进去。而李杰感觉到杨俊并没有把他的话听进去，所以他又不断地重述。杨俊感觉到他必须打破这个恶性循环。于是，他要求李杰将自己的想法完整地告诉他，然后他对李杰的想法进行了复述并询问李杰是否正确。李杰见杨俊理解了他的所有意见，便不再频繁打电话给杨俊了。

思考： 杨俊采用了什么方法？这方法有什么效果？

步骤四：列出所有方案

在对某项特定的解决方案进行评估之前，必须将所有可供选择的方案拿出来进行对比分析。

一般而言，每个团队成员都认为自己的方案是最好的，习惯于推销自己的创意；也有的成员会为了避免冲突而将自己的想法藏于心中；还有些团队仅仅考虑领导人的一两个主意之后就匆忙作出决策。这些都会降低发现最佳解决方案的概率。

要想使这一步骤付诸实施，团队成员必须摒弃利己主义，广泛听取各种选择方案。团队还需对新创意进行激励，应当邀请每一位成员依次阐述一个选择方案，尽量避免辩论和评论，坚持开放式发散性思维原则，列出所有可行的、值得进一步研究的选择方案。

案例：

有一年，美国北方格外寒冷，大雪纷飞，电线上积满冰雪，甚至被积雪压断，严重影响了通信。之前，许多人试图解决这一问题，但都未能如愿以偿。后来，电力公司经理请来10个不同专业的技术人员召开了一场座谈会，并提出以下要求：(1) 与会者尽可能地畅所欲言而不必顾虑自己的想法是否“离经叛道”或“荒唐可笑”；(2) 不要对他人的设想进行任何正面或负面的评价；(3) 积极进行智力互补，在提出自己设想的同时，注意思考如何把两个或更多的设想结合成另一个更完善的设想。

按照经理的要求，不到一小时，与会的10名技术人员提出了90多条新设想。

会后，公司组织专家对设想进行分类论证。经过现场试验，一个久悬未决的难题终于得到了巧妙的解决。

思考： 为什么要求与会者不要对他人的想法进行任何评论？

步骤五：搜集全面信息

在搜集决策所需信息时，要防止由多个部门分别负责进而产生“山头”和派别的情况，而应当使成员多元化，让他们从不同的视角去看待同一客观事实，这样才会通过成员之间的相互学习效应，从而最终提供比较全面的信息。例如：不应当将所有的财务人员或所有营销人员分在一个小组去搜集某项信息。

另外，团队成员之间在传递信息时，不要进行概括，也不要提供建议和判断，而只需陈述看到的客观情况。如果对事实进行解释或对结论进行渲染，那么其他人会认为你有偏见，这样会使提供信息的可信度大打折扣。

货币政策委员会是中国人民银行制定货币政策的咨询议事机构，其人员组成基本上囊括了各财经部委的主要官员，另外还有少数金融专家。货币政策委员会组成成员通常分别来自中国人民银行、国务院办公厅、国家发改委、财政部、国家统计局、国家外汇管理局、银监会、证监会、保监会、国家开发银行、国务院发展研究中心、北京大学、清华大学等单位。

思考： 为什么货币政策委员会的人员组成要来自这么多不同的单位？

步骤六：公开讨论问题

当团队队员之间出现问题时，有些人会在背后指指点点，数落他人，这会使矛盾更加尖锐，小问题往往激化成大问题。团队此时唯一要做的是不要辩论，对争论说“不”！

要想使这一步骤付诸实施，应当将共同的目标作为讨论的基石。(1) 先对每一选择方案的消极面进行讨论，告知所有成员静静聆听，不要对他人的言论质疑和辩论；(2) 陈述每一选择方案的积极面，为什么先谈消极面，再谈积极面？答案很简单：当参与者将所有的消极因素摆在桌面上，这样更有利于他们思考积极因素；(3) 在对每个方案进行充分评估后，再进行筛选。

王飞是一位研发经理。在公司下一步的产品研发方向上，团队成员发生了较严重的分歧，几个人的意见相持不下，都希望王飞能采纳自己的意见。王飞先带领团队召开圆桌会议，重温了他们共同的目标；接下来，他们对几种选择方案的优劣势进行了详细分析讨论：第一，他们讨论了每个方案的消极面，对于成员已经讲述过的消极因素其他成员不再重复。此外，他们不就某人陈述进行任何辩论。第二，他们以同样的流程对积极面进行了讨论。

经过讨论分析，很快大家便对各个方案形成了较客观的综合评价，也很快统一了认识。

步骤七：匿名表决方案

一些团队负责人希望团队成员能够坦陈建议，但他们却没有采取适当的做法以得到这些建议。因此，他们并不知道其他人有什么想法，团队成员也因此不会全身心投入。

应允许每位成员对所有方案进行匿名投票，这样可赋予每位参与者决策权。

李天到一家咨询公司担任老总。上班不久，李天发现在讨论项目方案时，总是只有一两个资格较老的“权威”员工在发言，其他员工都不怎么吭声。李天觉得这是很不正常的表现，因为这样无法了解其他员工的想法和方案，久而久之，将会影响员工的积极性、影响公司的发展。

为了改变这一状况，在接到一个新项目时，李天特意提前一周通知所有员工，让他们每人准备方案，到时要拿出来讨论。

在讨论方案圆桌会议上，李天展示了员工上交的方案，要求每个人选择最有助于实现团队共同目标的方案，以无记名投票的方式进行表决。

采取这种方式后，李天很快发现团队增添了活力，那些年轻员工的积极性被明显调动起来，而资格较老的“权威”员工为了证明自己的实力，所设计的方案考虑得也更加细致全面了。

步骤八：归总排列方案

实施完无记名投票，需花费一点时间进行计票。应当将解决方案按得票数多少归总排列在同一张表格上，对于每张选票的第一选择栏和可选方案做上不同的标记。

这样既展示了清晰的结果，同时又避免了其他决策方法可能产生的争论。还有另一个好处是，它能吸收其他选择方案的特色。例如：虽然团队同意将 B 作为第一选择，但是他们同样决定将方案 C 的某些要素包含在内。

李天在接收方案前，要求每个方案制订者不署名；在接到方案后，马上当众将方案折叠起来，最后的匿名投票结果便能够真正地降低员工的心理障碍。例如：某年轻员工很担心自己若不投“权威”员工的方案会有什么结果；另一员工并没有将 B 作为他的第一选择方案，但是在看到投票结果之后，他欣然接受了团队的决策，所以即使这位成员在匿名投票时表达了不同的观点，他依然不会感觉丢了面子，等等。

课堂讨论：接收方案和投票均匿名有什么好处？

步骤九：审时修正方案

有效的解决方案通常需要在中途进行修正。因此，如果在实施方案时发现这个方案必须进行改变时，不必大惊小怪。实际上，在实施方案前就应当为此做好准备。

应当将决策视为一个不断发展的过程，而不是一个确定结果。一个成熟的组织面对变革时总是处惊不乱，不断保持着学习的激情。

要想将这一步骤付诸实施，必须准备好改变方向。必须对所选方案如何运作的关键指标进行监控，思考备选方案是否能够更切合实际；预估决策的预期寿命，在运行到一半时间之前对选择进行回顾评估。

李天的团队就选项B达成了一致，该选择亦顺畅地运作下去。然而在实施了两周之后，客户就对此方案提出了意见。经过团队成员的讨论，大家同意以后备方案C替代B，团队迅速投入到C方案的实施中。最后的事实证明，客户对这一备选方案相当满意，双方合作得非常愉快。

课堂讨论：准备备选方案有什么好处？

步骤十：保持高昂的士气

成功应该获得认可。团队取得阶段性胜利应及时庆祝，亦即必须提供某种形式以对团队的努力进行奖励，并对未来的工作提供继续支持。同样重要的是，必须意识到团队的决策是如何有力支撑团队共同目标的，必须将注意力聚焦在“我们”，而不是“我”。最后，尽情享受过程——不仅欢庆最后的结果，而且关注沿途的里程碑！

李天的团队在完成了这个项目后，召开了庆功晚宴。李天在总结中回顾了决策中的许多细节，对一些成员的突出表现进行了表扬，同时表示项目成功来自大家的集体智慧和努力参与，对全体同仁的辛勤劳动表示感谢！

晚宴结束后，又以派对的形式举办了一些活动，让大家在轻松愉快的气氛中，加深了相互之间的了解，感受到了团队的温暖与力量。

思考：在庆祝会上，为什么要将注意力聚焦在“我们”，而不是“我”？

二、团队决策的方法

（一）头脑风暴法

头脑风暴又叫“脑力激荡”，比喻思维高度活跃，打破常规的思维方式而产生大量创造性设想的状况。

头脑风暴法的一般步骤如下：

1. 与会者不分职位高低，都是团队成员，平等议事。
2. 所有的人不受约束地写出意见，越多越好。
3. 通过头脑风暴产生点子，把它公布出来，供大家参考，相互启发。
4. 鼓励结合他人的想法提出新的构想。
5. 不允许在点子汇集阶段评价某个点子的好坏，也不许反驳别人的意见。
6. 在产生足够多的点子或方案后再逐一进行评估。

研究表明，人们在没有约束、相互启发的情形下汇集的点子比一般方法所汇集的点子多70%。

盖莫里公司是法国一家小型私人企业。该企业的销售负责人参加了一个关于发挥员工创造力的会议后，深受启发，于是也组织了一个10人小组进行了一次有益的尝试。他把整个小组安排到一家乡村小旅馆里，在以后的三天中，断绝了与外部的一切联系。第一天，全部用来进行议事训练，开展了各种创造力训练，组内人员开始相互认识，关系逐渐融洽。第二天，开始使用头脑风暴法解决问题。他们要解决的问题是——给新产品命名。经过两个多小时的热烈讨论后，他们共为产品取了300多个名字，主管则将这些名字暂时保存起来。第三天，主管让大家根据记忆，默写出昨天提出的产品名字。在300多个名字中，大家记住了20多个。然后，主管又在这20多个名字中筛选出了3个大家认为比较可行的名字。三天的会议结束后，他们把3个名字拿去征求顾客意见，最终确定了一个。结果，新产品一上市，便因为其新颖的功能和朗朗上口、让人回味的名字，受到了顾客的热烈欢迎。

课堂讨论：“交换一个苹果，各得一个苹果；交换一种思想，各得两种思想。”请你谈谈头脑风暴法为什么有利于团队的创新活动？

（二）德尔菲法

德尔菲法又叫“专家群体决策法”，是依据系统的程序，采用匿名发表意见的方式，填写问卷，以集合问卷填写人的共识及搜集各方意见，由一群专家来达成团队的决策的管理技术。

德尔菲法的一般步骤如下：

1. 由工作小组确定问题的内容，并设计一系列征询解决问题的调查表。
2. 将调查表寄给专家，请他们提供解决问题的意见和思路。专家之间不沟通，相互保密。
3. 专家开始填写自己的意见和想法，并把它寄回给工作小组。
4. 处理这一轮征询的意见，找出共同点和各种意见的统计分析情况；将统计结果再次返还专家，专家结合他人意见和想法，修改自己的意见并说明原因。
5. 将修改过的意见进行综合处理再寄给专家。这样反复几次，直到获得满意答案。

德尔菲法用于团队决策可以进行一些变通：比方说将专家换成团队成员、加入外部专家；为了减少成本、提高效率，可以不采取信函方式，而是直接沟通。

某书刊经销商采用德尔菲法对某一专著销售量进行预测。该经销商首先选择若干书店经理、书评家、读者、编审、销售代表和海外公司经理组成专家小组，将该专著和一些相应的背景材料发给各位专家，要求大家给出该专著最低销售量、最可能销售量和最高销售量三个数字，同时说明自己作出判断的主要理由。经销商将专家们的第一次预测意见收集起来，归纳整理后返回给各位专家，然后要求专家们参考他人的意见对自己的预测重新考虑。除书店经理B外，其他专家在第二次预测中都作了不同程度的修正。在第三次预测中，大多数专家又一次修改了自己的预测。第四次预测时，所有专家都不再修改自己的意见，专家意见收集过程在第四次以后停止。最终预测结果为最低销售量26万册，最高销售量60万册，最可能销售量46万册。

思考：德尔菲法和头脑风暴法有何异同？

（三）名义小组法

名义小组法，是指在决策过程中群体成员都出席会议，但群体成员首先进行个体决策。

在此基础上，由小组成员对提出的全部备选方案进行投票，根据投票结果，赞成人数最多的备选方案即为所要的方案。

名义小组法一般采取以下几个步骤：

1. 在进行任何讨论之前，每个成员独立地写下他对问题的看法。

2. 成员将自己的想法提交给群体，然后每个人都向大家说明自己的想法，这些想法要记录下来。

3. 群体现在开始讨论，以便把每种想法搞清楚，并作出评价。

4. 每一个群体成员独立地把各种想法排出次序，综合排序最高的想法或方案胜出。

案例：

某城市规划修建一个新火车站，但几个行政区都希望火车站能建在自己的辖区内，因而各方争论不休。市规划部门为了能科学决策，从全国各地请来几位城市规划学科方面的专家。先让他们在城市调研一个月，初步形成自己的方案；然后集中开会，让他们逐个表明自己的想法，并说明理由；接下来进行公开讨论，讨论之后请每位专家对所有方案进行优劣排序（最后一名得1分，倒数第二名得2分……），最后算出每个方案的总得分，得分最高者胜出。

思考：名义小组法和头脑风暴法有何异同？

练一练

一、案例题

1. 韩国精密机械株式会社实行了一个独特的管理制度——“一日厂长制”，即让职工轮流当厂长管理厂务。一日厂长和真正的厂长一样，拥有处理公务的权力。当一日厂长对工人有批评意见时，要详细记录在工作日记上，并让各部门的员工收阅。各部门、各车间的主管，要依据批评意见随时核正自己的工作。这个工厂实行“一日厂长制”后，大部分干过“厂长”的职工，对工厂的向心力增强。工厂管理成效显著，实行该制度的第一年就节约生产成本300多万美元。

问题：联系本节内容，谈谈为什么工厂能比以往多节约成本？

2. 一条猎狗将兔子赶出了窝，一直追它，但追了很久仍没有捉到。

山羊看到此种情景，讥笑猎狗：“你们两个之间小的反而跑得快！”

猎狗回答说：“那是因为我仅仅是为了一顿饭而跑，可它却是为了性命而跑呀！”

问题：如果你是猎人，应该怎样提高猎狗奔跑的积极性？

3. 某国国防部在制订科技长远规划的过程中，组织了50名军事技术方面的专家，开展了为期两周的会议，主要内容是对国防部已经起草的科技长远规划进行质疑。两周的讨论结束后，原有的规划文件变成了一个协调一致的报告，而原来文件中的内容，只保留了不到30%。

问题：该国国防部用了什么方法进行决策？

二、实践题

1. 将全班分成若干小组，每组5~7人。每组选出1人进行记录，每小组在3分钟以内想出手机尽可能多的用途。在3分钟之后，推选出本组中最新奇、最疯狂、最具有建设性的主意，想法最多、最新奇的组获胜。

2. 将全班分成若干小组，每组6~8人。假设你小组参加一个电视游戏节目，一路高奏凯歌，现在到了最后一关，大奖已是一步之遥。主持人让你们从三扇门中进行选择：其中一扇门后面是一辆轿车（大奖），另两扇门后面均是一只山羊（安慰奖）。主持人自然知道轿车在哪扇门后面，他先让你们做第一次选择。在你们选择了一扇门后，他打开了另一扇门给你们看。当然，你们看到的是一头山羊。现在，主持人告诉你们，你们有一次重新选择的机会，你们会改变刚才的选择吗?

每组讨论后陈述本组的决策方案，同时介绍一下本组的最终选择是如何决定的。

3. 假设你是战地医院的院长，你领导和管理的医院救护资源有限，而此时送进来五位需要你们急救的伤员，他们是：稚气未脱的士兵、怀孕的妇女、受伤的老人、戴军衔的军官和战地记者。请问，你将按照怎样的原则来决定救护的先后次序?

以小组为单位提交答案，并说明决策理由。

悟一悟

学习心得：________________________________

____

课题二 团队沟通

做一做

【游戏名称】盲人方阵。

【场地设施】礼堂/操场，8~10根绳子（直径0.5~2厘米），每根长8~10米；人手一个眼罩（或自备毛巾）。

【所需时间】30~35分钟。

【游戏步骤】

1. 在以前成立的两个团队的基础上，由两位队长分别在操场上集合好自己的团队。

2. 队员手拉手散开，每个团队组成一个正方形。

3. 两队各推举一名监督员，负责监督对方队在游戏中遵守规则的情况。

4. 除监督员外，所有队员戴上眼罩，由监督员检查眼罩是否戴牢且不可窥视。

5. 宣布规则，凡是在游戏中松动眼罩造成能窥视者为严重违例，违例者将被逐出比赛，并扣所在团队分数。

6. 队员戴好眼罩后（松开手）先向后转，往前两步走；再向左转，往前两步走；再向右转，往前一步走；再向左转，往前一步走；最后向左转，在原地待命。

7. 告诉全体队员，在每个队围成的范围内将放入几条（数量不定）绳索，要求每队将全部绳索找齐后将它们首尾相连成一根封闭式绳子，然后将这根封闭式绳子摆布成一个正方形，在30分钟内，看看哪个队摆得又快又好。

8. 监督员自始至终负责检查对方队员眼罩是否戴牢且不可窥视。

【注意事项】

- 在两队列正方形时，要尽量让两队正方形大小一致。
- 戴上眼罩后的队列练习，目的是让两队队形打乱，教师可根据实际情况把握队列练习的次数和幅度。
- 实际放置绳索时，两队绳索的总根数要一致，以示公平。
- 绳索不得超出队列形状范围内，由对方监督员选择位置放置。
- 绳索只能形成一个首尾相连的闭合环，否则违例判输。

议一议

游戏结束后，教师担任主持人，从每队中随机抽3名同学访问，请他们简单谈一下自己的感受，然后请两队集体围成圆圈总结讨论一下各自的表现，并各派1～2名代表向全班汇报总结情况。

评一评

各组汇报完毕后，教师对刚才的游戏表现作评点。

教师评述要点

- 管理过去是沟通，现在是沟通，未来还是沟通。
- 在困难任务面前，良好的团队沟通可以增添战胜困难的信心。
- 如何让每个人步调一致？靠有效的团队沟通。
- 经过有效的团队沟通后所作出的决策，可以提高团队效率。
- 注意把握合适的沟通层次、沟通渠道、沟通对象是有效沟通的前提。

想一想

完成评点后，教师进一步提出问题，请同学们思考发言：

- 在遇到突发情况和信息量有限时，如何保持团队镇定并快速集中队员智慧？
- 如何面对团队中的小群体？
- 怎样才能防止团队中小道消息的蔓延？

一个优秀的团队，强调的是成员间的精诚团结，这其中，如何沟通是一个大学问。

一、团队沟通的重要性

沟通在团队管理中非常重要，但究竟有多重要？有两个数字可以很直观地反映沟通在团队里面的重要性，那就是两个 70%。

第一个 70%，是指团队的管理者，实际上 70% 的时间用在沟通上，如：开会、谈判、谈话、发言、撰写报告、拜访、约见等。

第二个 70%，是指团队中 70% 的问题是由于沟通障碍引起的。比如团队中常见的效率低下的问题，实际上往往是有了问题、有了事情后，大家没有沟通或不懂得沟通所引起的。另外，团队中执行力差、领导力不高的问题，归根结底，都与沟通能力欠缺有关。

沟通是一切行为的基础。美国著名未来学家奈斯比特曾指出："未来竞争是管理的竞争，竞争的焦点在于每个社会组织内部成员之间及其外部组织的有效沟通上"。但在实际工作中，经常出现因沟通欠缺造成信息扭曲，引起上下级关系不和、同事之间相互猜忌、领导层的决策得不到很好执行等情况，最终影响团队的绩效，这样的例子举不胜举。所以，如何有效地进行组织沟通，是值得团队重视的问题。

案例：

美国一家公司的总经理非常重视员工之间的相互沟通与交流，他曾有过一项"创举"，即把公司餐厅里四人用的小圆桌全部换成长方形的大餐桌。这是一项重大的改变，因为用小圆桌时，总是那四个互相熟悉的人坐在一起用餐，而改用大餐桌情形就不同了，一些彼此陌生的人有机会坐在一起闲谈了。如此一来，研究部的职员就能遇上行销人员或者技术部的工程师，他们在相互接触中，可以互相交换意见，获取各自所需的信息。而且可以互相启发，碰撞出"思想的火花"。这一举措带来的结果是，公司的经营得到了大幅度的改善。

思考：总经理为什么要将小圆桌换成大餐桌？

有效的团队沟通在管理上的好处是不言而喻的：它有助于团队目标的实现和团队文化的塑造；可以使团队思想一致、上下产生共识；可以减少团队间的摩擦争执与意见分歧；可以使管理者洞悉真相、排除误解；可以减少相互猜忌、增强团队情感；可以疏导人员情绪、消除心理困扰；可以使员工了解团队环境、减少革新阻力；可以收集信息、使资源共享；可以增进人员间彼此的了解、改善人际关系，等等。

二、团队沟通的障碍

团队沟通中的障碍主要存在于以下几方面：

（一）机构过于庞大，中间层次太多

小资料：有学者统计，如果一个信息在高层管理者那里的正确性是 100%，到了信息的接受者手里可能只剩下 20% 的正确性。

信息从最高决策层传递到具体执行层的过程中，各级主管部门都要花时间把接收到的信息自己甄别，然后一层一层进行过滤。在甄选过程中，会掺杂大量的主观因素，尤其是当发送的信息涉及传递者本身时，往往会由于心理方面的原因进行改动，并有可能将断章取义的信息向下发布。这样，不仅容易产生信息的失真，而且还会浪费大量时间，影响信息的及时性，

同时，还影响团队工作效率。

有这样一个笑话，据说某部队一次命令传递的过程是这样的：

少校对值班军官：明晚8点钟左右，哈雷彗星将可能在这个地区看到，这种彗星每隔76年才能看见一次。命令所有士兵着野战服在操场上集合，我将向他们解释这一罕见的现象。如果下雨的话，就在礼堂集合，我为他们放一部有关彗星的影片。

值班军官对上尉：根据少校的命令，明晚8点，76年出现一次的哈雷彗星将在操场上空出现。如果下雨的话，就让士兵穿着野战服列队前往礼堂，这一罕见的现象将在那里出现。

上尉对中尉：根据少校的命令，明晚8点，非凡的哈雷彗星将身穿野战服在礼堂中出现。如果操场上下雨，少将将下达另一个命令，这种命令每隔76年才会出现一次。

中尉对上士：明晚8点，少校将带着哈雷彗星在礼堂中出现，这是每隔76年才有的事。如果下雨的话，少校将命令彗星穿上野战服到操场上去。

上士对士兵：在明晚8点下雨的时候，著名的76岁的哈雷将军将在少校的陪同下，身着野战服，开着他那“彗星”牌汽车，经过操场前往礼堂。

（二）个人原因引起的沟通障碍

1. 个性因素所引起的障碍。信息沟通在很大程度上受个人心理因素的制约。个体的性质、气质、态度、情绪、见解等的差别，都会成为信息沟通的障碍。

某人刚离了婚，因此对“散伙”之类的字眼非常敏感。一天，他与合伙人发生了争执，合伙人情急之下脱口而出：“不行就散伙吧！”他听了之后马上一声不吭摔门而去。

2. 沟通双方知识水平差异所导致的障碍。在信息沟通中，如果双方经验水平和知识水平差距过大，就会产生沟通障碍。此外，个体经验差异对信息沟通也有影响。信息沟通的双方往往依据经验上的大体理解去处理信息，使彼此理解的差距拉大，形成沟通的障碍。

3. 个体素质不佳所造成的障碍。在管理中，信息沟通往往是依据组织系统分层次逐次传递的，然而，在按层次传递同一条信息时往往会受到个体素质的影响，从而降低信息沟通的效率。

4. 对信息的本位主义态度所造成的障碍。这又可分为不同的层次来考虑：一是认识差异；二是利益观念。在团体中，不同的成员对信息有不同的看法，所选择的侧重点也不相同。很多队员只关心与他们的物质利益有关的信息，而不关心团队目标、管理决策等方面的信息，这也成了信息沟通的障碍。

著名主持人林克莱特在一次节目中采访了一位小朋友。

林克莱特：“你长大后想要干什么呀？”

小朋友：“嗯……我要当飞机的驾驶员！”

林克莱特：“如果有一天，你的飞机飞到太平洋上空时，所有的引擎都熄火了，你会怎么办？”

小朋友：（想了想）“我会先告诉在飞机上的人绑好安全带，然后我挂上降落伞跳出去。”

现场的观众笑得东倒西歪，林克莱特也露出了了然的笑容。但突然，他看到孩子的两行热泪夺眶而出！林克莱特感觉到了孩子的异常，于是他蹲到孩子的面前：

林克莱特："孩子，你为什么要那么做？"

小朋友：（哽咽着）"我要去拿燃料，我要赶快回来！"

课堂讨论：对于小孩跳伞的说法，为什么大家的理解和小男孩的想法会出现偏差？

5. 不信任所产生的障碍。有效的信息沟通要以相互信任和双向沟通为前提，这样，才能使向上反映的情况得到重视，向下传达的决策迅速实施。管理者在进行信息沟通时，应该不带成见地听取意见，鼓励下级充分阐明自己的见解，这样才能做到思想和感情上的真正沟通，才能接收到全面可靠的情报，才能作出明智的判断与决策。

6. 沟通者的畏惧感以及个人心理品质也会造成沟通障碍。信息沟通的成败主要取决于上级与上级、领导与员工之间的全面有效的合作。但在很多情况下，这些合作往往会因下属的恐惧心理以及沟通双方的个人心理品质而形成障碍。一方面，如果主管过分威严，给人造成难以接近的印象，或者管理人员缺乏必要的同情心，不愿体恤下情，都容易造成下级人员的恐惧心理，影响信息沟通的正常进行。另一方面，不良的心理素质也是造成沟通障碍的因素。

案例：

巴顿将军为了显示他对部下生活的关心，搞了一次参观士兵食堂的突然袭击。

在食堂里，他看见两个士兵站在一个大汤锅前。

"让我尝尝这汤！"巴顿将军向士兵命令道。

"可是，将军……"士兵正准备解释。

"没什么'可是'，给我勺子！"巴顿将军拿过勺子喝了一大口，怒斥道："太不像话了，怎么能给士兵喝这个？这简直就是刷锅水！"

"报告将军，我正想告诉您这就是刷锅水。"士兵答道。

思考：这次沟通中的障碍原因是什么？

7. 直觉选择偏差所造成的障碍。接收和发送信息也是一种知觉形式。但是，由于种种原因，人们总是习惯接收部分信息，而摒弃另一部分信息，这就是知觉的选择性。在接受或转述一个信息时，符合自己需要的、与自己有切身利害关系的，很容易听进去，而对自己不利的、有可能损害自身利益的，则不容易听进去。凡此种种，都会导致信息歪曲，影响信息沟通的顺利进行。

案例：

孔子在生活拮据时，当地村民给了他们一些米粮，为了放心，他把煮米饭的任务交给平日忠厚老实的颜回。

过了一会，孔子忍受不了米饭香味的诱惑，便到厨房，他惊奇地看到颜回正手抓着米饭，大口的在吃，孔子十分生气地回到了书房，不一会颜回把米饭也端进了书房请老师吃。

孔子不动声色地对颜回说："我们难得吃一回米饭，先祭祭祖吧！"古时，祭祖必须用干净的食物，如果食物被沾染了肮脏的东西，那就是对祖先的大不敬。颜回一听要祭祖，扑通一声就跪了下来，说："老师，不能祭祖！这些米饭已经被我抓过了，也吃过了。”孔子问原因，颜回答道：“厨房年久失修，又没有清理过，我打开锅盖时，热气使棚上的灰掉到了锅里，米饭脏了，我想扔掉太可惜了，于是把那些脏的吃掉了，这样既可以让我吃饱，也可以让老师您吃到干净的米饭！”

思考：孔子为什么差点被亲眼所见的信息所蒙蔽？

三、团队有效沟通管理

每一次沟通，只有达到目标后，沟通才算有效。如何及时有效地将信息传递给最终的目标，就是沟通管理要重点研究的问题。

（一）沟通制度管理

1. 建立团队沟通制度。团队应建立明确的向上、向下、平行沟通制度，如公示制度、队务公开制度、全体会议制度、决策制度、员工岗位制度、请示制度、协调会议制度、例会制度、反馈制度、突发情况处理制度等，让每个人清楚自己在工作中应向谁负责，也有制度保证团队内部能充分地沟通。

2. 建立常用沟通形式。为使管理人员和全体员工更好地了解企业的情况及上传意见，应建立团队信息公布和反馈渠道。如设立公开栏墙报、内部刊物、定期的例会，以及每年一两次的员工代表大会等。

想一想

你所在的学校或班级建立了哪些沟通制度？

3. 建立建议制度。这项制度主要针对单位内的普通员工，鼓励他们就所关心的问题提出意见，实际上也是为了避免向上沟通的信息被滤掉所采取的强行向上沟通的办法。因此，单纯的鼓励是不够的，因为等级和权力的差别肯定会形成阻碍。单位内必须建立一套有效的建议制度，保证强行向上沟通，诸如接待日、意见箱、领导者直接深入基层、物质奖励等。

（二）沟通渠道管理

1. 信息传递环节上要贯彻多快好省的原则，即信息传递要做到数量多、传递迅速、质量高、花费少。

2. 传递信息要区分不同的对象。这一方面是指在传递信息时的目的性，另一方面又指信息传递的保密性。

名词解释

非正式沟通：是一种通过正式规章制度和正式组织程序以外的其他各种渠道进行的沟通。

3. 要控制使用直接传递与非正式渠道。所谓直接传递就是越级传递，撇开管理信息系统，使沟通双方直接对话。在管理中，不能过多采用这种方式，但在某些特殊情况下可以控制使用。对于非正式沟通，也应实施有效的控制，因为虽然在一些情况下，非正式沟通往往能够达到正式沟通难以达到的效果，但是，它也可能成为散布谣言和小道消息的渠道，产生副作用。

4. 注重信息反馈。这是确保信息准确性的一条可靠途径。这种反馈要求是双向的，即下级主管部门经常给上级领导提供信息，同时接受上级领导的信息查询；上级领导也要经常向下级提供信息，同时对下级提供的信息进行反馈，从而形成一种信息环流。一条简单有效的控制办法是要把信息加工处理的情况定期反馈给信息提供者。

案例：

李能是某公司经营部经理，在得知一较大工程项目即将进行招标后，便向分管经营的副总经理汇报。副总说可以考虑去投标，但要开会讨论后再做决定。李能觉得按副总这样的办事方式会贻误商机，于是立即用电话向出差在外的总经理作了简单汇报，但总经理没有给出明确答复。李能误以为被总经理默认了，于是便组织了专门的业务小组投入时间和经费跟踪该项目，但最终因准备不充分而没有得到该工程。

事后，在公司的办公会上，副总经理严厉批评李能“不服从领导，决策严重失误，要承担相应后果。”总经理也认为李能“汇报不详，擅自决策，组织资源运用不当”，并当着各部门负责人的面给予了严厉批评。李能觉得自己很委屈，愤慨地进行了反驳，“自己一心为公司着想，任何竞标项目都有可能会失败。自己已经汇报，但领导重视不够，甚至故意刁难，是由于逃避责任所致。”由于几方存在意见分歧，致使企业内部人际关系紧张、工作被动。

课堂讨论：李能和上级之间的沟通有效吗？你如何看待上述事件？

（三）沟通技巧管理

1. 要做好对沟通对象的分析。在沟通中，首先要遵循一条基本的原则：听者为尊，即表达的成功在于你的沟通对象是否愿意听和听进去多少。具体来讲，应包括三个主要的方面：一是要对沟通对象的关注点和兴趣点进行深入分析，结合沟通的目标，作为表达内容选择、取舍和组合的重要依据；二是要对沟通对象的认知规律进行分析，在此基础上设计出恰当的表达方式；三是要关注沟通对象的心理需求，注意拉近彼此之间的心理距离，克服沟通中的情感障碍。

2. 沟通必须目的明确、思路清晰、注意表达方式。在信息交流之前，应考虑好自己将要表达的意图，抓住中心思想。在沟通过程中要使用双方都理解的用语和示意动作，并恰当地运用语气和表达方式，措词不仅要清晰、明确，还要注意情感上的细微差别，力求准确，使对方能有效接收所传递的信息。

3. 沟通要选择有利的时机，采取适宜的方式。沟通效果不仅取决于信息的内容，还要受环境条件的制约。影响沟通的环境因素很多，如组织氛围、沟通双方的关系、社会风气和习惯做法等。在不同情况下要采取不同的沟通方式，要抓住最有利的沟通时机。时机不成熟不要仓促行事。

4. 沟通要增强下级对领导者的信任度。一般来说只有受到下级高度信任的领导者发出的信息，才可能完全为下级所接受。这就要求领导者加强自我修养，具有高尚的品质和事业心，以及丰富的知识和真诚的品格。具备了这些，领导者就会赢得下级的信任，就有了有效沟通的基础。

5. 沟通要讲究“听”的艺术。在沟通过程中，应该主动听取意见，只有善于听取信息才能成为有洞察力的沟通者。因此，在听对方讲话时，首先，要专心致志，不要心不在焉；其次，不要心存成见，也不要打断对方讲话，急于作出评价，或者表现出不耐烦，这样会使对方不愿把沟通进行下去；最后，要善解人意，体味对方的情感变化和言外之意，做到心领神会。

6. 沟通要讲究“说”的艺术。与人沟通，不仅要会听，还得会说，会表达自己的意见。在表达自己的意见时，要诚恳谦虚。如果过分显露自己，以先知者自居的话，即使有好的意见，也易使人产生反感和戒备心理。讲话时要力求简明扼要，用简单明了的词句表明自己的意思，语调婉转，态度从容。在谈话时如果发现对方有心不在焉或厌烦的表情时，就应适可而止或转换话题，使沟通能在良好的氛围中进行。而且，在表明某个意思后，最好能稍作停顿，并向对方投以征询的目光，这样，使对方有插话的机会，也是尊重对方的表现。

案例：

一位老太太去楼下的菜市场买水果。她来到第一个小贩A的水果摊前问道：“这李子怎么样”？

“我的李子又大又甜，是刚到的货，特别新鲜好吃。”小贩A回答。

老太太摇了摇头没有买。她走向小贩B，问道：“你的李子好吃吗？”

“我这里是李子超市，各种各样的李子都有。您要什么样的李子？”

“我要买酸一点儿的。”

“哟，这筐李子可酸啦，咬一口就直流口水，很多人都来我这儿买。您要多少？”

“来一斤吧。”老太太买完李子继续在市场中逛，又看到小贩C的摊上也有李子，又大又圆非常抢眼，便问小贩C：“你的李子多少钱一斤？”

“您好，您问哪种李子？”

“我要酸一点儿的。”

“别人买李子都要又大又甜的，您为什么要买酸的呢？”

“我儿媳妇要生孩子了，想吃酸的。”

“阿婆，您对儿媳妇可真体贴，她想吃酸的，说明她一定能给您生个大胖孙子。恭喜您了，您要多少？”

“我再来一斤吧。”老太太被小贩C说得很高兴，便又买了一斤。

小贩C一边称李子一边继续问：“您知道孕妇最需要什么营养吗？”

“不知道。”

“孕妇特别需要补充维生素。您知道哪种水果含维生素最多吗？”

“不清楚。”

“猕猴桃含有多种维生素，特别适合孕妇。您要给您儿媳妇天天吃猕猴桃，她一定给您生个又聪明又健康的大胖孙子。”

“是吗？好啊，那我就再来一斤猕猴桃。”

“您人真好，谁摊上您这样的婆婆，真是有福气。”小贩C开始给老太太称猕猴桃，嘴里也不闲着：“我在这儿摆摊五年了，我的水果都是当天从批发市场挑新鲜的批发来的，您儿媳妇想吃什么新鲜水果，您再来呀。”

“行。”老太太被小贩C说得高兴，边付账边应承着。

课堂讨论：小贩C用到了哪些沟通技巧？

（四）著名企业提高团队沟通技巧的方法

1. 讲故事法。美国波音公司在1994年以前遇到一些困难，总裁康迪上任后，经常邀请高级经理们到自己的家里共进晚餐，然后在屋外围着个大火炉，讲述有关波音的故事。康迪请这些经理们把不好的故事写下来扔到火里烧掉，用来埋葬波音历史上的“阴暗”面，只保留那些振奋人心的故事，这一做法极大地鼓舞了士气。

2. 聊天法。奥田是丰田公司第一位家族成员之外的总裁，在长期的职业生涯中，奥田赢得了公司内部许多人士的爱戴。他有1/3的时间在丰田公司里度过，常常和公司里的多名工程师聊天，聊最近的工作，聊生活上的困难。另外有1/3的时间用来走访5000名经销商，和他们聊业务，听取他们的意见。

3. 制订计划法。爱立信是一个“百年老店”，每年，员工都会有一次与人力资源经理或主管经理面谈的时间，员工在上级的帮助下制订个人的发展计划，以跟上公司的业务发展，甚至超越公司的发展步伐。

4. 越级报告法。在惠普公司，总裁的办公室从来没有门，员工受到顶头上司的不公正待遇，或者看到公司的什么问题，都可以直接提出，还可以越级反映。这种企业文化使得人与人之间相处时，彼此之间都能做到互相尊重，消除了对抗和内讧。

5. 参与决策法。美国的福特公司，每年都要制订一个全年的“员工参与计划”，动员员工参与企业管理。这个举动引发了职工对企业的“知遇之恩”，使得员工的投入感和合作性不断提高，合理化建议也越来越多，生产成本大大减少。

6. 口头表扬法。表扬不但被认为是当今企业中最有效的激励办法，事实上也是企业团队中的一种有效的沟通方法。日本松下集团很注意表扬人，创始人松下幸之助如果当面碰上进步快或表现好的员工，他会立即给予口头表扬；如果不在现场，还会亲自打电话表扬下属。

练一练

一、案例题

1. 有一个老板告诉其秘书：“你帮我查一查我们有多少人在华盛顿工作，星期四的会议上董事长将会问到这一情况，我希望准备得详细一点。”于是，这位秘书打电话告诉华盛顿分公司的秘书：“董事长需要一份你们公司所有工作人员的名单和档案，请准备一下，我们在两天内需要。”分公司的秘书又告诉其经理：“董事长需要一份我们公司所有工作人员的名单和档案，可能还有其他材料，需要尽快送到。”结果第二天早晨，四大箱航空邮件送到了公司大楼。

问题：联系本节内容，谈谈为什么会出现这种情况？

2. 两个人合伙捕了一条大鱼，就如何分这条大鱼吵来吵去，最终达成了一致意见，由一个人负责将大鱼切成对称的两块，而另一个人先选。

第一个人把半边鱼拿到家，把鱼头切掉扔进了垃圾桶，因为他只吃鱼肉。另一个人回到家后把鱼肉切掉扔进了垃圾桶，因为他只吃鱼头。

问题：分鱼的方法非常公平，但为什么却没有实现双方共赢（一人分鱼头，另一人分鱼肉）的结果？

3. 从前，有一个人到朋友家去做客。朋友的妻子感到很高兴，客人刚坐定，她就端上一碗鱼汤。客人一口气将鱼汤喝完了，觉得味道非常好，一个劲夸朋友和朋友的妻子。听到夸奖，朋友的妻子感到非常高兴，于是又盛上一碗，客人又一口气喝下去了，并再次赞赏了友人的妻子。朋友的妻子高兴极了，又给客人盛了一碗。由于不好意思推辞，客人只好喝下去。结果一连喝了五碗，肚子开始有点胀，心里也逐渐开始抱怨朋友的妻子太不礼貌了。等盛上第六碗的时候，客人忍无可忍，夺门而去。

问题：联系本节内容，分析一下案例中的宾主为什么会不欢而散？

4. 在一次人口大普查中，有关单位雇用了很多大学生作为临时普查员。有一个女大学生（以下简称“女”）去一户人家做普查，她敲开了房门，家里有一个男士（以下简称“男”）。她先说明了自己的身份，并出示了证件，随后准备好了表格开始调查记录。

女：“请问您家里是几口人？”问得很正规，毕竟是大学生，有点学究气。

男：“是一口”，回答也是一板一眼，可惜普通话不标准，音调有点偏差。

女：“十一口?”，伸出两个指头确认。

男：“不是十一口，而是一口。”

女：“二十一口?”略显诧异，十一口的人不多见，但还是有，可二十一口?

男的跳起来，火气就有点大了。“不是二十一口啊，就是一口!”

女大学生害怕了，这人怎么回事？怎么越说越多，才一会儿的工夫，这就变成九十一口了？吓得拔腿就逃。

问题：联系本节内容，分析一下调查失败的原因。

5. 李克走进餐馆，点了一份汤，服务员马上给他端了上来。

服务员刚走开，李克就嚷嚷起来：“对不起，这汤我没法喝。”

服务员重新给他上了一碗汤，他还是说：“对不起，这汤我没法喝。”

服务员只好叫来经理。

经理毕恭毕敬地朝李克点点头，说：“先生，这道汤是本店最拿手的，深受顾客欢迎，难道您……”。

“我是说，调羹在哪里呢?”

问题：联系本节内容，分析一下误会产生的原因。

6. 美国惠普公司创造了一种独特的“周游式管理办法”，鼓励部门负责人深入基层，直接接触广大职工。

为此目的，惠普公司的办公室布局采用美国少见的“敞开式大房间”，即全体人员都在一间大厅中办公，各部门之间只有矮屏分隔，除少量会议室、会客室外，无论哪级领导都不设单独的办公室，同时不称头衔，即使对董事长也直呼其名。他们认为这样有利于上下左右通气，创造无拘束和合作的气氛。

问题：联系本节内容，分析一下惠普公司这样做的好处。

7. 有一位花甲老人，他的大儿子、二儿子都在城里工作，只有小儿子和他相依为命。

一天，一个外乡人对他说：“老人家，我想给你的小儿子在城里找一份工作。”老人气愤地说：“不行!”外乡人说：“如果我给你的儿子找个对象呢?”老人恶狠狠地说：“少废话，快走!”边说边举起一根棍子。外乡人后退一步说：“如果我给你儿子找的对象是洛克菲勒的女儿呢?”老人笑着答应了。

几天后，外乡人找到了洛克菲勒：“先生，我想给您女儿找个对象。”洛克菲勒冷冷地说：“不需要!”外乡人又说：“如果我给你女儿找的对象是世界银行的副总裁呢?”洛克菲勒沉思着答应了。外乡人找到了世界银行总裁：“先生，你应该马上任命一位副总裁!”世界银行总裁说：“你没事吧?”外乡人胸有成竹地说：“如果你任命的这个人是洛克菲勒的女婿呢？”总裁立刻答应了。

问题：“只要肯沟通，办法总比困难多。”联系案例，请你谈谈有何体会和感想？

二、实践题

1. 将全班分成6人一组，指定其中1人担任工作人员，另外5个人组成团队在规定的10分钟内完成游戏。

团队5个人分别拿到一张不同的试题纸A、B、C、D、E，其中：

E的5个汉字是：大、太、犬、木、术

D的5个汉字是：大、太、全、木、术

C的5个汉字是：天、太、全、术、木

B的5个汉字是：大、汰、全、木、术

A的5个汉字是：大、太、全、术、禾

任务：请找出团队中的一个共同汉字是什么？

规则：

（1）A、B、C、D、E只能看到自己的，不能看别人的试题纸；

（2）A与B可以相互通信，B与C、D、E可以相互通信，C、D、E之间也可以相互通信，除此之外都不允许；

（3）相互间的通信不能群发，但可以转发，转发的要求是修改的内容不能超过5个字；

（4）通信的方式是写字条，交给F（第六人），由F担任相互间传达的邮递员（但是用纸越少越好）；

（5）团队中任何一个队员都可以公布答案。

做完游戏，请大家谈谈有何启发？

2. 将所有人进行分组，每组两人。两人中一人为A，一人为B。

老师：选A的人为八卦杂志的记者，俗称“狗仔队”；B是被采访的明星。A可以问B任何问题，B必须说真话，但可以不回答，时间为三分钟，不可以用笔记。

将原先的分组重新组合，每6人一个组，原来的搭档必须仍在同一组，由几个扮演A的“记者”向全体组员分别说出所掌握的B“明星”的情况。

做完游戏，请大家谈谈感想。

悟一悟

学习心得：____

____

课题三 团队教练

做一做

【游戏名称】扭秧歌。

【场地设施】礼堂/操场，有音响设施最好。

【所需时间】25～30 分钟。

【游戏步骤】

1. 在以前成立的两个团队的基础上，由两位队长分别在操场上集合好自己的团队。

2. 老师教两位队长一套扭秧歌的脚步动作，直到两个队长学会为止。

3. 老师布置任务：两位队长回到自己的团队，用 20 分钟的时间教会自己队员扭秧歌的脚步动作，手上动作由两个队自定，但要整齐划一；20 分钟后，两队进行集体扭秧歌汇报表演，以整队动作的整齐度和难度判定胜负，看看哪个队做得更好。

【注意事项】

- 老师只给队长布置任务，由队长回队传达和组织。
- 在教队长动作和布置任务时，不能让其他队员看到和听到。
- 脚步动作必须按老师教的动作做，队形和手上动作由各队自己设计。
- 在汇报表演时，由老师打节拍，节奏必须越来越快。

议一议

游戏结束后，教师担任主持人，在每队随机抽 3 名同学，请他们简单谈一下对两队汇报表演的看法，然后请两队集体围成圆圈总结讨论一下各自队的表现，并各派 1～2 名代表向全班汇报总结情况。

评一评

各组汇报完毕后，教师对刚才的游戏表现作评点。

教师评述要点

- 兵熊熊一个，将熊熊一窝。
- 做正确的事远比正确地做事重要。
- 你也许可以干两个人的活，可你成为不了两个人。
- 一个团队领导，如果变成了一个有求必应的人，下属就无法成长起来。
- 团队管理者应该是一个教练员。

想一想

完成评点后，教师进一步提出问题，请同学们思考发言。

- 刘邦、刘备、孙权、宋江等自己本事平平，但为什么能统领那么多能人？
- 许多技术精英为什么在总经理位子上却干不好？
- 教练、导演、顾问、经理的工作有何区别和联系？

团队教练技术是20世纪70年代发端于美国，并逐渐推行到欧洲和日本等国家，被许多团队广泛认可的一种管理技术。

一、为什么团队要采用教练技术

> **名词解释**
>
> **教练技术：**是通过方向性和策略性的有效问题，激发被教练者的潜能，向外探求更多的可能性，令被教练者更加快捷、容易地达到目标。

科学技术正在以巨大的威力，以人们难以想象的速度，把人类带入一个崭新的时代——知识经济时代。在知识经济时代，必然要求要有新的管理理念和模式：企业注重以人为本，重心转向创造新知识；管理注重激励与启发，以此来发挥员工的潜力。教练技术正是在这种形势下应运而生的，其核心内容和思想也是围绕“以人为本，注重个人和团队共赢，激发无限潜能，发挥创造力”而展开的。在新世纪里，每个团队管理者都需要一套新的管理理念，与队员建立一种不同的工作关系，提高团队战斗力。从这个意义上说，教练技术是任何团队领导者都需要掌握的。实际上，越来越多的团队管理人以教练的角色去支持队员提升表现和实现目标；同时，他们也需要一位教练在背后支持他们不断改善自己。

- 教练不是顾问，并不是某个领域的专家，不提供解决问题的方案，而是支持你自己去发现早已潜藏在心中的属于自己的最适合的答案。
- 教练不是老师，甚至不比你懂得更多，并不灌输概念和知识，但他能支持你发掘自己的潜力和智慧。
- 教练不是心理医生，不会去平复你的情绪，而是支持你提升自己管理情绪的能力。
- 教练不针对你的过去，而关心你的未来；“对人不对事”，因为事情是由人解决的，教练相信并支持你自己解决。
- 教练技术不是知识训练或者技巧训练，而是一种拓展信念与视野的能力和习惯的培养。

传统的管理是管事的学问，针对更多的还是事情，如监督、命令、控制，出发点都是将事情做好。而教练针对的不是事情，而是人，人成为被关注的主体。只有人被充分地关注与激励，所有的主观能动性才会被调动出来；唯有智慧被开发出来，才能创造更多的财富。

下面我们举例来说明管理和教练方法的最大区别。

队员小张向团队领导请教一个问题，这个问题是队员认为是自己解决不了的。

小张：“这个问题比较棘手，我想向你请教一下应该如何解决这个问题。”

方法1：管理的方法。

领导：“说说什么事情啊？”

小张："事情是这样的……领导你看应该怎么办？"

领导："这个事情你要这样办……"

于是小张就按照团队领导的方法去办。做成了归功于团队领导和小张，以后遇到问题小张还会继续向团队领导请教。

如果这个方法不行，小张就会回来说："领导，上次你给我说的办法不行，我用过之后不但没有产生积极的效果反而产生的是一些负面的东西。你看应该怎么办？"

团队领导这时就会陷入沉思，还会想类似这样的情况我处理过，我就是用了这样的方法处理的，为什么我能处理好，而小张却处理不好？是能力有问题还是做事的环节有问题？领导既要去想解决问题的办法，同时也对小张的工作能力打上了问号。

这时我们发现，原本属于队员小张的问题却变成了团队领导的问题，公司如果只有一个小张还好，如果有很多"小张"，越来越多的属于队员自己的问题最后都让团队领导背上了，结果是团队领导越来越累，队员越来越轻松。老板不是雇人来工作，而成了雇人来监督自己工作。

方法2：教练的方法。

教练："你的问题是什么？"

小张："我的问题是……"

教练："还有呢？"

小张："还有就是……"

教练："还有其他的吗？"

小张："没有了。"

教练："如果有呢？"

小张："如果有就是……"

教练："就这些吗？"

小张："就这些了！"

教练："你认为解决问题的关键是什么？"

小张："我认为解决问题的关键是……"

教练："解决了这个问题的关键是不是就能解决这个问题？"

小张："是的，关键问题解决，其他的我自己就可以解决！"

教练："你认为做哪些事情就可以解决了呢？"

小张："我认为做……就可以解决了。"

教练："你确定这个方法可行吗？"

小张："是的，我确定！"

教练："你的计划是？"

小张："我的计划是……"

教练："完成这项工作大约需要多长时间？"

小张："大约需要……"

教练：“什么时候开始？”

小张：“我准备一下，回去后马上行动！”

教练：“我怎么知道你有没有做好？”

小张：“过程中做的程序我会向你及时汇报！”

教练：“如果这个方法不行，你会怎么办？”

小张：“我想……”

课堂讨论：从以上可以看出教练技术有哪些特点？

以上就是一个完整的教练处理问题的过程。从中可以发现，教练始终没有告诉队员小张应该如何去做，可是小张却飞快地转动脑子自己想办法应该怎么样把事情做好，并告诉教练自己这套方案的可行性，什么时候开始，什么时候完成，以及如何和团队领导保持工作的紧密性和方法无效时的方案。

教练技术用几句话就可以帮助员工发现解决问题的可能性，并产生积极的行动动力，使员工积极行动，凡事自己负责。教练在很短的时间内就激发了小张解决问题的潜在能力，并让小张产生足够的动力去行动。接下来可想而知，教练的工作就会越做越轻松，队员越干自身的能力就越得到提升，并且越能为自己的工作负责。这就是教练和管理的最大区别。

案例：

有个渔人有着一流的捕鱼技术，被人们尊称为“渔王”。然而“渔王”年老的时候非常苦恼，因为他的三个儿子的渔技都很平庸。

于是他经常向人诉说心中的苦恼：“我真不明白，我的儿子们为什么这么差？我从他们懂事起就传授捕鱼技术给他们，从最基本的东西教起，告诉他们怎样织网最容易捕到鱼，怎样划船最不会惊动鱼，怎样下网最容易“请鱼入瓮”。他们长大了，我又教他们怎样识潮汐，辨鱼汛……我多年总结出来的经验，都毫无保留地传授给了他们，可他们的捕鱼技术竟然赶不上其他渔民的儿子！

一位路人听了他的诉说后，问：“你一直手把手地教他们吗？”

“是的，为了让他们得到一流的捕鱼技术，我教得很仔细、很耐心。”

“他们一直跟随着你吗？”

“是的，为了让他们少走弯路，我一直让他们跟着我学。”

路人说：“这样说来，你的错误就很明显了。你只传授给了他们技术，却没传授给他们教训，没有教训与没有经验一样，都不能使人成大器！”

思考：“渔王”为什么教不好儿子？

团队采用教练技术进行管理有以下特点及长处：

1. 节省管理者的时间。传统的管理方式不能激发团队队员的自主创造能力，员工在能力、智慧的低水平线上运行，无法产生足够的责任感和成就感，更加无法发挥自己最大的潜力。而管理者多采用项目管理方法进行团队管理，本身处于“忙、累、烦”的透支状态，管理效果却不尽如人意。通过教练，经理们腾出了自己时间，提高了雇员的绩效，并提升了组织的生产力。授权越多、监督越少，就越能提高生产力并使团队成员更好地发挥他们的潜力。

2. 更多的授权。渴望成功的团队领导通过教练来提高队员的技能和培养队员积极的态度。保持绩效要花力气，更别说提高绩效了。因此要在开发队员方面投资时间。一旦对队员的技能有了信心，并且发展了建立在信任基础上的良好关系，就可以将管理者的一部分职责授权给他们。

3. 更少的监督。如果不开发队员，他们就无法胜任那些管理者本打算授权给他们的职责。教练技术提供了解决方法。教练团队的队员承担他们自己项目的责任，这就减轻了管理者的压力，管理者因而可以专注于长期战略和发展。同时，队员获得了更多的工作成就感，因为他们可以自己作决定并获得了某种程度的独立。

4. 发挥潜力。教练提出探索性的问题并提供建设性的反馈意见，会激励队员更好地认识他们自己的强项和弱点，帮助他们确立自己的强项并发展新的技能，这样他们就可以应付新的挑战。随着队员的竞争力和自信心的提高，他们也获得了自尊，从而在达成目标的过程中更加积极。逐渐地，通过充分发挥队员的能力和潜力，整个团队都会受益。

5. 以人为本。团队要表现出色，就需要高昂的士气。研究表明，当人们参与决策时，他们对最终决策会更投入。

6. 培养队员的积极态度。当人们的自信心和动机增强时，他们会接受更多的分配给他们的具有挑战性的工作。他们会努力证明自己可以承受这些挑战，并且有能力解决随之出现的问题。他们知道，如果遇上麻烦，教练会支持他们。这就形成了面对变化时的积极态度。并且当队员面对进一步的挑战时，他们更倾向于接受挑战，而不是找理由拒绝。

7. 生产力增长。通过教练，团队成员的技能提高了，从而其工作能力也得以有效提高，他们能按要求的质量完成工作，结果就是更高的生产力。

日本松下电器总裁松下幸之助以骂人出名，也以最会培养人才而出名。

有一次，松下幸之助对一位部门经理说：“我每天要作很多决定，并要批准他人的很多决定。实际上只有40%的决策是我真正认同的，余下的60%是我有所保留的，或者是我觉得过得去的。”

经理觉得很惊讶，松下先生不同意的事，大可一口否决呀。

“你不可以对任何事都说不。对于那些你认为算是过得去的计划，你大可在实行过程中指导他们，使他们重新回到你所预期的轨迹。我想一个领导人有时应该接受他不喜欢的事，因为任何人都不喜欢被否定。”

思考：松下幸之助的管理艺术符合教练技术的本质吗？

二、如何运用教练技术

既然将教练技术运用于团队中能为个人和团队带来巨大的收益，不仅能提高团队的绩效，而且还能为队员提供成长的平台，那么应如何将教练技术应用到自己的团队中呢？主要应遵循如下四个步骤：

第一步，厘清目标。

有句名言：“做正确的事远比正确地做事重要。”“正确地做事”强调的是效率，其结果是让我们更快地朝目标迈进；“做正确的事”强调的则是效能，其结果是确保我们的工作是在坚实地朝着自己的目标迈进。先搞清楚你做事的真正目的，确保你或你的团队是在做正确的事，否则你的行为将不会是最有效的，甚至有可能与“正确的事”南辕北辙。

那么对于管理者来说，如何正确地找到工作重点？答案是：要事第一。一是你的工作重点要与你的上司的工作重点保持一致；二是为了激发自己专心做好最紧要的事情，管理者可以罗列一个“不需做的事情”的列表；三是工作重点应该体现在时间的分配上。

福特公司依靠发明新的生产流程提升了效率并降低了成本，使T型车成为最具有统治地位的车型。公司创始人福特非常重视企业的效率，痛恨与效率相左的行为。随着人们收入的提高，消费者需要更豪华的车型。福特没有及时调整方向，而通用公司则抓住了这个机会，迎合了市场需求，成为新的汽车业盟主。福特从领导者的位置滑落，是因为他们没有及时跟进变化，作出新的调整策略。

做正确的事就像是船上的帆，正确地做事则相当于船上的桨。船帆可以左右船儿前进的方向；而最终达到预定的目标，则离不开提供动力的船桨。

思考：为什么福特公司后来会被通用公司超越？

第二步，反映真相。

反映真相就是让你知道你目前的状态和位置，包括你的信念、行为、情绪等，从中洞悉现状与目标的偏差和距离，区分事实与真相。比如，有时我们会说一大堆不做某件事的理由，真相却是害怕失败。而教练的镜子作用就是不仅仅让你看到真相，而且让你勇于面对真相。镜子是不会教你怎样穿衣打扮的，但它会让你看到你现在打扮成什么样，是不是你想要的样子。俗话说：“知己知彼，百战不殆”，“人贵有自知之明”。厘清问题真相的发问经常是“你想要的是这个吗?”“这是你想要的结果吗?”“让我们来探讨一下，问题的关键是什么?”“你的焦点在哪里?”等等。

案例：

有一个营销主管说他很想离开他已经干了好几年的工厂，想自己出去做，但是又很犹豫，下不了决心。

教练：如果你离开的话好处是什么？坏处是什么？

营销主管：好处是可以脱离现在的工厂混乱的局面，重新开始；坏处是自己要冒风险。

教练：那么你留下来的好处是什么？坏处是什么？

营销主管：留下来就比较稳定，不用冒风险，但要处理很多麻烦事。

教练：你是因为什么原因在厂里干了这么长时间?

营销主管：因为老板对我很好，把我当兄弟一样。

教练：那么老板现在对你不好了吗?

营销主管：没有。

教练：那你想离开的原因是什么?

营销主管：厂里有些事很麻烦。

教练：好像你留下的原因和离开的原因不一致哦?

营销主管：现在我觉得离开的原因比留下的原因更重要。

教练：你出去自己做的话，是不是就没有那些麻烦呢?

营销主管：也会有。

教练：那你能解决吗?

营销主管：不能。

教练：所以你会怎么选择？

最后这位营销主管决定留下来。

第三步，调整心态。

态度决定行为，行为决定成果。调整心态就是选择更有利于目标的心态，并贯彻到行为上，保持行为与目标一致。调整心态也包含拓展信念的成分，很多时候我们看不到新的可能，往往因为我们有一些固有观念。比如，对一件事情，下属常常根据上级的指示采取被动的反应，好像这就是唯一的、最好的选择。做事情时，脑袋就自动关机了，不去思考是否有更好的方式。而当我们愿意放下固有的信念时，很多的可能就出现了，每个人的潜能也就被挖掘出来了。

案例：

有一位公司经理生意上遇到了困难，为了摆脱困境，他想找另一位老板合作。不过，以前他和那位老板打交道时，人家好像对他的生意不怎么感兴趣，也没怎么把他放在眼里。“找他？不找他？被他打发走怎么办？”这个“生存还是毁灭”的问题让这个经理茶不思、饭不想。

教练听完这位经理的叙述后对他说：“对方还根本不知道你想和他合作呢，你就已经替他决定好了，那还谈什么后面的事？”

经理：“可是以前我找过他，他似乎对我的生意不太感兴趣。”

教练：“我理解你的担心。你要的是‘尽管担心但是得到成果’，还是‘没有任何担心但是得不到成果’呢？”

经理：“当然是得到成果。”

教练：“既然如此，担心有助于你达成你要的成果吗？”

经理：“没有。”

教练：“你去找他，你认为最大可能谈成生意的几率有多大呢？”

经理：“我想只占大约30%吧。”

教练：“你去，仍有30%的希望谈成，但如果不去找他谈，那还会有希望吗？你在多大程度上想挽救你自己的公司于困境呢？”

在教练的鼓励下，这位经理终于去找老板谈了，结果竟谈得很好。

思考：你从这个案例中得到哪些启发？

第四步，计划行动。

当你在镜子中看到自己的打扮和想象的不同时，你自然会作出相应的调整。教练也会要求你订出切实可行的计划，并跟进和监视你的成果。没有计划和行动，目标永远不会变成成果。同时，教练也会像催化剂一样促使你提高行动力，让你看到自己的潜能以及行动中新的可能性，支持你在实践中不断自我学习，令你真正做到并不断挑战和超越自己。

从企业教练技术的这四个步骤我们发现，其实这四个步骤是一套互相推动的循环流程，每一个步骤都是下一个步骤实现的基础。如果一个组织想实施企业教练技术，就必须从这四个最基本的步骤做起，层层落实。

为了更好地说明上述四个步骤是如何实施并产生效果的，在实施企业教练技术的同时，还可以运用如下四个技巧：

1. 聆听。聆听被教练者所说话语背后的本心、事实与真相、感受、情绪。聆听的态度应是忘我的，抛开自己的判断和看法。

技能点拨：

一般而言，教练在帮助他人的过程中，需要注意聆听如下六个方面的问题：

★对方的话语：

他讲话的内容够清晰吗？明确还是含糊？是什么样的语气，坚定、肯定还是软弱？

★身体语言：

他讲话时是什么表情？是什么姿势？他的身心是一致的吗？此刻的他是放松的吗？他讲话之前的行为是什么？讲话后行为有改变吗？

★对方的信念：

他话语后面的正面信念是什么？信念后面还有什么信念？这份信念有多强烈（伴随的是什么情绪）？他的信念有助于实现他的目标吗？

★价值观：

他话语后面的正面动机是什么？这件事的背面他追求的价值是什么？那份价值后面还为了什么？最高价值是什么？他的价值观有助于实现他的目标吗？

★情绪和感觉：

那份情绪是什么？他的情绪是不稳定的吗？他的情绪和感觉给他的信号对他意味着什么？他已认识到这份情绪吗？他有学习到这份情绪的意义吗？他的这份情绪和感觉有助于他的目标吗？

★他的焦点所在：

他的焦点在目标结果上呢，还是在问题上？他的焦点在过去呢，还是在现在或未来？他的焦点在外，还是在内？他的焦点在别人身上，还是在自己身上？

2. 发问。通过发问发掘被教练者的心态，并搜集资料，让对方自己找出解决问题的方法。发问的态度应是中立的、有方向和建设性的。通过问一些简单但又意义深刻问题，帮助被教练者厘清目标，并结合自身的特点自己去找出解决问题的方法。

技能点拨：

好的发问本身就是洞察力的一部分。

★选择性问题：

答案是回答“是”或“否”的问句；

提供两个或两个以上供选择之答案的问句；

难道式问句——没有选择的选择性问句；

★开放性问题，即5W1H的问句：

what（which）：你想要的是什么？

Who：做得到，还是做不到，决定的人是谁呢？

When：什么时候可以做到？

where：哪里可以更好？

Why：为什么你想要这个结果？

How：你怎么样才能做到这件事？

★每种问题的作用：

● 选择性问题的作用在于引导性，引导性问题往往又叫限制性，它引导你去发现你想要的那个答案，所以给你的选择本身只是一种引导。

● 开放性的问题在于其开放性，开放性问题和限制性问题相反，它不在乎你是选择什么做答案，而需要你开阔自己的思想，不拘泥于现有看得到的答案，要看到隐藏在问题后面的更多可能性。

3. 区分。厘清事实与演绎，避免含混，通过前面的发问让被教练者厘清目标、事实，并了解自己的心态、固有信念和处事模式。

技能点拨：

区分的几种情况如下：

★区分事实和假设：

所谓的假设，就是我们的信念和价值观，即我们心中所预先假设会发生的事实，它来自我们过去经验的折射。

如当你看见一个人拿着杯子，你知道他想去哪里吗？

很多时候，还没有等别人回答你就知道结果了。因为经验会告诉你，他拿着玻璃杯可能是去接水、去刷牙、去浇花等。然而，真正的答案是什么呢？有可能他拿了杯子什么也没有干。

★区分事实和真相：

所谓事实不等于真相，是因为我们知道所有的事实常常是透过我们的主观经验而形成的，所以世界上并没有绝对的真实。很多我们认为一些是事实的东西，其实不过是我们自己的信念。

★区分概念中的认识误区。

4. 回应。回应是一种强有力的工具，能让被教练者清楚自己的实力和弱点。回应的方向是直接的、明确的、负责任的和及时的。这四种能力看上去简单，做起来不仅难于掌握而且难以用言语表达。以聆听为例，人们都习惯于聆听对方的语言，而实际上，研究表明，人的内心活动80%以上是通过情绪和身体动作等非语言形式表达的。这就要求教练要有见微知著的洞察力。

技能点拨：

★回应的形式：

回应可以是一份情绪和感觉；可以是一个行为；可以是一种状态；可以是语言，也可以是沉默；可以是看起来不是回应的回应。

★回应的关键：

有助于被教练者本人的目标，是当下最好的回应；每一份回应都是你学习的信号。

★注意事项：

回应时应该：真诚；明确；焦点在被教练者的心态和目标；区分；中立；不一定要给对方建议；是一份送给被教练者的礼物。

综上所述，教练技术是让被教练者去“赢”，就像运动员去拿奖牌而非教练去拿一样，教练不是将自己的价值观强加给你，他只是帮助你调整心态，最后作决策的还是你，但通过教练过程会让你的决策作得更清晰、更准确。教练技术的魅力就在于它能使被教练者的人力资本得到增值，使团队所有人员一起进步，使企业和员工共同成长，达到共赢，使得员工的工作效率和团队协作水平都得到提高，让整个团队都充满朝气、活力！因此，在企业实施教练技术时一定要正确定位好自身的角色，把握好企业教练技术的步骤和技巧，真正发挥教练技术带给组织和员工的互动成长。

练一练

一、案例题

1. 拿破仑一次打猎的时候，看到一个落水男孩，一边拼命挣扎，一边高呼救命。这河面并不宽，拿破仑不但没有跳水救人，反而端起猎枪，对准落水者，大声喊道：你若不自己爬上来，我就把你打死在水中。那男孩见求救无用，反而增添了一层危险，便更加拼命地奋力自救，终于游上岸。

问题：联系本节内容，谈谈本例对你有何启发？

2. 一支篮球队在第三节结束时落后30分，队员们个个垂头丧气。教练走过来对队员们说："还有一节的时间，大家有没有信心追上去打赢比赛？"队员们摇着头，低声地说："有……"

教练看到这种情况后又问："如果乔丹在我们队，他在这种情况下会不会放弃？"队员们齐说："肯定不会了！"

教练接着问："如果马拉多纳在落后1个球的情况下，还剩1分钟，他会不会放弃进攻？"队员们说："当然不会了！"

教练追问道："史密斯·米勒在落后1分的情况下会不会放弃？"队员们全都犯迷糊了：史密斯·米勒是哪个家伙呀？怎么没听说过呀？

一个队员马上就问："教练，史密斯·米勒是谁呀？我们怎么没听说过？"教练点点头，大声说："对了，那个叫史密斯·米勒的就是在落后的情况下放弃了，因而成了一个失败者，所以没人认识他！那你们还放不放弃呢？"队员们站起来，齐声说："我们要成功，决不放弃！"

问题：联系本节内容，谈谈教练运用了什么方法和技巧？

3. 有个老人在河边钓鱼，一个小孩走过去看他钓鱼。老人技巧熟练，所以没多久就钓上了满篓的鱼。老人见小孩很可爱，要把整篓的鱼送给他。小孩摇摇头，老人感到有些奇怪："你为什么不要？"小孩回答："我想要你手中的钓竿。"老人问："你要钓竿做什么？"小孩说："这篓鱼没多久就吃完了，要是我有钓竿，我就可以自己钓，一辈子也吃不完。"

问题：你认为这小孩聪明吗？如果你是真心喜欢那个小孩的老人，你会如何做？

4. 一位游人旅行到乡间，看到一位老农把喂牛的草料铲到一间小茅屋的屋檐上，不免感到奇怪，于是就问道："老公公，你为什么不把喂牛的草放在地上，方便它直接吃呢？"

老农说："这种草草质不好，我要是放在地上它就不屑一顾；但是我放到让它勉强可以够得着的屋檐上，它会努力去吃，直到把全部草料吃个精光。"

问题：联系本节内容，谈谈你有何启发？

5. 有两位部门经理，其中一位 A 工作能力很强，部下都很服气，每当接到项目，A 为了不出差错，都要事无巨细亲自出马，因而每个项目都完成得较好，但由于工作繁重，自己每天都要加班加点。另一位经理 B 能力也很强，但平时喜欢“君子动口不动手”，员工大都受过他的指导，因而被部门员工昵称为“师爷”，无论忙与闲，他都只正常上班，一年到头难得有几次加班，用其他部门经理的话来说，就是 B 的各项工作均有一帮人帮他顶着。B 很喜欢钓鱼，也有很多闲暇时间去钓鱼。

问题：如果你是公司老总，你会欣赏哪位经理，为什么？

6. 小王学历不高，但凭着自己的努力，在一家贸易公司里从业务员做到了副总。他的能力和为人处事得到了客户、同事和董事会的一致认可。

新年里，总经理准备离开公司，董事会决定由小王接任。小王很高兴，这正是自己奋斗的目标，现在就在眼前了。不过他心里又很担心，因为公司里有很多博士、硕士，其他几个副总也很有能力。如果自己做老总，他们会有什么想法呢？会服自己管吗？

小王于是找到几个教练。

教练 A：小王，你过去有没有很高的文凭？

小王：没有。

教练 A：那你也一样从业务员到副总啊，文凭与升级有必然的联系吗？

（引证过去的事实来区分文凭与升级的关系。）

教练 B：你当老总是谁决定的？

小王：董事会。

教练 B：他们为什么让你当老总？

小王：他们相信我。

教练 B：他们都相信你，你为什么不相信自己呢？他们会找一个没有能力的人来负责他的利益吗？

（引证别人的信任来激励小王）

教练 C：做到老总对你有什么价值？

小王：这是我一直以来的奋斗目标，是我的梦想。

教练 C：是你的目标重要，还是别人的态度重要。

小王：目标重要。

教练 C：所以你会怎么选择？

小王：去实现我的目标。不过……我仍然很担心。

教练 C：那有什么问题呢？你可以一边担心一边实现你的目标啊！

小王：对。

（清晰目标与干扰）

教练 D：你的担心是什么？

小王：学历不高，怕别人有看法。

教练 D：你是担心学历呢还是担心不能胜任？

小王：担心不能胜任。

教练 D：你的担心能提高你的学历吗？能取消别人看法吗？能让你胜任工作吗？

小王：不能。

教练D：你的目标是什么？

小王：做总经理。

教练D：要达到这个目标，除了担心你还可以做一些什么？

小王：去考文凭，还有与同事沟通。

（担心于事无补，不如转变心态，做一些对实现目标有价值的事。）

教练E：是你认为他们对你有看法，还是他们告诉你他们这样看你？

小王：我认为的。不过他们有可能会这样看。

教练E：有可能这样看，也有可能不这样看，对不对？

小王：对。

教练E：所以你可以怎么做？

小王：先去了解他们真实的想法。

（区分假设与真相。）

问题：几位教练各运用了什么方法和技巧？

二、实践题

假设你是一个新生班的班主任，在头几周出现以下情况：

A. 一个同学找到你，说在班里面发教材时自己少了一本，经查原因应该是学校当时的发放总数少了一本，现在找你解决。

B. 另一位同学找到你说自己的饭卡丢了，想补办一张。

C. 第三位同学说自己宿舍的电灯坏了，急需解决这个问题。

做班主任可以做得像个“保姆”，也可以做得像案例5中的B经理，关键是要做好教练角色，那就请你用教练技术对以上问题进行处理吧。

悟一悟

学习心得：______________________________

____

课题四　团队冲突

做一做

【游戏名称】乱中取胜。

【场地设施】多功能课室/礼堂/操场。

【所需时间】35 ~ 40 分钟。

【游戏步骤】

1. 在以前分成的两队的基础上，将每队再分成若干组，每组 5 ~ 6 个人。

2. 每组同时进行词语接龙比赛，如第一个开头的同学说“词语的语”，第二个同学接“词语的语，语文的文”，第三个同学接“词语的语，语文的文，文化的化”等等。直到决出小组一至六名，词语接龙的具体规则由各组集体商定。不能顺利完成比赛任务的小组将集体表演节目，并要集体学狗熊趴着走路。

3. 将每个队各个小组的第一至第六名重新分成第一至第六组（第一名的为第一组，第二名的为第二组，依此类推），每个小组再重新进行词语接龙比赛决出每位同学的名次。

4. 将两队各个小组的第一名集中起来进行抽签，先分成两组进行半决赛；最后每个小组的前三名再集合成一个小组进行总决赛，决出全班前六名。

【注意事项】

- 老师只进行组织和监督，不制订游戏规则；不担当任何小组的争端裁决工作。
- 各小组自行解决游戏中所遇到的问题，每一轮各小组必须产生出每个人的具体名次。

议一议

游戏结束后，教师担任主持人，请总决赛前六名简单谈一下对比赛的看法和意见，然后请两队集体围成圆圈总结讨论一下在游戏中是如何化解争议的，并各派 1 ~ 2 名代表向全班汇报总结情况。

评一评

各组汇报完毕后，教师对刚才的游戏表现作评点。

教师评述要点

- 争议争议，有争就要有议；沟通沟通，哪里有壕沟哪里就需要去贯通。
- 规则混乱，本位主义，是造成冲突的主要因素。
- 记住该记住的，忘记该忘记的。改变能改变的，接受不能接受的。
- 善胜者不争，善阵者不战。
- 心中装满着自己的看法与想法的人，永远听不见别人的心声。

想一想

完成评点后，教师进一步提出问题，请同学们思考发言：

- 如何理解“如果敌人让你生气，那说明你还没有胜他的把握”这句话？
- 你能尊敬不喜欢你的人吗？

- 如何理解“消灭了敌人的同时，也就等于消灭了自己”这句话？
- 如何理解“有一种成功叫撤退，有一种失败叫占领”这句话？

“如果两个人的意见永远一致，就表示其中有一个人是不需要的。”可见，在团队中存在冲突是很正常的事。身为团队中的一员，你要做的不是避免冲突，而是有效地管理冲突。

一、正确认识团队冲突

团队成员在交往中产生意见分歧，出现争论、对抗，导致彼此间关系紧张的状态称为“冲突”。

（一）团队必定存在冲突

团队成员必须接受这样一个事实：有两人以上的地方就存在冲突，产生冲突的可能性与人数多少之间是一个正向的倍增关系。

九位同事相约去云南旅游。到了昆明，有人表示要去石林，有人主张去丽江和大理，有人要求去香格里拉，还有人坚持走马观花，把云南的所有景点一网打尽……各方坚持己见，均不肯妥协，结果不欢而散。

在上面这种情况中，大家的意见本来就没有谁对谁错，但如果都坚持各自的观点，这时冲突就不可避免。

（二）冲突的类别

1. 工作上的冲突。这是由于对工作目标、工作分工、工作方法、工作手段、工作绩效评估等方面存在认识上的不同而出现的冲突。

2. 人际关系的冲突。这是由于双方在性格、气质、爱好、待人处世、做事哲学等方面存在差异而导致的冲突。

工作上的冲突是围绕着怎样把工作做好而产生的，若大家都把握“对事不对人”的原则，冲突就不是负面的，是很正常的现象，也是积极有效的；但如果因为工作冲突过于激烈，双方面红耳赤，演变成“对人不对事”，事后又不沟通补救，就会影响到人际关系，这时工作冲突就会变成人际关系的冲突，会给双方以后的合作带来消极的影响。

（三）如何看待冲突

传统的观点认为，冲突破坏了团队的和谐与稳定，造成矛盾和误会，是造成不安、紧张、不和、动荡、混乱乃至分裂瓦解的重要原因。这种观点显然比较片面，它忽略了冲突也有建设性的作用，冲突的好坏取决于冲突是建设性的，还是破坏性的。

1. 冲突的建设性。正如通用汽车的史隆所言：“意见相左甚至冲突是必要的，也是非常受欢迎的事。如果没有意见纷争与冲突，组织就无法相互了解；没有理解，只会作出错误的决定。”因此，冲突其实是一种很有效的沟通方式，可以帮助双方交换想法，增加对要解决问题的全面思考，防止出现单一化思维所导致的错误。可见，冲突有时反而能实现共赢，成为团队高效的润滑剂。

一个团队内部如果冲突太少，则会造成竞争压力过低，从而动力不够，使团队成员之间关系冷漠，缺乏创意，工作效率降低。如果团队有适量的冲突，则会提高团队成员的竞争意识和兴奋度，激发团队成员的工作热情，提高团队的凝聚力和工作效率。

冲突可以发泄长久积压的情绪，有利于成员的身心健康；冲突可以使道理越辩越明，从而增进成员之间的相互理解，“不砥砺无以成知己”，共同经历过风雨后方能建立起真正的友谊；冲突是一项教育性的体验，双方可能对对方的职责和想法有更深入的了解与体认，开启新的且可能是长久性的沟通渠道。

案例：

在日本，有很多渔民每天都出海捕鳗鱼，但是回到岸边的时候，鳗鱼基本都死了，因此，卖不出好价钱。可是，却有一位老渔民每次捕回来的鳗鱼都是活蹦乱跳的，所以他总能卖出好价钱。其他的渔民都很不理解：一样的工具，一样的远近，为什么他的鳗鱼就不会死呢？

若干年后，这个渔民终于把秘密透露出来。原来他在装鳗鱼的船舱里放入一些鲶鱼。鳗鱼和鲶鱼是天敌，鳗鱼为了对抗鲶鱼而不得不拼命反抗，这样，它们的生存本能就被充分地调动起来，因而使身体机能处于积极状态，最终大多都能存活下来。而其他人的鳗鱼呢？由于没有即时的竞争压力，因而便坐以待毙。

课堂讨论：冲突有时也是一种竞争。从本案例中你得到哪些启发？

2. 冲突的有害性。团队中如果冲突过于激烈，会使人力、物力分散，团队凝聚力降低；还会造成人们的心理紧张与相互之间的敌意，相互拆台而降低工作效率；冲突严重时甚至会影响团队的正常运作和寿命。

团队管理者必须依据冲突对团队绩效的影响，来衡量冲突对于团队是积极还是消极影响，善于将有害性冲突转化为建设性冲突。

一对分手的恋人和一对幸福的恋人，哪一对吵架的次数多呢？

按照常理推测，前者应该有更多的争吵。然而，心理学家发现，两者吵架的次数基本相同。不同的是，前者的争吵总是带有对彼此的怨恨，常进行人身攻击，因此是破坏性的；后者吵架大多是对事不对人，因此是建设性的。

团队也是如此。与一团糟的团队相比，优秀团队中不见得冲突更少。但优秀团队中的冲突更多的是良性冲突。所以，迪斯尼前 CEO 迈克尔·艾斯纳提醒我们，“如果没有任何冲突的话，情况一定有什么不对。”

二、团队冲突的处理策略

解决冲突的策略有五种：竞争策略、迁就策略、回避策略、合作策略和妥协策略。这五种策略方式当中，没有哪种方法好或者不好，重要的是在什么样的情况下采取何种解决冲突的策略。

（一）竞争策略

这是一种在双方出现冲突时，一方高度武断且不与对方协商合作，以牺牲对方的利益来换取自己的利益，为了实现自己的主张不惜动用一切权力和手段的策略，又称“强迫式策略”。

1. 竞争策略的特点。为了取胜不惜采用对抗的、武断的甚至是挑衅的行为，希望一切按照自己的意志行事，不采用协商和以理服人的方式，只求暂时解决问题，而未触及到冲突的根本原因，所以往往不能令冲突的对方心服口服。

2. 采用竞争策略的场合。一是紧急情况下的快速决策；二是执行重要的且又不受欢迎的行动计划时；三是经过充分考虑认准了的事情；四是对方软弱可欺。

《三国演义》中赤壁大战前，曹操点兵八十万直逼江东。一看形势不妙，孙权急召文武大臣商量对策。旗下文官众口一辞：曹操势大，不可相争，唯举白旗投降一途！而刘备使者诸葛亮力陈孙刘共同抗曹之必要，双方争论不休相持不下。关键时刻，孙权挥剑砍下书案一角，大喝："再有议和者与此案同！"一剑定乾坤，平息了争议，众臣专心谋划抗曹大计，最终大破曹兵。

（二）迁就策略

这是一种在双方出现冲突时，一方为了抚慰另外一方，愿意作出自我牺牲而迁就别人，把对方的利益放在自己的利益之上，不武断且保持合作的策略。

1. 迁就策略的特点。保留自己的想法，为了合作不惜牺牲个人的利益和目标，宽容别人，迁就他人看法和利益，视团队和谐和人际关系稳定为首要大事。这种策略虽然会受到别人的欢迎，但经常会被视为软弱无主见。

2. 采用迁就策略的场合。一是明知自己错了；二是事情对于别人来说更重要；三是着眼长远，建立信用基础；四是为团队利益顾全大局；五是团队在困难时期，为维持和谐稳定的团队气氛；六是帮助队员发展，为队员提供一个尝试错误的机会，以便吸取教训以后改正。

案例：

几个好朋友经常聚在一起去朋友 A 家看球。每次看完球，他们总会抽掉几盒烟。A 的妻子也一直在旁边陪着大家看球，但她对大家"吞云吐雾"没有表示任何的不满，只是趁人不注意的时候打开窗子，让新鲜的空气进来。

又一次，一位朋友的太太也跟着去看球。看到几位男士抽烟，她觉得很生气，便问女主人："你怎么就不管管他们？"A 妻微微一笑："我也知道抽烟有害身体健康。但是，如果抽烟能让他快乐，我为什么要阻止？我情愿让我的丈夫快乐地活到 60 岁，而不愿意他勉强地活到 80 岁。"

后来，大家看到朋友 A 的时候，他已经戒烟了。问他为什么，他憨笑着说："她能为我的快乐着想，我也不能让自己提前 20 年离开她呀。"

课堂讨论：在关于抽烟这件事情的潜在冲突中，A 妻采用了什么策略？

（三）回避策略

这是一种在双方出现冲突时，一方既不与对方合作，也不据理力争，而采用"三十六计走为上"、一躲了之的逃避策略。

1. 回避策略的特点。对自己、对别人都没有什么要求，不争取自己的利益，也不认同对方的看法和利益，就当什么问题也没发生，不合作也不武断，虽可以维持暂时的平衡，但问题一直存在。

2. 采用回避策略的场合。一是分歧小到可以忽略或大到根本无法解决时；二是解决分歧会导致问题往更严重的方向发展时；三是当自己的利益无法满足时；四是冲突带来的损失大于解决问题所带来的利益时；五是希望别人能冷静下来考虑清楚时；六是需要获取更多的信息时；七是有人能更有效地解决问题时。

（四）合作策略

这是一种在双方出现冲突时，坦率地澄清各自的意图，主动跟对方一起寻求解决问题的办法，争取实现各自最大利益的双赢结局，高度武断且高度合作的策略。

1. 合作策略的特点。相互支持相互尊重，关注双方的需要，充分沟通交流，追求双方利益最大化，愿意合作来解决问题。但谈判和达成协议的时间往往很长。

2. 采用合作策略的场合。一是双方能公开坦诚地讨论问题，并能找到互惠的解决方案时；二是双方的利益都很重要，而且不能够折衷时；三是需要融合不同观点时；四是解决问题的时间比较充实时。

（五）妥协（或折衷）策略

这是一种在出现冲突时，双方讨价还价各退一步，都愿意放弃一些东西，并共同分享利益，最终达成一个双方都可以接受的方案，这是一种中等程度的合作加中等程度的武断的策略。

1. 妥协策略的特点。解决问题较快速，没有明显的输家和赢家，双方都达到自己最基本的目标。

2. 妥协策略应用的场合。一是目标的重要性一般时；二是双方势均力敌时；三是要寻找一个复杂问题的暂时性解决方法时；四是面临时间压力时；五是实施合作与竞争策略失败时。

三、有效管理团队冲突

有研究表明，绩效产生问题的原因65%都是由员工冲突造成的，员工42%的时间都花在解决冲突上，很多经理大约1/3的时间也花在解决员工的冲突上。那么，如何有效管理好团队冲突呢?

（一）个人素质方面

1. 熟知团队成员的BVR，学会接纳包容别人。B是信念；V是价值观；R是行为准则。每个人的遗传基因、教育背景、家庭环境、成长经历不同，BVR自然也不相同，你认为这是对的，而别人可能并不这样认为。如果你不能接纳别人的观点，就会产生冲突。

2. 正确地理解情绪和处理情绪。团队成员要做情绪的主人：了解自己的情绪，接受自己的情绪，控制自己的极端情绪；理解他人的情绪，接受并且影响他人的情绪。

3. 掌握良好的沟通技巧。沟通不当的常见情况：表达不清、表达方式不妥、理解障碍、反馈失当，沟通不当极容易引起冲突，因此要多练习掌握沟通技巧。

> 网络上流传一篇短文，标题是“说话的温度”，内容如下：
>
> 急事，慢慢地说；大事，清楚地说；小事，幽默地说；没把握的事，谨慎地说；没发生的事，不要胡说；做不到的事，别乱说；伤害人的事，不能说；讨厌的事，对事不对人地说；开心的事，看场合说；伤心的事，不要见人就说；别人的事，小心地说；自己的事，听听自己的心怎么说；现在的事，做了再说；未来的事，未来再说；如果对我有不满意的地方，请一定要对我说！

（二）解决团队冲突的技巧

1. 及时沟通。团队内必须做到及时沟通，积极引导，求同存异，把握时机，适时协调。唯有做到及时，才能最快求得共识，保持信息的畅通，而不至于导致信息不畅、矛盾积累。

2. 与上级沟通要用“脑”。认真倾听上级的指挥和策略，并作出适当的反馈，以测试自己是否已较好地理解了上级的语言和意图；当出现偏差或者有自己的想法时，应主动大胆地和上级进行沟通，并尽量做到有理、有据、有节制。

3. 与平级沟通要用“心”。平级之间加强交流沟通，避免引起猜疑。而现实生活中，平级之间以邻为壑，缺少敞开心扉的沟通交流，因而容易相互猜疑或者互挖墙脚。要改变这种状况，就要尊重别人的价值，不随便推卸责任，主动沟通，用心交流。

4. 养成信息回馈习惯。所有的协调沟通方式必须有回馈机制，保证接收者接收到信息。回馈的方式可以是口头、电话、短信、便条、电子邮件等。

5. 不在不良情绪下作沟通协调和决定。负面情绪中的协调沟通常常口不择言，不但于事无补，还很容易使人冲动而失去理性，酿成更大的冲突，此时尤其不能够作出冲动性的“决定”，这很容易使事情变得不可挽回。

6. 控制非正式沟通。对于非正式沟通，要实施有效的控制。因为虽然在有些情况下，非正式沟通往往能实现正式沟通难以达到的效果，但是，它也可能成为散布小道消息和谣言的渠道，产生不好的作用，所以，为使团队高效，要控制非正式沟通。

7. 引进第三方顾问。当双方冲突激烈而且持续时间较长时，这时可从外部引进第三方顾问（也叫做第三方调停人）来与双方代表会面，充当解释的角色，在冲突双方之间重新建立已经断裂的沟通线路。这些顾问应该是组织行为方面的专家，可以很大程度地促进冲突双方建立合作的态度，减少冲突。

8. 成员轮换。在团队内部，进行常年有计划的人员流动，可使团队成员对相互之间的工作有更多的了解，队员之间有更多的私人接触，价值观、态度、目标可以更好地相互渗透，久而久之，对转变导致冲突的根本态度和感知是非常有效的。

9. 共同的使命和超级的目标。减少冲突的一个较简单的方法就是寻求一个双方都能接受且必须共同面对的目标，即所谓的超级目标。例如，让冲突对象有一个明确的、共同的“敌人”，使他们发挥“战时精神”来联合对抗它等。

电视剧《中国兄弟连》讲述了这样一个故事：1931 年，日本发动了对中国的全面战争。一支谍报队陷入日军所控区域，其中一位密码员掌握着国军最高级的密码，如落入日军手中，后果不堪设想。国军战区最高指挥官命令处于谍报队最近位置上的国军所属 C 连和新四军所属 D 连火速前去接应谍报队。

从此，这两支分属国共曾为宿敌的连队在敌后开始了艰苦卓绝的战斗。在与日本军队共同作战中，两位连长从仇人变成兄弟，C 连和 D 连也成为了中国兄弟连。

完成保护密码员的重任后，中国兄弟连成为了敌后的一支劲旅。他们一身虎胆，并肩与日寇浴血奋战，渐渐成为中国军队不屈意志的象征，在战区军民中赢得了极大的声誉。

练一练

一、案例题

1. 甲：新搬来的邻居好可恶，昨天夜深人静之时突然跑来猛按我家的门铃。

乙：的确可恶！你有没有马上报警？

甲：没有。我当他们是疯子，继续吹我的小喇叭。

问题：俗话说："没有无缘无故的恨"。联系本节内容，谈谈你有何启发？

2. 有一个妇人，特别喜欢为一些琐碎的小事生气。她也知道自己这样不好，便去求一位高僧为自己谈禅说道，开阔心胸。

高僧听了她的讲述，一言不发地把她领到一间禅房中，落锁而去。

妇人气得跳脚大骂。骂了许久，高僧也不理会。妇人又开始哀求，高僧仍置若罔闻。妇人终于沉默了。高僧来到门外，问她："你还生气吗？"

妇人说："我只为我自己生气，我怎么会到这地方来受这份罪！"

"连自己都不原谅的人怎么能心如止水？"高僧拂袖而去。

过了一会儿，高僧又问她："还生气吗？"

"不生气了。"妇人说。

"为什么？"

"气也没有办法呀。"

"你的气并未消逝，还压在心里，爆发后将会更加剧烈。"高僧又离开了。

高僧第三次来到门前，妇人告诉他："我不生气了，因为不值得气。"

"还知道值不值得，可见心中还有衡量，还是有气根。"高僧笑道。

当高僧的身影迎着夕阳立在门外时，妇人问高僧："大师，什么是气？"

高僧将手中的茶水倾洒于地。妇人视之良久，顿悟。叩谢而去。

问题：大多数冲突皆因有"气"引起，读完故事，谈谈你有何启发？

3. 聪明的一休和尚，看到两位妇女互相争执不下，她们都说旁边的孩子是自己的，其中有一个是孩子的真正母亲。她们请一休鉴定真伪。一休说："好，既然你们都说孩子是自己的，你们就一人拉一只胳膊，谁把孩子拉到你自己的怀里，孩子就属于谁。"于是两人开始拉孩子，孩子在中间非常痛苦！其中一位妇女突然松开手说："不要这样，我宁愿放弃。"一休由此断定放弃的这位妇女是孩子的真正母亲。

问题：在处理这起冲突中，一休用了什么策略？为什么要用这种策略？

4. 春秋战国时期，韩、赵两国发生战争，双方都派使者到魏国借兵，但魏文侯一口拒绝了。

两国使者没有完成任务，怏怏而归。当他们回国后，才知道魏文侯已分别派使者前来调停，劝告双方平息战火。韩、赵两国国君感激魏文侯化干戈为玉帛的情谊，都来向魏文侯致谢。韩、赵两国力量相仿，都不可能单独打败对方，因此都想借助强国魏国的力量。在这种情形下，魏国的行动直接关系到韩赵之战的胜负。魏文侯没有去介入两国之争，以第三者公平的立场加以调停，战争变成了和平，从而使魏国取得了三国关系中的主导地位。

问题：在处理这起冲突中，魏文侯用了什么技巧？这样做有何好处？

5. 一位年轻的和尚路上遇到一个席地而坐的高僧，年轻和尚停下来，扫了这位高僧一眼，扑哧一声笑了，说道："我看你像一坨屎。"高僧抬起眼皮，瞧了一眼年轻和尚，也扑哧一声笑了，回道："我看你不一样，我看你像尊佛。"这位年轻和尚非常诧异，百思不得其解：我说他像坨屎，他却说我像尊佛。后来，年轻和尚得一高人指点，才恍然大悟：你看他像坨屎，是因为你心中有不洁之物；高僧看你像佛，是因为他已修成正果，心中有佛。

问题：在年轻和尚的挑衅下，为什么没有发生冲突？你有何启发？

6. 一只猪、一只绵羊和一头乳牛，被关在同一个畜栏里。

有一次，主人捉住猪，猪大声嚎叫，并猛烈地抗拒。

绵羊和乳牛听到嚎叫声，觉得非常讨厌，便大声对猪说："有必要叫这么惨吗？主人也常常捉我们，我们可没有大呼小叫。"

猪听了绵羊和乳牛的指责后，气喘吁吁地回答道："捉你们和捉我完全是两回事，他捉你们，只是要你们的毛和乳汁，捉住我，却是要我的命呢！"

问题：绵羊、乳牛和猪之间为什么会发生冲突？你有何启发？

7. 团队成员之间的互相看不起乃至相互不服气，是团队冲突的根源之一，作为团队队员，要清楚这是一个常态，因为大家都是"同类"。要消除这种冲突的根源，就要成长为团队的领袖或让别人高看你一眼，甚至对你钦佩有加，办法只有一种：就是成长为"异类"。当联想的创始人柳传志在栽培自己的接班人杨元庆的时候，就在一封信中提出了"火鸡与鸵鸟"的理论："你真的只有把自己锻炼成火鸡那么大，小鸡才肯承认你比他大。当你真像鸵鸟那么大时，小鸡才会心服。只有赢得这种'心服'，才具备了在同代人中作核心的条件。"如果要让其他的团队成员对你心服口服，消除冲突存在的根源，不是说自己是火鸡和鸵鸟就行，而是要真正成长为火鸡和鸵鸟。

问题：这个案例提供了怎样的化解冲突的办法？给你哪些启发？

8. 有两个猎人兄弟，他们的箭法都是百步穿杨。一天他们发现天空飞来了一只肥肥的大雁。老大提弓准备射杀大雁，嘴中念念有词，射下来，咱们煮了吃。老二听到了，一按老大，说："不行，煮了不如蒸着吃。"于是也提起弓要射，老大一听，放下弓，说："蒸着有什么好吃的，还是煮着吃。"老二也放下弓，说一定要蒸。于是哥俩就开始为到底是蒸着吃还是煮着吃吵了起来。看到事态这样发展下去不是个办法，最后哥俩商定还是煎了吃。在达成一致的情况下，哥俩准备抬弓射大雁，却发现大雁不知飞向了何处。

问题：这个案例中兄弟俩的冲突是建设性的吗？为什么？

二、实践题

如果你是下列情况中的主角，你会分别采取哪种策略和方法来处理冲突？为什么？

1. 员工小王提出每月要增加薪水1000元的要求。假如你是经理，该如何处理？

2. 在部门会议上，两个小组为奖金分配方案争论得非常厉害，假如你是部门经理如何得出最后结论？

3. 小张和小李对一个历史人物的评价产生异议，小张对这个问题非常敏感也非常执着，而小李对结果并不是非常在意，只不过不认同小李的看法。假如你是小李，该如何办？

4. 部门经理在部门会议上正式宣布一项关于人员工作调整的决策，小王对自己的工作安排不太满意。假如你是小王，该如何办？

5. 为了解决一个问题，小周和小赵各执己见，谁也说不服谁，谁都不肯让步，但大家心里明白，两人不能散伙，因为谁也离不开谁。假如你是小周，该如何办？

悟一悟

学习心得：________________

____

课题五 团 队 激 励

做一做

【游戏名称】金鸡独立。

【场地设施】礼堂/操场，大红和大黄纸各两张，两支大头笔，两个秒表，自备眼罩。

【所需时间】10～15 分钟。

【游戏步骤】

1. 在以前成立的两个团队的基础上，由两位队长分别在操场上集合好自己的团队。
2. 让队员手拉手散开，每个团队组成一个正方形。
3. 队长站在正方形中间负责组织本队游戏比赛并充当计时裁判。
4. 比赛内容为“金鸡独立”，即在蒙眼状态下看谁单脚站立时间最长。
5. 所有队员戴上眼罩（可自制，保证能遮住眼睛即可）。
6. 宣布游戏规则：本次游戏每个团队决出前三名和后三名；前三名将分别获得“武林盟主”“武林掌门”和“大侠”的称号，用红纸写好称号证书并贴在获得者胸前；后三名分别得到“千年乌龟”“老乌龟”和“小乌龟”的称号，用黄纸画好乌龟图案证书并贴在获得者胸前。队长用秒表记录好前后几名同学单脚站立的时间。
7. 重复做第二轮，宣布对前/后三名的奖励制度（每轮的奖励内容要不一样，第二轮的奖罚应加大，具体奖励措施可由老师自己设定），打破上次游戏前/后成绩记录者分别有重奖和重罚（奖励内容先保密，事后由老师设置，目的在于引发高期望值，而实际值可设置得较低）。
8. 重复做第三轮，宣布对前/后三名的奖励制度（每轮的奖励内容要不一样，第三轮的奖罚应显著比前二轮减轻，具体奖励措施可由老师自己设定），打破前两次游戏前/后成绩记录者分别有重奖和重罚（奖励内容先保密，事后由老师设置，目的在于和第二轮作对比，因为此时期望值可能较低，实际值可以较重）。

【注意事项】

- 第一轮游戏前的奖励和惩罚措施先要征得同学们的集体认可。
- 要保证全体参赛者戴上眼罩后再开始比赛。
- 第二次的奖惩内容可由老师见机行事。
- 比赛开始后除一只脚可与地面接触外，身体其他部位若有接触即为违规，退出比赛。

议一议

游戏结束后，教师担任主持人，在每队随机抽3名同学访问，请他们简单谈一下自己的感受，然后请比赛前三名和后三名同学谈谈自己的体会。

评一评

汇报完毕后，教师对刚才的游戏表现作评点。

教师评述要点

- 没有人爬山只为爬到山腰，没有人生下来就甘于平庸。
- 人是喜欢比较的动物，不公平感会降低自己的工作热情。
- 物质和精神鼓励都能起到好的激励效果。
- 对待挫折的态度会引起不同的行为，并结成不同的果实。
- 美好的期望会引发激情，可实现的美好期望会引发激情和行动。

想一想

完成评点后，教师进一步提出问题，请同学们思考发言：

- 为什么有的人会“不用扬鞭自奋蹄”？
- 马戏团的动物为什么会乐于表演各种很累的高难动作？
- 为什么有时给全体员工增加工资反而会导致一些成员的不满？

小资料： 哈佛教授研究发现：在缺乏激励的环境中，人的潜力只能发挥出20%～30%，而如果受到充分的激励，他们的能力可发挥80%～90%。

所谓团队激励，就是团队通过设计适当的外部奖酬形式和工作环境，以一定的行为规范和惩罚性措施，借助信息沟通，来激发、引导、保持和归化组织成员的行为，以有效地实现组织及其成员个人目标的系统活动。管理研究发现，团队的绩效与激励水平有很大的关系，激励水平是工作行为表现的决定性因素。队员能力再高，如果没有工作积极性，也是不可能有良好的行为表现的；激励还是挖掘团队成员潜力的重要途径。

激励理论发展至今，可以归纳为以下四类：（1）内容型激励理论，侧重研究用什么样的因素激励人、调动人的积极性；（2）过程性激励理论，着重探讨人们接受了激励信息以后到行为产生的过程；（3）强化型激励理论，强调行为结果对行为本身的作用；（4）综合型激励理论，是对已有的激励理论进行概括与综合。

一、内容型激励理论

主要包括马斯洛的需求层次理论、赫茨伯格的双因素理论、麦克利兰的成就需要理论和奥德弗的 ERG 理论等。在此我们仅介绍较有代表性的需求层次、双因素、ERG 三种理论。

（一）需求层次理论要点

人主要是受满足某种需要的欲望所驱使的需求动物；人类的需要是有层次的，按其重要性依次排列为：生理需要、安全需要、社交需要、尊重需要和自我实现需要。人的需要从低向高逐级发展，当某一级的需要获得满足以后，这种需要便中止了它的激励作用。

案例：

王强大学刚毕业，就在一家公司谋到经理助理一职，专业对口且收入也不低，按说他应当满意了。但是，在第一次同学聚会上，他就告诉大家他不会在这家公司呆多久，当时大家都以为他是信口开河。

没想到半年过后，王强真的跳槽走人了，新公司的福利待遇还比不上原公司，大家都不理解。王强一点也不后悔，他的理由是：在原单位很怕见到老板，不敢与同事交流。老板总是以救世主的口吻，见到人不是问："怎么，又没事做了"、就是问："最近没出什么差错吧？"对你时时表现出一种赤裸裸的不信任感。同事们个个沉默寡言，互不交流，工作环境令人窒息。

课堂讨论：用需求层次论分析王强为什么会跳槽？

（二）双因素理论要点

影响队员工作积极性的因素可分为两类：保健因素和激励因素。保健因素包括公司政策、管理措施、监督、人际关系、物质工作条件、工资、福利等；激励因素主要包括工作表现机会、受到赏识、挑战性的工作、工作本身的乐趣、工作上的成就感、职务上的责任感、成长和发展的机会等。在保健因素上做得好只能消除队员的不满情绪，真正起激励作用的是激励因素，要想激励队员，必须在激励因素上下功夫。

案例：

小玉被一家公司聘为文秘人员。上岗之初，她感觉良好，认为自己找到了理想的单位。没想到，三个月后，她便炒了老板。询问原因，她说虽然公司环境很好，工资待遇也较高，同事对自己也很客气，但自己整天没什么事干，非常清闲，自己总觉得像个局外人和多余的人。只要走进办公室，就有一种莫名其妙的精神空虚感。她说，这种状况，给我再高的收入也不能再呆下去了。

课堂讨论：用双因素理论分析小玉为什么要炒老板的鱿鱼？

（三）ERG 理论要点

员工有生存的需要（E）、相互关心的需要（R）和成长发展的需要（G）这三个层次。各个层次的需要得到的满足越少，就越为人们所渴望；较低层次的需要越是能够得到较多的满足，则较高层次的需要就越渴望得到满足；如果较高层次的需要一再受挫得不到满足，人们会重新追求较低层次需要的满足。

案例：

小林的专业是会计，但毕业后被一家公司招为销售员。公司给销售业务员发的是固定工资，工资较高。因为没有公布销售业绩的压力，他对这岗位挺满意。

头两年，小林虽然兢兢业业，但销售成绩一般。随着业务的熟练和人脉关系的建立，他的销售额渐渐上升。到第三年年底，他觉得自己已在全公司上百名销售员中名列前茅了，公司里也有他要被任命为销售部经理的传言，这也是小林梦寐以求的职位。第四年，根据跟同事们的接触，他估计自己当属销售员中的冠军了。不过公司以不公布每人的销售业绩，也不鼓励互相比较，所以他还没有把握自己一定是第一，但小林觉得离经理的位子越来越近了。第五年，小林干得特别出色，尽管定额比前年提高了25%，可到了9月初他就完成了全年销售定额。经过观察，基本可以肯定自己独占鳌头了。此外，10月中旬时，总经理亲自召见他，期间对他说："咱公司要是再有几个像你一样棒的推销明星就好了。"小林觉得经理的位子非自己莫属了。

今年，公司又把他的定额提高了25%，尽管一季度不如去年顺手，但他仍比预计干得要好。二季度，他觉得自己心情很不舒畅，业绩也差了很多，因为他听说一个新的销售经理就要上任！

上个月，新经理上任了，小林没去参加新经理的任命大会。这段时间，他想了很多，觉得自己以前很傻，将自己的业余时间都放到了工作上，少了很多玩乐。其实人生还有许多美好的东西等着他去体验，以后工作没必要那么卖命了，他也该与朋友和家人一起打打牌看看电视剧了，反正业绩能过得去就行。

课堂讨论：用ERG理论分析小林为什么会发生那么大的转变？

二、过程型激励理论

过程型激励理论主要包括弗鲁姆的期望理论、海德的归因理论和亚当斯的公平理论。

（一）期望理论要点

人们采取某项行动的动力或激励力，取决于其对行动结果的价值评价和预期达成该结果可能性的估计，即：

激励力的大小＝达成目标所获得的效价×达成目标的可能性

案例：

某公司销售部近几年的销售业绩一直呈现5%左右的稳定增长。为了激励销售部门的员工努力工作，年底，总经理召集销售部全体成员开会，总经理当场拿出了一份公司的文件：明年的销售业绩如果比今年增长50%以上，公司将奖励销售部全体成员欧洲游；如果某个在销售部工作两年以上的销售员的业绩实现翻番，将奖励其价值八万元的轿车一台。销售部员工听到后当即群情振奋，议论纷纷。

公司希望"重赏之下必有勇夫"，但奇怪的是，销售部的员工并没有表现得与以往不一样，工作绩效也没有什么长进。一年下来，销售额也只是增长了6%多一点。

思考：为什么销售部的业绩没有取得较大进展？

（二）归因理论要点

一个人解释自己行为结果的原因会反过来激发他的动机，影响他的行为、期望和情感反应。如果失败被归因于稳定的、内部的、不可控制的原因，将会弱化进一步活动的动机；而失败被归因于不稳定的、外部的、可控制的原因，则不会弱化甚至还会强化进一步的活动动机。成功被归因于稳定的、内部的、可控制的原因，将进一步强化成就动机；相反，若成功被归因于不稳定的、外部的、不可控制的原因，则无助于强化，甚至还会弱化进一步的活动动机。

A、B是同一个部门的员工，A的业绩非常好，而B则非常差。以下是针对A、B的几种分析情况：

1. 把A的成功归结为内部原因（如能力强、工作努力等），则会使A感到满意和自豪；归结为外部原因（如机遇、他人帮助），会使A产生惊奇和感激的心情；归因于稳定因素（如能力强、任务难度大），会提高工作的积极性；归因于不稳定因素（如机遇、努力），工作的积极性可能提高也可能降低。

2. 把B的失败归于内部原因，会使B产生内疚和无助感；归于外部原因，会产生气愤和敌意；归因于稳定因素，会降低工作的积极性；归因于不稳定因素，则可能提高工作的积极性。

（三）公平理论要点

员工总是在拿“他人”“制度”“自我”作参照物进行横向和纵向的对比，当觉得收入和付出的比率出现不对等时，就可能会采取以下几种做法：

1. 曲解自己或他人的付出或所得；
2. 采取某种行为使得他人的付出或所得发生改变；
3. 采取某种行为改变自己的付出或所得；
4. 选择另外一个参照对象进行比较；
5. 辞去工作。

三、行为改造理论

行为改造理论主要包括斯金纳的强化理论和亚当斯的挫折理论等。

（一）强化理论要点

在管理上，正强化就是奖励那些组织上需要的行为，从而加强这种行为；负强化就是惩罚那些与组织不相容的行为，从而削弱这种行为。正强化的方法包括奖金、对成绩的认可、表扬、改善工作环境和人际关系、提升、安排担任挑战性的工作、给予学习和成长的机会等；负强化的方法包括批评、处分、降级等，有时不给予奖励或少给奖励也是一种负强化。

（二）挫折理论要点

当某个人努力满足自己的需要而工作却遭受到挫折时，他可能会采取两种态度：一种是积极适应的态度，另一种是消极防卫的态度。遇到挫折后冷静地分析原因，适当地改变、转换需要，调整行为，这是一种积极的态度；遇到挫折后承认现实条件的限制，承认自己的能力不足，从而降低甚至放弃原来的需要，这也是一种积极的态度；遇到挫折，不灰心丧气，决心以更坚强的意志、更果敢的行为追求原来的目标，满足原来的需要，同样是一种积极的态度。遇到挫折时转向其他目的、其他对象，若这一取代对象属于较高境界，则称这一过程为“升华”，升华是防卫机制中最富有建设性的一种。

领导者进行挫折激励的目的，就是要下属遇挫后以积极的态度面对，检查自我，完善自我，利用受挫者的防卫机制，促其“升华”。

四、综合型激励理论

这一激励模式的主要观点如下：

1. 激励导致一个人是否努力及其努力的程度。

2. 工作的实际绩效取决于能力的大小、努力的程度以及对所需完成任务理解的深度，具体地讲，“角色概念”就是一个人对自己扮演的角色认识是否明确，是否将自己的努力指向正确的方向，抓住了自己的主要职责或任务。

3. 奖励要以绩效为前提，不是先有奖励后有绩效，而是必须先完成任务才能导致精神的、物质的奖励。当职工看到他们的奖励与成绩关联性很差时，奖励就不会成为提高绩效的工具。

4. 奖惩措施是否有效，取决于被激励者认为获得的报偿是否公正。如果他认为符合公平原则，当然会感到满意，否则就会感到不满。众所周知，满意将导致进一步的努力。

练一练

一、案例题

1. 曾有人做过这样的实验，将一只最凶猛的鲨鱼和一群热带鱼放在同一个池子，然后用玻璃隔开。最初，鲨鱼每天不断冲撞那块透明的玻璃，但始终不能过到对面去，而实验人员每天也都放一些鲫鱼在鲨鱼这边的池子里。虽然鲨鱼并不缺少猎物，但还是想到对面去，每天用尽全力不断地冲撞那块玻璃，并试了每个角落，但每次总是弄得自己伤痕累累。

这样持续了一段日子后，鲨鱼不再去撞那块玻璃了，对那些斑斓的热带鱼也不再在意，它只等着对每天固定会出现的鲫鱼进行吞食。

又过了一段时间，实验人员将玻璃取走，但鲨鱼却没有反应，每天仍是在固定的区域游着，它不但对那些热带鱼视若无睹，甚至于当那些鲫鱼逃到那边去时，它就立刻放弃追逐，说什么也不愿再去碰撞那“曾经的玻璃”。

问题：请用强化激励内容分析鲨鱼的行为，你有何启发？

2. 助理工程师汤洋，是一所名牌大学毕业的高材生。毕业后工作已 8 年，于 4 年前应聘到这家大厂工程部负责技术工作。他工作诚恳负责，技术能力强，很快就成为厂里有口皆碑的“四大金刚”之一，名字仅排在厂技术部主管陈工之后。然而，他的工资却同仓管人员不相上下，一家三口仍住在来时住的那间平房。对此，他心中时常有些不平。

厂长魏松，一个有名的识才的老厂长，在汤洋 4 年前刚调来报到时，他曾亲自布置在门口用红纸写上“热烈欢迎汤洋工程师到我厂工作”几个大字，让汤洋现在还经常回味。

两年前，厂里有指标申报工程师，汤洋属于有条件申报之列，但厂长却先找到他：“汤工，你年轻，机会有的是。”最终名额让给了一个工作平平的老同志。去年，他想反映一下工资问题，提高一下生活待遇，但是始终都没有勇气讲出来，因为厂长不仅在全厂大会上夸奖他的成绩，而且多次当着客人的面赞扬他：“汤工是我们厂的技术骨干……”前段时间，厂长还把一项开发新产品的重任交给了汤洋。平时哪怕厂长再忙，在路上相见时，总会拍拍汤洋的肩膀说两句，诸如“汤工，干得不错”，“汤工，有前途”等。

最近，厂里新建了一批职工宿舍，汤洋决心要反映一下住房问题。谁知这次厂长又先找他，还是像以前一样，笑着拍拍他的肩膀：“汤工，厂里有意培养你入党，我当你的介绍人。”他又不好意思开口了，结果家又没有搬成。

不久后的一天，厂长同时收到了汤洋的感谢信和辞职信，他陷入了沉思……

问题：请你分析厂长的激励方法存在什么问题？汤洋为什么会辞职？

3. 有人问一位智者：“请问，怎样才能成功呢？”智者笑笑，递给他一颗花生：“用力捏捏它。”那人用力一捏，花生壳碎了，只留下花生仁。“再搓搓它。”智者说。那人又照着做了，红色的皮被搓掉了，只留下白白的果实。“再用手捏它”。智者说。那人用力捏，却怎么也无法把它毁坏。“再用手搓搓它。”智者说。当然还是什么也搓不下来。智者说：“虽然屡遭挫折，却有一颗坚强的百折不挠的心，这就是成功的秘密。”

问题：联系案例，用挫折激励理论谈谈应如何面对挫折。

4. 有一位老人，孤单地生活在一个小村庄里，没有亲人。一群调皮的孩子总是喜欢骚扰这位老人，没事就喧哗吵闹砸玻璃，怎么也无法让他们安静下来。于是老人召集了孩子们，告诉他们：明天你们谁砸了我的玻璃，我给他 1 美元的奖励。第二天，玻璃被砸完了。老人兑现了他的诺言，并且对孩子们说：明天你们如果谁砸了我的玻璃，我会给他 50 美分作为奖励。孩子们抱怨了一通，但隔天又来了并且痛快地大砸了一番……老人仍旧召集孩子们，说：明天你们谁继续来，砸了玻璃的，我将给他 1 美分作为奖品！孩子们嗤之以鼻，散了，之后再也不来砸玻璃了。

问题：请用公平激励理论分析孩子们为何不再来砸老人的玻璃。

5. A 公司是一家从事计算机硬件、软件销售的中小型电脑公司。随着市场竞争的加剧，公司决心借鉴当时业界较为风行的“目标管理法”，对员工进行目标管理。其具体操作是：公司希望下一年实现销售额翻番的目标，将来年计划销售额自上而下分配到每一部门，再由各部门分配到每位员工头上；取消原执行按销售额比例提成的制度，改为未完成任务时只有极低提成，超额完成任务则有巨额提成。这样一来，优秀员工在超额完成任务后，收入将大幅度提高，而对于不能完成任务的“不合格”员工，公司又降低了花在他们身上的成本，这似乎是一举两得的好事。

但方案下达后，许多员工包括优秀员工均跳槽而去，核心销售人员流失殆尽。两年后，该公司濒于倒闭。

问题：用激励理论分析公司为什么会出现人才流失的后果？

二、实践题

以宿舍（或小组）为单位，通过在图书馆和网络查找资料，并联系在平时团队活动中的观察思考，写一篇论文，题目为“如何有效激励团队队员”，要求理论和具体措施相结合，并有具体的案例和分析（要求是平时团队活动中的真实案例），文章字数不少于2000 字。

悟一悟

学习心得：______________________________

____

课题六　打造学习型团队

做一做

【游戏名称】供应链游戏。

【场地设施】多功能课室/礼堂/操场，空白订货/送货单200张、空白经营情况统计表格（参见游戏步骤中的标准格式）20张；空白便笺纸50张、复写纸4张（老师写消费信息时用）。

【所需时间】50～55分钟。

【游戏步骤】

1. 将全班所有同学分成七组，其中：一组扮演“唯一牌”啤酒制造商；两组分别扮演“唯一牌”啤酒批发商A和B；另外四组分别扮演“唯一牌”啤酒零售商C、D、E、F，其中C和D向A进货，E和F向B进货。

2. 制造商、批发商、零售商之间只能通过订单/送货来沟通。也就是说，下游向上游下订单，上游则向下游供货。订货或送货单标准形式如表3－1。

表3－1

周次	订货（或送货）量	订货（或送货）商名称	备注

3. 每组拥有自己独立的经营决策权，但只有零售商才能直接面对消费者做生意。

4. 零售商的到货时间为4周，也就是说这个礼拜向批发商下的订单，通常要隔4个礼拜才会送到货。据以往经验，无好消息的情况下每个零售商每周总会卖掉约4箱的“唯一牌”啤酒，而一旦有好消息，啤酒的销量一般会翻番甚至更多；每个零售商的库存量为12箱；每周订货4箱啤酒。

5. 批发商的到货时间也为4周，也就是说这个礼拜向制造商下的订单，通常要隔4个礼拜才会送到货。以前正常情况下每个批发商每周销给2个零售商共约8箱的“唯一牌”啤酒，每个批发商的库存量为24箱，每周订货8箱啤酒。

6. 制造商一般按照批发商的订单安排生产计划，但啤酒从制造到可以出货，时间为2周。

7. 每个组制订一个如表3－2样式的表格进行经营情况统计。

表3－2

周次	到货	订货	售出	原库存量	结余库存量	备注
1						
……						
24						

8. 老师向各零售商进行消费环境的信息发布，但信息发布也只能用书面逐周进行，各零售商根据老师发布的消息进行自己的经营决策。

第一周：无有利和不利消息，一切正常，等待各组处理订货、送货和进货。

第二周：欧洲杯足球赛开始，零售各组预计啤酒消费情况，等待各组处理订货、送货和进货。

第三周：大型演唱会在本市举行，著名歌星唱《你就是我的唯一啤酒》，零售各组预计啤酒消费情况，等待各组处理订货、送货和进货。

第四周：歌星影响尚在，零售各组预计啤酒消费情况，等待各组处理订货、送货和进货。

第五周：歌星影响尚在，零售各组预计啤酒消费情况，等待各组处理订货、送货和进货。

第六周：歌星影响尚在，零售各组预计啤酒消费情况，等待各组处理订货、送货和进货。

第七周：欧洲杯足球赛决赛，零售各组预计啤酒消费情况，等待各组处理订、送、进货。

第八周：国庆中秋长假，零售各组预计啤酒消费情况，等待各组处理订货、送货和进货。

第九周至第二十四周：老师不再发布消费信息，消费者意见较大，零售商自己判断进行订货决策。

9. 当各组经营到第二十四周时，请各组将自己的经营统计情况表格上交。

10. 向全班公布各组经营数据。

【注意事项】

- 零售商、批发商、制造商之间尽量区隔开，严禁用语言和肢体进行交流。
- 各组之间、老师和零售商之间只能用纸条进行信息传递。
- 老师要等到各组处理完订货、送货、进货和库存等统计后才能进行下一周的信息传递。
- 各组要注意自己的经营信息保密，不能向老师和其他组表达感谢、抱怨等任何情绪。
- 各组的经营决策可内部讨论决定，但要注意理性决策。

议一议

游戏结束后，教师在每组中随机抽 1 名同学访问，请他们简单谈一下自己在游戏中的感受，然后请各组集体总结讨论一下自己的表现、感受和启发，并各派 1 名代表向全班汇报总结情况。

议一议

各组汇报完毕后，教师对刚才的游戏表现作评点。

教师评述要点

- 一只亚洲蝴蝶拍拍翅膀，可能使美洲几个月后出现比狂风还厉害的龙卷风。
- 参与系统的各个分子，受其位置影响，常常只见树木而不见森林。
- 局部最优，整体之和不一定最优。
- 掌握整体情况，用全局的眼光看问题，才能“旁观者清”。
- 追求共赢、系统思考、改善心智模式、共同学习，是团队持续发展的基础。

想一想

完成评点后，教师进一步提出问题，请同学们思考发言：

- 为什么经常“当局者迷”，而往往“旁观者清”？
- 为什么“坐井观天”的青蛙会认为天空只有桌子那么小？
- 如何理解“屁股决定脑袋”这句话？

一、什么是学习型团队

（一）学习型团队的概念

学习型团队是指通过培养学习气氛、充分发挥队员的创造性思维能力、通过共享信息和其他资源而建立起来的一种目标一致、富有凝聚力、以人为本、善于学习并能持续发展的群体。这个概念脱胎于学习型组织，美国人彼得·圣吉是学习型组织理论的奠基人，他在1990年完成了其代表作《第五项修炼——学习型组织的艺术与实务》，被西方企业界誉为21世纪的企业管理圣经。

壳牌公司企划主任 Arie De Geus 说：“（企业）唯一持久的竞争优势，或许是具备比你的竞争对手学习得更快的能力。”

（二）学习型团队的内涵

一个学习型团队的内涵应包括如下内容：

1. 团结、协调及和谐。追求个体利益必然造成团体成员间相互猜忌和不合作，导致虽然个体高智商，但团队群体反而低智商的情况。所以，队员的目标一致、互帮互助、团结协作、和谐共处是构建学习型团队的基础。

名词解释

深度汇谈：是通过在所有对话者参与的同时，分享所有对话者的意见，从而在群体和个体中获得新的理解和共识的交流活动过程。

2. 反思、交流与学习。每个人都存在“学习智障”，每个人在知识智能上也都有自己的优势和劣势、在工作技能上有自己独特的经验和心得体会。如果不端正队员的学习态度，不清除队员心灵上的“尘埃”，不在团队内部建立完善的“自学习机制”，不经常性举行经验交流会，不建立有效的知识信息共享机制，不进行集体学习，不引入团队深度汇谈制度，那么，建立学习型团队只是一句空话。所以，学习型团队就是要建立一个让队员能不断反思提高、相互交流探讨、共同学习进步的机制。

英特尔是一家全球闻名的高科技公司，也是全球最大的芯片制造商。英特尔的总裁葛洛夫说过一句话：唯具有忧患意识，才能永远长存。对于英特尔的员工来说，创新和学习已经成为一种企业文化，时刻体现在每一位员工的行动之中。

英特尔资深副总裁虞有澄的《我与英特尔》一书中，详细介绍了英特尔作为一个学习型组织典范的事例：举办管理训练研习营，将公司内最高阶层的主管集中在一起，进行为期数天的管理训练课程；成立英特尔大学，教授最新的技术和管理课程，其中多数讲师都是英特尔自己的经理人；重视绩效评定，开设相关课程，教导经理人如何对部属的表现作评估，如何主动辅导他们，以及如何适时给予部属建议，等等；开设专门课程，就“建设性冲突”等进行研讨，这种“建设性冲突”培育了英特尔足以自豪的特别开放式的企业文化；举办“总经理研习会”，每个月进行一次5小时的训练课程，有时也利用晚餐时间作自由讨论，主讲人都是世界一流的管理大师。

注重学习给英特尔的创新打下了坚实的基础，也得以让这家公司能一直走在微处理器技术的前沿，给公司带来了丰厚的回报。

3. 共享、快乐、人本。学习型团队全体成员共同制定团队的宗旨和章程，集体探讨团队计划和决策，共享团队的各种资源，分享团队利益和荣誉。团队队员在快乐中工作、在工作中学习、在学习中快乐，每个队员都能得到充分尊重，都愿意为团队贡献力量。

案例：

一家公司的员工餐厅位于办公楼的三楼。某天晚上，一名员工加班到十点，离开时发现所有办公室里只剩下他一个人，但走廊的灯全都亮着。他觉得很浪费，于是他不仅关了一楼走廊的灯，又去二楼、三楼把灯全都关了。

第二天早上，经理召集大家开会说：“昨晚是哪位员工最后一个离开的办公楼？他为公司节约考虑熄灭了所有的灯，感谢他做这件事的出发点。但是，从员工安全的角度出发，我们必须要让所有走廊的灯通宵明亮。因为上夜班的员工可能要去三楼进餐，黑暗的楼道容易扭伤脚或摔倒。我们付出的是有限的电费，但可以避免员工潜在的伤害。”

思考：你如何评价这家公司的做法？

4. 创新与超越。知识经济的年代，团队之间比拼的是不断创新与超越竞争对手的能力，只有不断创新，才能拥有自己的核心能力。创新需要学习，学习促进创新，要培养团队队员的创新意识与创新精神，就要靠持续有效的学习机制来保证，就要鼓励队员勇于探索勇于挑战，充分激发队员的潜能，为建立一个可持续发展的团队打下坚实的基础。

5. 系统、结构与全局。学习型团队要求人们运用系统的观点看待组织的发展，只有站在系统的角度认识系统，认识系统的环境，才能避免陷入系统动力的旋涡里去。系统思考这种方法最重要，一个人或一个组织事业成败都与能否进行系统思考有关。团队队员要学会多与其他队员交流看法，获取对事物较全面的信息，并习惯运用换位思考方法，而不能只站在自己的位置去看待各种问题。

二、如何建立学习型团队

学习型团队作为一种新的管理思想，将成为知识经济时代主要的团队型态。谁率先成为学习型团队，谁就更有竞争优势。那么，如何让企业“学习”起来呢？

（一）打造基础管理平台

学习型团队首先需要打造“硬件”，包括宗旨、章程、流程、制度等。这是建设学习型团队的前提，没有这些“硬件”，学习型团队建设就无法落实。

在设立团队结构方面，一般应有专门的知识管理小组来负责学习型团队的建设和维护，主要工作为标竿管理、外部信息搜集和发布、企业内部问题公布和意见搜集、知识共享平台的建设和维护等。

建立学习型团队的目的是要有效提升团队的学习能力，并保证知识的有效利用和传承，因此，必须建立相应的流程和制度，以保证不但能够学习到新的知识，还能够将知识加以保存和有效利用。因此，学习型团队的第一步，是首先打造自己的企业“硬功”，做好管理平台工作。

（二）塑造学习的文化和氛围

学习型的团队要有学习型的文化，首先要确定学习的理念和价值观，要把学习与创新作为团队的核心理念进行塑造；其次要求团队领导改变过去的管理风格，多与队员进行沟通和交流；最后要建立学习型的团队和相应的激励和约束机制，比如成立“交流会”“读书会”“沙龙”“分享会”等，并把学习作为一项工作任务，与考核和薪酬结合起来，这样才会建立真正的“学习”文化。

一个学习型团队必然注重塑造良好的学习氛围。

- IBM 公司的教育渗透到了各个阶层，从经理到职工，每人每年必须接受 40 小时的正规培训。同时公司还准备了种类繁多的必读刊物，直接寄到员工家中以方便学习，并邀请用户来参加多种多样的讲演和交流活动。
- 海尔公司在海尔工业园区建立了海尔大学，还建设了 35000 平方米的国际培训中心。海尔的中高层干部每周六都要集中在海尔大学进行案例式研讨学习。
- 联想集团建立了联想管理学院，对联想的干部进行系统培训。联想的员工的学历普遍较高，又地处北京这样一个竞争激烈的环境中，因而学习氛围很浓。
- TCL 建立了培训学院，开办了内部 MBA 班，不断引进一些国际流行的管理培训方法。TCL 的中层干部对自己专业领域的基本知识和最新动向非常了解。

（三）构建培训和学习体系

学习型团队以善于“学习”为核心能力。要明确学习的内容，团队的学习不同于学校里的书本教育，它追求学习能够解决团队问题，这就需要一方面构建完善的培训体系，另一方面还要建立各种制度来维持团队的持续学习。比如，定期的读书会、提交学习心得、经验推介会、圆桌会议、团队简报、电子公告牌以及人员流动和工作轮换等，还要建立相应的考核机制，以确保学习的效果。

此外，由团队领导协助队员制订个人发展计划书亦非常重要，明确提出自己通过实践和培训要达到的学习目标，使之不仅有利于个人事业成功，也有利于队员符合团队发展需要。

花旗集团通过系统而科学的培训体系来培养员工，提升员工的能力。

每一名新员工进入公司前，花旗都事先为新员工准备好电脑、文具、电话，设置好密码、电子信箱等；带员工熟悉公司的环境，通过各种导入活动让每一名员工感受到花旗大家庭的温情与和谐。

新进入花旗的员工，都必须参加一个为期 2～3 天的花旗质量管理培训。质量管理培训的目的是让每一名花旗员工明白客户满意度的重要性。

在花旗中国，新招聘的见习管理生进行完新员工导入后，一般会在各个部门之间进行为期10~12个月的轮训。轮训期间，新员工将逐步熟悉银行业务、政策、业务规则等，了解各业务部门的运行情况。作为花旗银行未来的管理者，他们也将被安排到海外培训，了解花旗银行在亚太区的业务状况，开拓国际化视野。10~12个月的管理培训生培训，目的就是让他们尽快实现从学生到职业金融人士的转变，为一年后走向管理岗位做准备，他们在这期间所学习的东西是其他员工2~3年才能学到的，这也是花旗银行招聘定位于高层次人才的一个重要原因。

花旗人力资源部门每年都会推出培训的计划和内容，他们还开发了网络培训课程，员工都可以根据需要随时上网学习，并可以参加网上的考试，考试合格会获得认证证书。

（四）构建知识共享与交换平台

这个平台包括硬件与软件两部分，硬件包括以IT通信技术为基础的知识管理平台，诸如互联网、局域网、ERP、KMS等，可以大大提高团队运营和知识积累与共享的效率；软件部分包括各种沟通会、研讨会、推介会、学习会等形式，大到团队的战略发展研讨会，小到个人每日的工作总结，都可以添加到知识库中。

要让这种平台发挥作用，要求队员要破除思维定式，避免先入为主，认真倾听别人的意见，领导者则要善于引导大家的讨论，塑造一种提倡分享的文化氛围。

名词解释

KMS：即知识管理系统，对组织中大量的有价值的方案、策划、成果、经验等知识进行分类存储和管理，积累知识资产避免流失，促进知识的学习、共享、培训、再利用和创新，有效降低组织运营成本，强化其核心竞争力的IT软件系统。

ERP：即企业资源计划，是指建立在信息技术基础上，以系统化的管理思想，为企业决策层及员工提供决策运行手段的管理平台。

（五）标杆管理

企业可以通过设定标杆，引导、支持队员与团队向组织内外先进的生产、管理实践学习，并在团队内合理分配、使用这些知识，在不同队员之间达成知识、技术、数据的共享。

团队需要成立专门的小组来进行标杆管理工作，人员可由各部门抽调，并建立详细的标杆管理制度，定期搜集和分析市场上先进的管理方法、技术、策略等，并及时协调相关部门人员在内部进行试运行，如果效果良好，则可以推广到整个团队。

名词解释

标杆管理：是指一个组织瞄准一个比其绩效更高的组织进行比较，以便取得更好的绩效，不断超越自己，超越标杆，追求卓越，组织创新和流程再造的过程。

美孚石油（Mobil）公司是世界上最著名的公司之一，虽已称霸一方，但还想做得更好。他们经过调查发现顾客最看重速度、微笑和安抚。于是美孚组建了速度、微笑和安抚三个小组，去找速度最快、微笑最甜和回头客最多的标杆企业以供学习借鉴。

速度小组锁定了潘斯克（Penske）公司。他们经过仔细观察，总结了潘斯克之所以能快速加油的绝招：这个团队身着统一的制服，分工细致，配合默契。而且潘斯克的成功，部分归功于电子头套耳机的使用，它使每个小组成员能及时地与同事联系。

微笑小组锁定了丽嘉·卡尔顿酒店。丽嘉·卡尔顿酒店号称全美最温馨的酒店，那里的服务人员总是保持招牌式的甜蜜微笑，因此获得了不寻常的顾客满意度。美孚的微笑小组观察到，丽嘉·卡尔顿酒店对所有新员工进行了广泛的指导和培训，使员工们深深铭记：自己的使命就是照顾客人，使客人舒适。

全美公认的回头客大王是"家庭仓库"公司。安抚小组从"家庭仓库"公司学到：公司中最重要的人是直接与客户打交道的人。没有致力于工作的员工，你就不可能得到终身客户。这意味着要把时间和精力投入到如何雇佣和训练员工上。而过去在美孚公司，那些与客户打交道的一线销售员工传统上被认为是公司里最无足轻重的人。

在经过标杆管理之后，美孚的顾客一到加油站，迎接他们的是真诚的微笑与问候，所有员工都穿着整洁的制服，打着领带，配有电子头套耳机（可及时地将顾客的需求传递到便利店的出纳那里）。希望得到快速服务的顾客还可以开进站外的特设通道中，只需要几分钟，就可以完成加油、洗车和收费的全部流程。这样做的结果是：加油站的平均年收入增长了10%。

课堂讨论："没有最好，只有更好。"联系案例，谈谈你如何理解这句话？

（六）提升团队学习技能

建设学习型团队必备的技能是指领导者和队员的能力和素质，这是一种思维方法而非操作方法。所以学习型团队的建立首先要求团队里的"人"在观念上和方法上进行改变，这一点必须借助"五项修炼"，首先要改善心智模式，转变自己的观念，然后要塑造团队和团队的共同愿景，让大家有共同的目标，接下来是要进行团队学习，群策群力，集思广益，进而是个人的自我超越，唯有个人不断提高，才能带动团队和团队的飞跃，最后是要能够系统思考，不局限于局部，要从整体和长远的眼光来看待问题。

练一练

一、案例题

1. 19世纪末，美国康奈尔大学的教授做过一个有名的实验。他们把一只青蛙冷不防丢进一个煮沸的油锅，这只青蛙在千钧一发之际，用尽全力，跃出了油锅，安然逃生。

后来，他们使用一只铁锅，这回在锅里放的是冷水，然后把那只刚刚死里逃生的青蛙放进锅里。这只青蛙在水里来回游动着，悠哉游哉。接着，实验人员悄悄地在锅底下慢慢加温。这只青蛙不知究竟，依旧悠然自在地在微温的水中享受"温暖"。

随着时间的推移，温度在慢慢升高。等这只青蛙开始意识到水中的温度已经无法承受想跳出时，一切为时已晚。青蛙欲跃无力，只能躺在水中，卧以待毙。

问题：联系本节内容，谈谈你有何启发？

2. 丽莎刚嫁到这个农场时，那块石头就在院子里了。石头样子挺难看，直径约有一英尺，凸出两三英寸。

一次丽莎开着割草机不小心撞在那石头上，碰坏了刀刃。丽莎想把它挖出来，“不行，那块石头早就埋在那儿了。”丽莎的公公说：“听说底下埋得深着呢，60 年前你婆婆家就住在这里，谁也没能把它给弄出来。”就这样，那块石头留了下来。

后来，丽莎的孩子出生、长大、独立了。她的公公、丈夫也相继去世了。

一天，丽莎重新审视院子，发现院角那儿怎么也不顺眼，就因为那块石头护着一堆杂草。于是下定决心，打算哪怕干上几天，也要把石头挖出来。谁知丽莎刚用锹撬了几下，那石头就松动了，原来石头不过才埋得一尺深。丽莎用撬棍几下就把它撬出来，然后搬到手推车上。

问题：联系本节内容，谈谈这块顽石为什么能存在那么久？给你哪些启发？

3. 党的十六大以来，多位大学教师应邀为中共中央政治局集体学习做辅导报告或为中共中央政治局常委做专题讲座，一大批教师以讲座、课题研究、学术研讨等形式为中央领导和中央国家机关提供决策咨询。

问题：联系本节内容，谈谈你对中共中央政治局经常组织集体学习有何启发？

4. 丢失一个钉子，坏了一只蹄铁；坏了一只蹄铁，折了一匹战马；
折了一匹战马，伤了一位骑士；伤了一位骑士，输了一场战斗；
输了一场战斗，亡了一个帝国；亡了一个帝国，改写一段历史。

问题：联系本节内容，谈谈你对这则故事的认识和启发。

二、实践题

以宿舍（或小组）为单位，制订一份由全体成员共同通过的创建学习型宿舍（或小组）的规划，要求包括学习制度、学习计划、具体方案措施、重点难点问题解决办法、检查落实等方面内容。

悟一悟

学习心得：____

____

任务四
促成个人超越

【任务要点】
- 突破自我、唤醒潜能
- 客观分析、准确定位
- 塑造完美职业形象
- 珍惜时间、提高效率
- 学会减压、珍爱健康

课题一　唤 醒 潜 能

做一做

【游戏名称】回形针游戏。

【场地设施】多功能课室/礼堂/操场，一个大号玻璃水杯，一大瓶水，若干盒回形针。

【所需时间】15～20 分钟。

【游戏步骤】

1. 教师把大号玻璃水杯和一大瓶水摆放到教室中间的桌子上，让同学们可以从不同角度看到玻璃容器。

2. 教师往玻璃容器不断加水，一直到水快溢出容器时为止。

3. 提问学生：该容器是否还能继续加水？若有同学说还能加，就请他/她上来加水，但如果加到水溢出来则要当众表演一个节目。

4. 当大家都认为不能再加水时，再提问学生是否能再装点别的东西，比如加入一些回形针。

5. 随后进一步提问：在保证水不溢出容器的前提下能加入多少枚回形针？

6. 将学生分成两组来竞猜，每队提供一个激进数、一个保守数和一个中间数。

7. 教师由最小的数目开始进行加回形针的实验，也可请两组派代表来进行操作，每加完相应的数量都观察一下水是否溢出。

8. 在学生预期的所有数量加完后，只要水没溢出容器就可以继续游戏，最后全班一起观察到底这瓶即将溢出水的容器里能装入多少枚回形针。这个过程中，学生一边操作一边观察，心理预期会不断突破。

【注意事项】

- 加入回形针时需要动作轻巧，沿容器中间投入水中，以免溅起水花影响游戏效果。
- 教师在此过程中可不断提问设置悬念，引导学生一步步突破心理预期。
- 要掌握游戏分寸，最好所有的回形针都加入进去后水依然没有溢出容器。

议一议

游戏结束后，教师充当主持人角色，在认真观察的基础上，通过引导启发提问的方式，请两组派出2～3位同学代表分别谈谈在这个过程中的个人感受。

评一评

学生交流完毕后，教师对刚才的游戏表现作评点。

教师评述要点

- 生活有许多可能性都是因为我们在心里自我设限而成为不可能。
- 害怕做不到，因而画地自限，使无限的潜能只化为有限的成就。
- 只有行动起来，恐惧才会被吓跑。
- 有时，我们需要一种危机来激发我们内心的潜能。
- 要解除自我设限，关键在于自己，上帝只拯救能够自救的人。
- 遇到老板，主动迎上去问候几句；遇到客户，主动询问需求。

想一想

完成评点后，教师进一步提出问题，请同学们思考发言：

- 你能从批判和赞同两个角度为“一切皆由命中注定”都找到积极的依据吗？
- 你如何看待“我是我认为的我”这句话？
- “幸运只眷顾有准备的头脑”应该怎样理解？
- 真正的命运枷锁是什么？

世界上有这么一种人，似乎特别容易得到上帝的垂青——他总是有自己的目标，并且总是努力去做，最重要的是，每一次他都取得了成功。这是不是很令人羡慕呢？其实，不必艳羡别人，你也可以拥有这样的幸运。俗话说得好：成功一定有方法，失败一定有原因。那成功的方法就来自于你的内心。失败的人为什么会失败？主要不是因为他们不具备成功的潜能，而是因为他们对自己的大脑进行了自我限定，所以很难走向成功。

科学家做过一个"跳蚤实验"：他们把跳蚤放在桌上，一拍桌子，跳蚤马上跳起，跳起高度均在其身高的100倍以上，堪称世界上跳得最高的动物！然后，他们在跳蚤头上罩一个玻璃罩，再让它跳，这一次跳蚤碰到了玻璃罩就被弹了回来。连续多次后，跳蚤改变了起跳高度，每次跳跃总保持在罩顶以下的高度。接下来逐渐降低玻璃罩的高度，跳蚤都在碰壁后被动改变自己的高度，跳得更低一些。最后，当玻璃罩接近桌面时，跳蚤已无法再跳了。科学家于是把玻璃罩打开，再拍桌子，跳蚤仍然不会跳，这时的跳蚤已从当初的"跳高冠军"变成了一只跳不起来的"爬蚤"。

难道跳蚤已丧失了跳跃的能力吗？当然不是。之所以会这样，是跳蚤在一次次碰壁后，产生了一种消极的思维定势：我再跳高了还会碰壁。跳蚤为了适应环境而主动地降低跳跃的高度，一次次受挫慢慢地吞噬了它的信心，在失败面前变得习惯、麻木了。最可悲之处就在于，实际上的玻璃罩已经不存在时，它却连"再试一次"的勇气都没有。玻璃罩已经罩在了潜意识里，罩在了心灵上。行动的欲望和潜能被自己的思维定势扼杀了。科学家把这种现象叫做"自我设限"。

名词解释

自我设限：是一种心理现象，就是人们在潜意识里为自己设定一个心理高度，从而无法去超越自己。

生活中，我们许多人也在过着这样的"跳蚤人生"。很多人不敢去追求成功，不是追求不到成功，而是因为他们的心里面也默认了一个"高度"，这个高度常常暗示自己的潜意识：成功是不可能的，这是没有办法做到的。"心理高度"是人无法取得成功的根本原因之一。

其实，人都是独一无二的，我们对自己的认识、对自己的定位，以及我们将要实现的目标决定着我们在这个世界上的独特的位置，决定着我们潜能的发挥程度，这就是需要挖掘的心灵的力量。

名词解释

冰山理论：心理学家弗洛伊德用来解释人的心理和人格的理论。他认为人的心理和人格就像海面上的冰山一样，露出来的仅仅只是一部分，即有意识的层面；绝大部分是处于无意识的。

每个人的潜能都是无穷无尽的。著名的心理学家弗洛伊德曾提出"冰山理论"来解释人的这种强大的潜意识力量。他提出，人的心理分为本我（id）、自我（ego）和超我（superego）。"超我"往往是由道德判断、价值观等组成；"本我"是人的各种欲望；"自我"介于"超我"和"本我"之间，协调"本我"和"超我"，既不能违反社会道德约束又不能太压抑。基于这种划分他提出了人格的"三我"，他认为人的人格就像海面上的冰山一样，露出来的仅仅只是一部分，即有意识的层面；剩下的绝大部分是处于无意识的。

有一个叫詹姆斯的苏格兰医生，他从1843年到1846年都在孟加拉工作，大约实施了400多次大手术，有截肢的，切除肿瘤的，还有眼睛、耳朵、喉咙等手术。所有的手术都没有使用麻药，开刀时根本不用什么麻药（那时麻醉药乙醚还未发明），用的只是精神麻醉法。但是，病人在手术期间并不感到疼痛。詹姆斯医生的方法就是将病人催眠，向他们暗示，不会疼痛，也不会有败血症和细菌感染现象。于是病人在潜意识里接受了这个观点，而最终的结果也正如他所暗示的一样。

160多年前的一个外科医生竟然发现人们潜意识的作用，不管你相不相信，这样神奇的事情确实已经真实地发生了。潜意识不与人争论，它只按人们给它的信息作出反应。这就是潜意识的能力。美国心理学之父威廉?詹姆斯曾说，改造世界的力量在你的潜意识中，它蕴藏着无穷的智慧和力量。它由内在的泉水浇灌，这种内在的动力叫做生命的法则。一旦你在潜意识中输入了决定，它将排山倒海般地去达到目的。

我们的潜力就宛如沉浮在汪洋大海中的一座冰山，我们只看到了它露出水面的那一小部分，而它的绝大部分却被我们忽视，被我们自卑的海水所淹没。我们所知道的只是“我们头脑和身体资源中极小的一部分”。研究表明，人的大脑是由万亿个脑细胞构成的，其中有1000亿个是活跃的神经细胞。大脑神经功能细胞之间每秒钟可以完成的信息传递和交换高达1000亿次。这是世界上任何一台最先进的电脑都望尘莫及的。但我们对大脑资源的开采量却是极其微小的，即使是爱因斯坦也不过只利用了其大脑的18%左右。所以说人的潜能是极其巨大的，如果我们意识到了这一点，就会对自己的潜力充满信心，就会唤醒蛰伏中的能量，促使我们一步一步走向成功。

既然潜力无限大，那么只要我们不自我设限，敢于突破自我，挖掘潜能，就一定能找到成功之路。美国著名心理学专家以及个人、事业和组织问题的协调人，公认的成功学、激励学方面顶尖的大师安东尼·罗宾斯在《唤醒你心中沉睡的巨人》一书中，就明确地告诉世人，每个人都有无限的潜能，人的潜能是多方面的，包括体能、智能、心境、情绪反应等。人在危急状况下爆发潜能或在某种潜意识作用下梦想成真的事例神乎其神，也举不胜举。胡达·克鲁斯老人70岁开始学习登山，随后的20多年坚持不懈，坚持攀登高山，竟以95岁的高龄登上日本富士山，创下攀登此山的最高年龄纪录，这是人在积极心态的鼓舞下挑战自身极限而开发出来的潜能……

我们每个人身上都蕴藏着巨大的潜能，但由于我们没有进行有效的训练，巨大的潜能只好“沉睡”在我们身上。那么，怎样唤醒沉睡的潜能呢？大概可以归纳为以下几大策略：

策略一，全面认知自我。

“人啊！认识你自己吧！”这句话是古希腊阿波罗神庙上镌刻着的箴言，也被公认是希腊哲人最高智慧的结晶。我们要想挖掘自我潜力，就必须首先认真地了解自己，有针对性地改变自己的缺点，学会支配自己，才能确立全新的自我，实现自我超越。

日本“推销之神”原一平的身高只有145厘米，貌不惊人，可是在日本的寿险界，他却是一位响当当的人物。他因为连续15年保持了全国业绩第一，成为美国百万元圆桌会议终身会员，并荣获日本天皇颁赠的“四等旭日小绶勋章”。但小时候的他，却是个个性叛逆顽劣，曾经用小刀伤过老师，被乡亲称为无药可救的“小太保”式的人物。是什么让他真正蜕变，获得新生呢？答案是一位老和尚的一席话。

26岁的他在闯荡东京获得一份保险业务员工作后，屡遭失败，7个多月里一单业务也没有做成。他穷得连饭都吃不起，只有露宿公园。有一天，他向一位老和尚推销保险，老和尚说：“听完你的介绍后，丝毫引不起我投保的意愿。”老和尚注视原一平良久，接着又说：“人与人之间，像这样相对而坐的时候，一定要具备一种吸引对方的魅力。如果你做不到这一点，将来就没有什么前途可言。”原一平哑口无言，冷汗直流。老和尚又说：“年轻人，快去改造自己吧！要改造自己首先必须认清自己，你知不知道自己是什么样的人呢？你在替别人考虑保险之前，必须反省自己，认识自己，然后才能成就自己！”

“反省自己？认识自己？”

“是的！赤裸裸地注视自己，毫无保留地彻底反省，然后才能认识自己。”“一个推销员之所以难成大器，最主要的原因可能就在于不能超越自己。”老和尚的一席话，如同当头一棒就把原一平打醒了。他从此虚心听取别人意见，不断反思自身不足，并改正缺点，最终成为一名成功人士。

课堂讨论：原一平的故事说明什么道理？

的确，一个不断经由认识自己、批判自己而改造自己的人，智慧才有可能渐趋圆熟而迈向成功之路。这正是原一平真正的成功之道。反省自己，认识自己，才能成就自己！

策略二，经受挫折考验。

心态决定人生，只有选择积极的生活，修炼积极心态，才能走向成功。在此过程中，我们要学会直面惨淡的人生，与往事干杯，及时清除思想垃圾，克服恐惧，把绊脚石变成垫脚石。

草地上有一个蛹，被一个小孩发现并带回了家。过了几天，蛹上出现了一道小裂缝，里面的蝴蝶挣扎了好长时间，身子似乎被卡住了，一直出不来。天真的孩子看到蛹中的蝴蝶痛苦挣扎的样子十分不忍。于是，他便拿起剪刀把蛹壳剪开，帮助蝴蝶脱蛹出来。然而，由于这只蝴蝶没有经过破蛹前必须经过的痛苦挣扎，以致出壳后身躯臃肿，翅膀干瘪，根本飞不起来，不久就死了。

思考：这个故事说明什么道理？

恐惧和逃避是发挥潜能的头号敌人！我们很多人一开始都有一个人生的目标，并不断的为之努力。但在经历多次挫折、受到多次打击以后，一些人就放弃了。这就是恐惧！因为害怕失败，害怕遭到痛苦，害怕别人的非议和批评，害怕失去现有的一切，所以就采取逃避，最终坐以待毙。

策略三，确立明确目标。

我们周围有许多人都希望自己的人生能成就一点什么，可就是迟迟拿不出行动来，原因之一是他们没有找准自己的目标，不知道自己应该朝哪个方向努力。

1952 年 7 月 4 日清晨，加利福尼亚海岸笼罩在浓雾中。在卡塔林纳岛上，一个 34 岁的女士下海开始向加州海岸游去。要是成功了，她将是第一个游过这个海峡的妇女。这名妇女叫费罗伦丝·柯德威克。在此之前，她是第一个游过英吉利海峡的妇女。那天早晨，雾很大，她连护送她的船都几乎看不到。时间一个钟头一个钟头过去，千千万万人在电视上注视着她。以往在这类渡海游泳中，她的最大问题不是疲劳，而是刺骨的水温。15 个钟头之后，她被冰冷的海水冻得浑身发麻。她知道自己不能再游了，就叫人拉她上船。她的母亲和教练在另一条船上，他们告诉她海岸很近了，叫她不要放弃。当她朝加州海岸望去，除了浓雾什么也看不到。几分钟之后，人们把她拉上了船。而拉她上船的地点，离加州海岸只有半英里！

当别人告诉她这个事实后，从寒冷中慢慢复苏的她很沮丧，她告诉记者，真正令她半途而废的不是疲劳，也不是寒冷，而是在浓雾中看不到目标。两个月之后，她成功地游过了同一个海峡。

目标就如同茫茫大海中的导航灯，只有明确了目标，才能把握努力的方向，才知道劲往哪儿使。只有明确了目标，才能把心中的信念坚持到底！因此，有什么样的目标，就有什么样的人生！

策略四，果断采取行动。

一旦你的心中想到一个念头，就应该想到做到。在行动的过程中不断强化正确的信念，用你的信念去左右命运，去激发你的潜能力，最终你会敲开成功之门。

有这样一则古代寓言：蜀之鄙有二僧，其一贫，其一富。贫者语于富者曰：“吾欲之南海，何如？”富者曰：“子何恃而往？”曰：“吾一瓶一钵足矣。”富者曰：“吾数年来欲买舟而下，犹未能也，子何恃而往！”越明年，贫者自南海还，以告富者，富者有惭色。

一件事情如果你去做了你就有 0.1% 的希望成功，如果你不去做，连 0.001% 的希望也没有！

正所谓“说一尺不如行一寸”。现实是此岸，理想是彼岸，中间隔着湍急的河流，行动则是架在川上的桥梁。行动才会产生结果，行动是成功的保证。任何伟大的目标、伟大的计划，最终必然要落实到行动上。想得好是聪明，计划得好更聪明，做得好是最聪明又最好的。

策略五，把握每分每秒。

俗语说，“一寸光阴一寸金，寸金难买寸光阴。”时间对于我们来说，比黄金还珍贵。我们每虚度一天，生命就浪费一天，离成功就远一天。要想取得成功，就不能浪费一丝一毫的时间。当你发现自我不足的时候，不要犹豫，赶紧修正！当你明确目标的时候，不要犹豫，赶紧行动！当你灵光乍现时，不要等待，赶紧创造！只有认真把握现在，把握每分每秒，才能取得成功！

格言：成功 = 艰苦劳动 + 正确的方法 + 少说空话

——爱因斯坦

司马光是宋史学家，主持编撰了《资治通鉴》，历时 19 年之久。他用圆木做了个枕头，取名“警枕”，意在警告自己，切莫贪睡。当他枕在这圆木上睡觉时，只要稍一辗转，“警枕”就会翻滚，将他唤醒。然后，他便立刻坐起，继续奋笔疾书。

《资治通鉴》是我国最大的一部编年史，全书共294卷，书写了上起战国初期，下至五代共1362年的历史，可谓通贯古今。司马光仅用19年就编撰完成，如果不是分秒必争，这也许只是一个梦想。司马光自己在《进资治通鉴表》中说，“日力不足，继之以夜”，“精力尽于此书”。司马光的故事告诉我们，任何辉煌的成就背后，都有超乎寻常的汗水和付出。人的潜能开发，不在于你能不能，而在于你想不想、做不做。

练一练

一、案例题

1. 一位陆军上校退役了，领到一笔可观的退役金，回到了温暖的家乡。此时，他已65岁。按理说，可以享享清福了。可他在家住了一个月就坐不住了，想出去找点事干。这个想法一经提出，立即遭到全家人的反对。子女们说：“都65岁的人了，还能干什么呢。”他说：“是呀，都65岁了，能干点什么呢？可在家呆着，实在没意思，干点事也可以充实一下自己的生活啊！”由于态度坚决，子女们不得不同意了老人的想法。做什么呢？老人自幼会一手炸鸡的手艺，于是便毛遂自荐挨个酒店去推销自己，但都遭到了婉言拒绝。在家人又一次强烈反对下，老人倔强地用自己的养老金开了一家速食店，专门经营炸鸡。几十年后，老人的炸鸡在全世界流行起来。

这位老人你或许见过。在电视上、在宣传画中，身穿白西装，态度和蔼可亲——他就是山德士上校，“肯德基”的创办人，一个65岁才开始创业的老人。

问题：山德士上校的故事让你感悟了什么？

2. 从前，有一群青蛙组织了一场攀爬比赛，比赛的终点是一座非常高的铁塔的塔尖。一大群青蛙围着铁塔看比赛，给选手们加油。比赛开始了，老实说，群蛙中没有谁相信这些小小的青蛙会到达塔顶，它们都在议论：“这太难了！它们肯定到不了塔顶！它们不可能成功的，塔太高了！”听到这些，一只又一只的青蛙开始泄气了，除了几只情绪高涨的青蛙还在往上爬。群蛙继续喊着：“这太难了！没有谁能爬上顶的！”越来越多的青蛙退出了比赛。但只有一只青蛙越爬越高，一点没有放弃的意思，终于成为唯一一只到达塔顶的胜利者。很自然，其他所有的青蛙都想知道它是怎么成功的。有一只青蛙跑上前去问胜利者它哪儿来那么大的力气爬完全程？它发现这只青蛙竟然是个聋子！

问题：这则故事给你什么启发？

3. 1968年，心理学家罗森塔尔等人在美国的一所小学，从一至六年级各选3个班，对这些班的学生作了一番有关未来潜能发展的预测。然后以赞赏的口吻，将最具有发展前途的学生名单悄悄交给校长和有关教师，并反复叮嘱：千万保密，否则会影响实验的正确性。8个月后心理学家返校进行复测，奇迹果真出现了：名单上学生的智力发展水平平均高于其他学生，成绩进步快，而且个个充满自信，求知欲旺盛，并与同学们建立了融洽的感情。这是为什么呢？是心理学家料事如神？老师们都感到惊奇。但出乎意料的是，心理学家们宣布：上次名单是随机抽定的。

问题：究竟是什么让名单上的孩子智力发展高于他人？

4. 理查德·福斯伯是风靡世界的“背跃式”跳高技术的首创者。11岁那年，一次上体育课时，老师点名叫他跳高。当时福斯伯思想正在开小差，在慌乱中匆匆奔向横杆，结果是面向老师，背对横杆，他把老师教的姿势都忘了。情急之下，索性顺势就地腾起，奇迹般地跃过了 1.15 米的横杆，倒在沙坑里，引得同学们哄堂大笑。他的体育老师慧眼识珠，及时帮助他完善了这种独特的跳法。经过多年训练，福斯伯终于在 1968 年墨西哥奥运会上用“背跃式”征服了 2.24 米的高度，打破了当时的奥运会纪录。

问题：从这个故事里你读出了什么？潜能的开发有固定模式吗？

5. 许多年前，重量级拳王吉姆在例行训练途中看见一个渔夫正将鱼一条条地往上拉。但吉姆注意到，那渔夫总是将大鱼放回去，只留下小鱼。吉姆好奇地上前问那个渔夫为什么只留下小鱼，放回大鱼。渔夫答道：“老天，我真不愿这么做，但我实在别无选择，因为我只有一个小锅。”

问题：这只小锅象征什么呢？你的心中常装着类似的小锅吗？

二、实践题

你现在有想做却自认为做不到的事情吗？你敢不敢现在就开始尝试呢？

你有“一朝被蛇咬，十年怕井绳”的心理障碍吗？是不是自己扩大了心理阴影呢？走近“井绳”看一看，会发生什么？

你有想过很多事情但迟迟没有行动的经历吗？为什么不想到就去做呢？

还犹豫什么，快去试验吧！

悟一悟

学习心得：____

____

课题二　找 回 自 我

做一做

【游戏名称】我最重要的五样。

【场地设施】多功能课室，人手一张白纸和一支笔。

【所需时间】10～12 分钟。

【游戏步骤】

1. 让每个学生在白纸的最上端写上自己的名字，标题为“×××的五样”（×××就是名字），这个一定要写。

2. 让学生写下自己生命中最重视的五样东西，不用讲究顺序，内容可以随便写，抽象的、具体的都可以，比如食物、水、某个人、某种精神等等，但必须是自己觉得最重要的东西。

3. 写好后要求学生划去五样之中最不重要的一样，最好用一个黑团覆盖那样东西，表示选择之后生命中再也没有这样东西了。

4. 继续抉择，在剩下的四样之中划去相对不重要的一样，方法同上。

5. 用同样的方式划去三样中还可以继续舍弃的一样。

6. 进行最后二选一的艰难抉择，最后保留在纸上的是各自生命中最重要的一样东西。

【注意事项】

- 学生选择时要慎重，游戏要坚持到底。
- 教师指导操作时应该循序渐进，要有节奏。

议一议

游戏结束后，请同学们互相交流最终保留的最重要的东西是什么，也可以请 2 ~3 名同学说说自己选择的理由。

评一评

同学们交流汇报完毕后，教师对刚才的游戏作评点。

教师评述要点

- 命运是残酷的，有时它会让你面临艰难抉择。
- 生活告诉我们，人们需要拥有学会放弃的勇气。
- 每个个体生命都拥有无比珍贵的财富，区别在于他们是否好好珍惜和把握。
- 我们要学会时常审视自我内心的需求。
- 无论放弃还是坚持，你都要学会客观分析，学会听从自己的心声。

想一想

完成评点后，教师进一步提出问题，请同学们思考发言：

- 你选择的五样真的是你的最爱吗？真的是你人生的归依和生命的理由吗？
- 你是否为自己重视的这五样东西付出过？是否为拥有它们而感到幸福和自豪？如果你常常觉得不满足、不快乐，是什么蒙蔽了你的心灵？
- 你是否经常在乎那些失去的，而忘记了拥有的？
- 你的人生轨迹是否按照你所规划的路线在行走？

每个人的人生轨迹都是不一样的，我们要把握自己的命运首先要知道自己的人生轨道是怎样运行的，什么时候是平路，什么时候是上坡路，什么时候是下坡路，什么时候该踩油门，什么时候该刹车。当我们知道人生的轨迹之后，就可以不断地调整自己的定位，使目标和现实相吻合，这样才能少走弯路、事半功倍。那么，怎样才能知道自己的人生轨迹呢？首先要了解社会和自然环境的发展规律，了解自我在广阔的时空中的位置，认清自身的潜力，也就是需要进行自我分析和环境分析。

在前面任务中，我们已经了解过SWOT分析方法的含义。在运用时，我们要对研究对象有一个全面、系统、准确的认识，了解调查清楚其优势、劣势、机会和威胁等因素，然后运用科学系统的分析方法，制定相应的发展战略、计划及对策。那么，这样的分析对我们今后的职业生涯有什么帮助呢？我们怎样来运用SWOT分析法来规划自己的职业生涯呢？这是下面需要解决的问题。

我们在利用SWOT方法对自己进行职业生涯设计分析时，可以遵循以下五个步骤：

第一步，评估自己的长处和短处。

每个人都有自己独特的技能、天赋和能力。当今社会分工日益细化，一个人不可能有精力做到样样精通，但你如果用心，则能在某一领域发挥特长。人的智能是多元的，你总会有自己胜于常人的某种能力。比如，有的人擅长语言表达，有的人擅长数理逻辑，有的人擅长体育运动等。如何根据自身的实际来为自己制订有效的发展计划，第一步就是要做好优劣评估工作。请做一个列表，左边列出你自己喜欢做的事情和你的长处所在，右边列出自己不是很喜欢做的事情和你的弱势。这两者同等重要，因为你可以基于自己的长处和短处作两种选择：或者努力去改正常犯的错误，提高你的技能；或是放弃对你完全不擅长技能的学习。

一个十岁的小男孩在一次车祸中失去了左臂。他很想学柔道，最终拜了一位日本柔道大师做师傅。他学得不错，可是练了三个月，师傅只教了他一招。小男孩有点弄不懂了，他忍不住问老师："我是不是应该再学学其他招？"师傅回答说："不错，你的确只会一招，但你只需要这一招就够了。"小男孩并不是很明白，但他很相信师傅，于是就继续照着练了下去。

几个月后，师傅第一次带小男孩参加比赛。没想到他居然轻轻松松地赢了前两轮，第三轮稍微有点艰难，但是由于对手有些急躁，小男孩敏捷地施展出自己的那一招，结果又赢了。就这样，小男孩迷迷瞪瞪一路杀进了决赛。决赛的对手比小男孩高大、强壮许多，也似乎更有经验。小男孩显得有点招架不住，裁判担心他会受伤，就叫了暂停，还打算就此终止比赛。然而师傅不答应，坚持"继续下去"。比赛重新开始后，对手放松了警惕，小男孩开始使出他的那一招，终于制服了对手，取得了冠军。

回家的路上，小男孩鼓起勇气道出了心理的疑问："师傅，我怎么凭着一招就赢得了冠军？"师傅答道："有两个原因：一是你掌握了柔道中最难的一招；二是据我所知，对付这一招唯一的办法是对手抓住你的左臂。"

要了解自己的优势，更要找准自己的劣势，只有把优势不断发扬光大，对劣势进行弥补改进，有针对性地趋利避害，你才会逐渐强大。只要你能为自己注入进取的力量，甚至你的劣势也会变成你的优势。

同学们在运用SWOT方法对自己进行评估时，需要列出对自己较为重要的强、弱势，并且针对职业目标提出改进方法。

在职业生涯设计中，你要知道自身的优势是什么，并将自己的生活、工作和事业发展都建立在这个优势之上。如果你能根据自身长处选择职业并“顺势而为”地将自己的优势发挥得淋漓尽致，就会事半功倍，如鱼得水。具体来说，就是要知道：

1. 你学了什么。在几年的学习生活中，你从学校开设的课程中学到了什么有价值的东西，社会实践活动提高了你哪方面的知识和能力。

2. 你曾经做过什么。在学校期间担任的学生职务，参加过什么社会实践活动，工作经验的积累程度如何等。

3. 最成功的是什么。你做过的事情中最成功的是什么？如何成功的？

通过分析，可以发现自己的长处，譬如坚强的意志、创新的精神、良好的耐心等，以此作为个人魅力的闪光点，形成职业生涯设计的有力支撑。

下面是一名商务英语专业的职业院校学生林同学在进行职业生涯设计时的自我盘点：

（一）自我剖析图

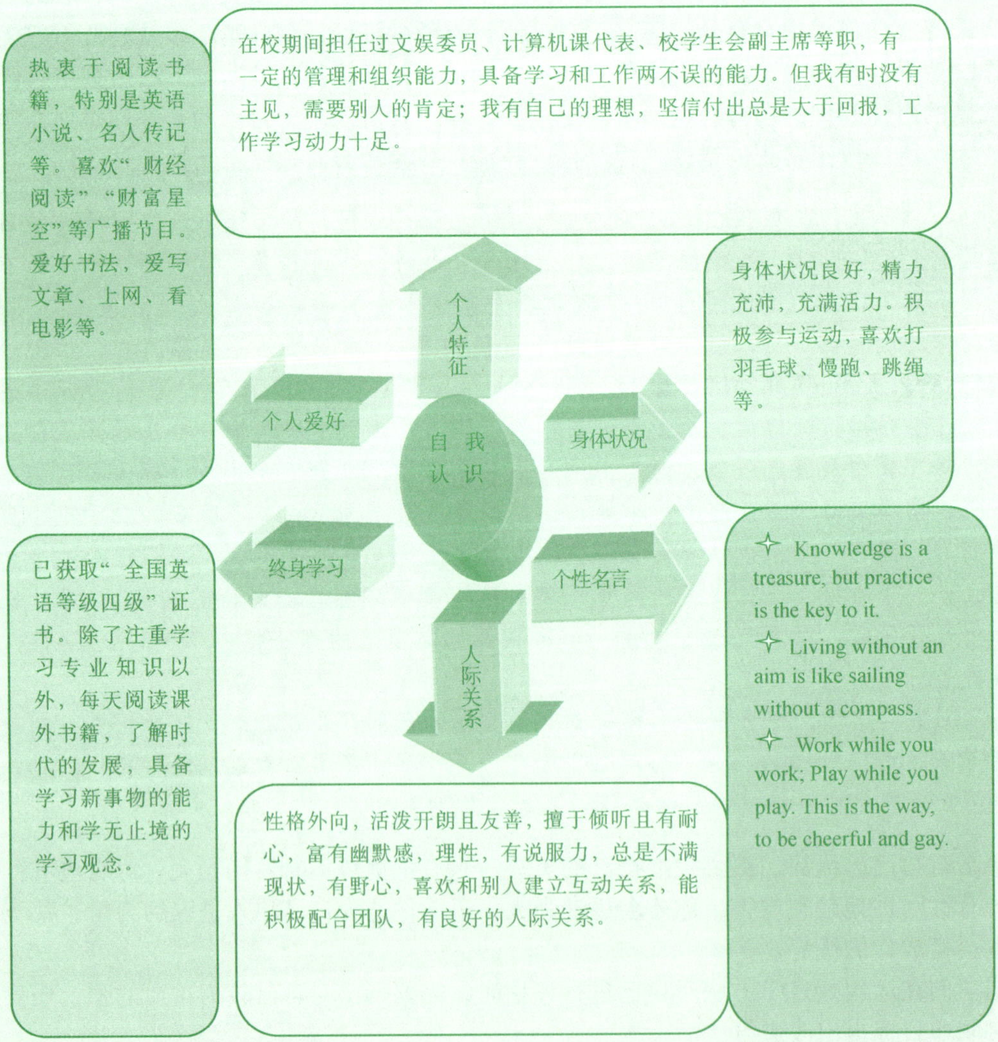

（二）自身优、劣势盘点

优势：吃苦耐劳，积极进取，乐观；能从容地面对今后严峻的就业环境；活泼开朗，坦诚待人，乐于助人，具有良好人际关系；善于学习，时刻积累知识，商务知识和技能较扎实。

劣势：率性而为，有时行动跟不上思想，需要不断督促自己；身为英语专业的学生，英语口语尚待提高，如果想要有所成就，就必须更加努力。

课堂讨论：你能否总结一下，评估优劣包括哪些内容？

同样，你要指出你的劣势和你最不喜欢做的事情。找到自己的短处，可以努力去改正自己常犯的错误，提高自己的技能，放弃那些对不擅长的技能要求很高的职业。具体来说就是要知道：

1. 性格的弱点。人天生就都有弱点，这是我们与生俱来且无法避免的。坐下来，跟别人好好聊聊，看看别人眼中的你是什么样子的，与你的自我看法是否一样，指出其中的偏差并借鉴，这将有助于自我提高。

2. 经验或经历中所欠缺的方面。欠缺并不可怕，可怕的是自己还没有认识到或认识到了而一味地不懂装懂。正确的态度是，认真对待，善于发现，努力克服和提高。

3. 最失败的是什么。你做过事情中最失败的是什么？如何失败的？通过分析来避免在以后的职业中再次失败，防止在跌倒的地方再次跌倒。

自我认识一定要全面、客观、深刻，绝不能规避缺点和短处。“当局者迷，旁观者清”，尽量多参考父母、同学、朋友、师长、专业咨询机构等的意见，力争对自我有一个全面的认识。

第二步，找出目标行业的机会和威胁。

盘点优劣势应该与自己的职业目标和职业发展机会相结合。我们知道，不同的行业，包括这些行业里不同的公司都面临不同的外部机会和威胁，所以，找出这些外界因素将会助你成功地找到一份适合自己的工作。一个充满了许多积极的外界因素的行业将为求职者提供广阔的职业前景，相反，如果公司处于一个常受到外界不利因素影响的行业里，很自然，这个公司能提供的职业机会将很少，而且没有升迁的机会。所以在职业规划时，最好选择自己感兴趣的行业，然后认真地评估这些行业所面临的机会和风险。

林同学的职业目标是同声传译员，她是这样分析行业机会和风险的：

市场分析：我国现阶段专门从事同声传译的人才不多，且大多在北京、上海和广州等国际交往频繁的大都市。而国际上需要的经贸、科技、政法等各个领域学有所长的专业型同声传译人才仍是极端欠缺。随着我国“一带一路”战略的实施，与各国的贸易往来密切，各种国际会议日益增多，对同声传译人员需求就更大了。目前一组同声传译的报酬通常在每天12000元人民币，一般每组3人合作，每人每天可得4000元，是一个高薪行业。

职业风险：我现在只是个高职生，谈不上任何经验。一个优秀的同声传译员，不仅要有健康的身体，良好的人际交往能力，敏捷的思维反应能力，还要具有非凡的毅力，较强的语言组织能力和英语听说能力，同时英汉两种语言的语音、语调都要好，这些对我来说都有很长的一段路要走。同时，这个行业报酬丰厚，其竞争势必十分激烈，目前我的条件距离职业需求相差比较远，需要付出更多的努力。

这个步骤主要是分析外部环境因素对自己职业生涯发展的影响。环境为每个人提供了活动的空间、发展的条件和成功的机遇。如果能很好地利用外部环境，就会有助于个人发展的成功。除了机遇，我们也会面对各种各样的挑战和风险。这是我们无法控制的外部因素，这些因素包括：就业还处于买方市场形势、所学专业过时或不符合社会的需要、来自同学的竞争、面对有更高的技能和更丰富的知识及更多的实践经验的竞争者、公司不雇用你这个专业的人等等。对于这些挑战，不能采取一味回避的态度或者自怨自艾，只能改变自己，提高自己适应社会的能力，通过努力把挑战转化为一种内在的动力。这样，我们才能在困境中脱颖而出，寻求发展和成功。

第三步，提纲式地列出今后的职业目标。

通过对自我职业生涯机会的评估，求职者在充分分析自己、分析环境、了解目标职业的基础上对自己的职业作出选择。即将步入社会，初次选择职业的大学生可以列出自己最想实现的 3 ~5 个职业目标，最好是以短期目标为主，这样可操作性更强一些。这些目标可以包括：你想从事哪一种职业，你将管理多少人，或者你希望自己拿到的薪水属哪一级别。请时刻记住：你必须竭尽所能地发挥出自己的优势，使之与行业提供的工作机会完满匹配。

资料 1：

林同学的职业目标阶段分析和收入定位：

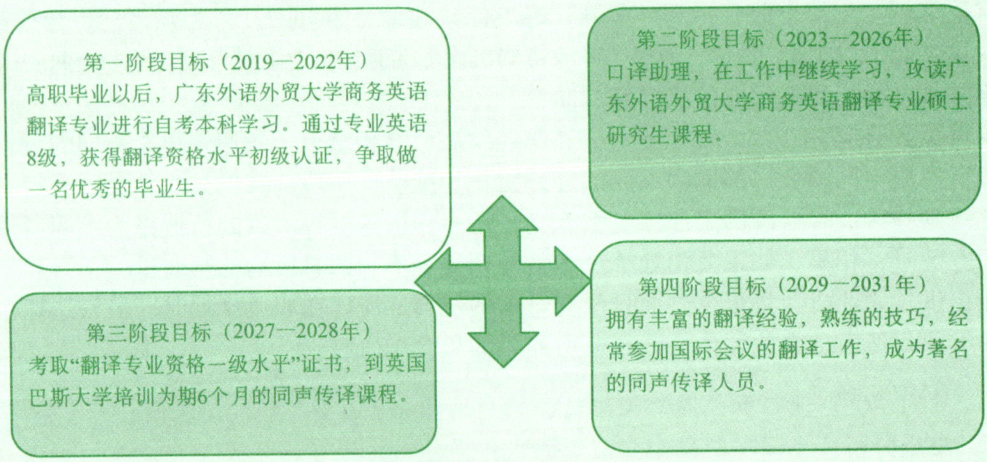

图 1　阶段分析图

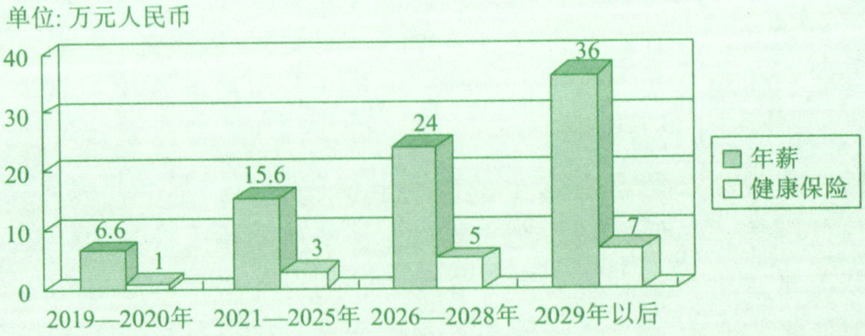

图 2　收入发展图

资料2：

另一名会计专业学生的目标职称、岗位演示如图3所示。

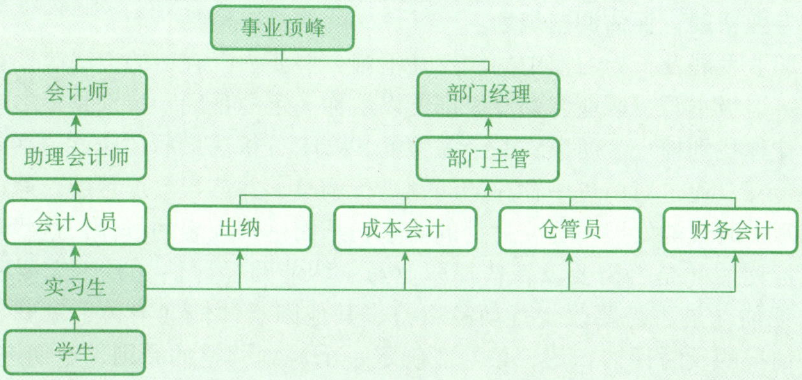

图3 目标职称及岗位演示图

一般来说，学生的职业发展具有很强的选择性和可塑性，如果不是一开始就对某个职位十分青睐的话，最好一开始在选择行业时把范围放宽一些，具体的职位可以灵活处理，如资料2中，该生把会计行业中可能出现的职位都作了列举，包括出纳、成本会计、财务会计、仓管员等。

第四步，提纲式地列出一份职业行动计划。

这一步主要涉及一些具体的措施，要拟订出实现第三步的每一目标的行动计划，并且详细地说明为了实现每一目标，要做的每一件事，何时完成这些事。如果需要一些外界帮助，也需要明确如何获取这种帮助。例如，你的个人SWOT分析可能表明，为了实现理想中的职业目标，你需要进修更多的管理课程，那么，你的职业行动计划应说明要参加哪些课程、什么水平的课程以及何时进修这些课程等等。你拟订的行动计划越详尽，对你实现目标就越有帮助。

实际上，成功只惠顾那些去争取的人，而永远不会垂青那些袖手坐等的人。当你坐着瞻前顾后，不知何去何从的时候，不妨果断地站起来，行动起来就会有收获！

林同学的行动计划摘录：

近期目标的具体措施（在校阶段）

我现在是高职二年级的学生。在高职学习阶段，我会认真学好每一门功课，做到课前预习，课后复习。每天用60分钟的时间练习口语和听力，用30分钟的时间进行课外阅读，以便全面提高英语的听、说、读、写的能力，为实现目标打下扎实的基础。我将通过努力学习，使每一科的成绩都达到90分以上。高职毕业前取得“全国英语等级六级”证书，自考一所著名的本科院校的翻译专业，继续学习。

在自考本科3年里学好英语翻译专业知识，积极参加社会活动，建立良好的人际关系和交际能力；认真学习英语的同时，学习第二外语，如西班牙语、法语等。我将会在一家外贸公司从事文件的翻译。在实践中学习和提高专业知识，注意培养自己的职业道德和文化素质，语言表达能力。通过3年的自考学习，我将是一名优秀的本科毕业生。

你所拟订的详尽的行动计划将帮助你今后作出决策，就像外出旅游前事先制订的计划将成为您的行动指南一样。这名学生职业生涯设计书中的行动计划详尽可行，对她今后的学习生活具有很强的指导意义。

第五步，寻求专业帮助，评估调整规划。

能分析出自己职业发展及行为习惯中的缺点并不难，但要去以合适的方法改变它们却很难。相信您的朋友、上级主管、职业咨询专家都可以给你一定的帮助，特别是很多时候借助专业的咨询力量会让你找到捷径。所以，一个完整的 SWOT 分析法最后还应该包括寻求专业帮助或评估调整的步骤，通过对前进中存在的问题进行调整，并适当寻求帮助，通过不断的审视和调整修订，跟上时代的发展，适应社会的需求，从而达到理想的目标！这些评估的内容应该包括职业目标评估（是否需要重新选择职业?）、职业路径评估（是否需要调整发展方向?）、实施策略评估（是否需要改变行动策略?）、其他因素评估（身体、家庭、经济状况以及机遇、意外情况的及时评估）等，最好能确定一个规划调整的原则，定期进行评估，这有助于我们进一步清晰自己向目标行进的步骤和方向。

总体说来，大学生的职业生涯设计书主体应包括以下几个模块：

1. 自我分析。对自己进行全方位、多角度的分析，包括职业兴趣（喜欢干什么）、职业能力（能够干什么）、个人特质（适合干什么）、职业价值观（最看重什么）、胜任能力（优、劣势是什么）等等。

2. 职业分析。对影响职业选择的相关外部环境进行较为系统的分析，包括家庭环境分析，如经济状况、家人期望、家族文化等；学校环境分析，如学校特色、专业学习、实践经验等；社会环境分析，如就业形势、就业政策、竞争对手等；职业环境分析，如行业现状及发展趋势、职业的工作内容、工作要求、发展前景、企业分析、地域分析等。

3. 职业定位。综合第一部分（自我分析）及第二部分（职业分析）的主要内容得出本人职业定位分析，包括职业目标（将来从事××职业）、职业发展策略、职业发展路径等。

4. 计划实施。这里最好明确列举计划名称、时间跨度、总目标、分目标、计划内容、策略和措施等。

5. 评估调整。职业生涯规划是一个动态的过程，必须根据实施结果的情况以及变化进行及时的评估与修正。

练一练

一、案例题

1. 父亲带着三个儿子到草原上猎杀野兔。在一切准备停当、开始行动之前，父亲向三个儿子提出了一个问题：你看到了什么呢?

老大：我看到了我们手里的猎枪、在草原上奔跑的野兔，还有一望无际的草原。

父亲摇摇头：不对。

老二：我看到了爸爸、大哥、弟弟、猎枪、野兔，还有茫茫无际的草原。

父亲又摇摇头：不对。

老三：我只看到了野兔。

父亲点点头：你答对了。

问题：父亲要传授的经验是什么？结合本节的内容，你有什么启发？

2. 美国国际管理集团（IMG）的创建者马克·H. 迈克是世界一流的管理专家，他从一位好朋友身上学到了不少东西。这位朋友是位出类拔萃的推销员，只要他一出面，你只有把钱花光他才会离开。不过他的长处仅此一点，在其他方面，比如说组织、资金使用、对部下的鼓励、业务细节和工作贯彻方面等等他都一窍不通。这种人本来可以成为一个公司明星般的销售经理，但绝不是企业家。然而这位先生是个自欺欺人的大师，他过高地估计了自己的能力。连续十年，他不断地组建自己的公司，接下来就是不断的关闭。更具有讽刺意义的是，他认为自己非凡的销售是人人都具备的。对他来说，销售是最简单不过的工作，他认为别人也一样容易。于是他呆在办公室做管理，让别人出去跑销售，结果公司中没有一个人在发挥自己的特长。

问题：你会运用 SWOT 分析，为迈克的朋友进行怎样的职业定位？为什么？

3. 大学中文系毕业的何强焦急万分，今年考研他以两分之差落榜，而说到找工作，是到政府机关、事业单位或企业，还是自主创业？他难以作出决定。离毕业只有一个月了，何强整天泡在人才市场，重复他习以为常的动作：投简历、面试、再投简历、再面试，他感到非常苦恼和迷茫：不知道自己究竟适合什么职业？

动物医学专业的王君敏很喜欢小动物，她的业余爱好是养宠物、画画和设计。结合自己的专业和兴趣，她的职业规划是将来做一名宠物服装设计师，创造“天使乖乖”的服装品牌，根据宠物的个性来设计宠物少女装、休闲装、宫廷装、丧服等。

问题：对比何强和王君敏的情况，你有什么感悟？

4. 从前，有三个商人骑着骆驼相伴着穿越沙漠，前去遥远的西域采购货物。当他们正渡过一条干涸的河床时，阴影中传来一个低沉的声音：“停步！”他们顺从地停了下来。

那个声音继续吩咐道：“从骆驼上下来，拣上小石头装满你的袋子。”三个商人照做不误。然后那个声音又说：“做得好，你们可以骑着骆驼继续前进了。明天旭日东升时，你们会又高兴又悲伤的。”

于是三个商人继续骑着骆驼前行，边走边纳闷，怎么可能同时又高兴又悲伤呢？

其中有个商人就开口了：“我怎么也想不通，在这沙漠之中能有什么事比见着河床却没有水，能先高兴后悲伤还糟糕的事，你们知道吗？”另外两人同时摇摇头。

沙漠的炎日和热风使三个商人忘记了其他面对生存的挑战，他们对水的关注和渴望超过了其他所有的东西，甚至是最爱的钻石。他们很快就觉得袋子里的小石头越来越重。他们想甩掉累赘，又怕违背了神秘的指令会惹来杀身之祸。他们悄悄商量的结果，决定丢弃袋子中大部分的石头。这样既遵行了那个神秘的指令，又使自己的旅途轻快了许多。

直到第二天日出，一切平安无事。三个商人不由得为沙漠中那个英明的决定感到万分得意。可当他们打开骆驼背上的布袋时，全都傻了眼！

那剩下的几颗小石头竟然变成了钻石、玛瑙和紫晶！

他们高兴极了，意外的财富！然而，想到那些丢弃了的石头时，他们又后悔极了！

问题：你从该案例中得到哪些启发？

二、实践题

近年来，许多职业院校专设了"职业生涯设计"比赛项目，你是否参与过这样的活动呢？如果没有，你打算怎样设计自己的职业生涯呢？

通过本节的学习，赶紧行动吧！

悟一悟

学习心得：____

____

课题三　形 象 管 理

做一做

【游戏名称】模特秀。

【场地设施】多功能课室/礼堂/操场，自备职业装。

【所需时间】20～30 分钟。

【游戏步骤】

课前分组，全班大概分 5～7 组，要求学生根据可能从事的销售行业要求来进行自我形象设计，既要符合个人身材、教育背景等情况，突出个性；又要符合职业着装礼仪，突出行业特点。

游戏由学生自己主持，让他们分组展示形象设计成果。各组参赛选手自己化妆、设计服饰及走秀方式，伴随背景音乐走 T 台，时间限制在 2～3 分钟。随后，各组要说明自己的设计主题和原因，时间限制在 1 分钟内。

【注意事项】

- 为方便组织，可事先明确主题分类（销售不同产品）。
- 让每个人都为自己设计一个职业形象。
- 要求各组在表演前进行排练。

议一议

游戏结束后，教师组织对每一组进行点评，请同学们结合课前提出的要求互相说说各自形象设计的优劣，教师注意聆听学生评点是否抓住要点。

评一评

同学们交流汇报完毕后，教师对刚才的游戏作评点。

教师评述要点

- 佛要金装，人要衣装。
- 一个人的外在形象就是他内心的表现。
- 端庄的仪表与整洁的服饰就是最好的推荐信。
- 职场上的适度修饰自己的外表，是一种职业修养。
- 假如给人的第一印象不好，又怎能获得别人的敬仰和接近的机会？

想一想

完成评点后，教师进一步提出问题，请同学们思考发言：

- “以貌取人”与“人不可貌相”是否完全对立？应该如何看待它们传达的含义？
- 职业形象设计除了着装，还应该包括哪些要素？
- 对“销售工作的关键是推销自己”这句话你怎么看？

在现代社会交往过程中，一个人的仪容仪表往往决定着别人对你第一印象的好坏。特别是对商务人士而言，仪表形象本身就是一种武器，它反映出你个人的气质、性格甚至内心世界，仪容仪表会影响别人对你专业能力及任职资格的判断。设想一下，有谁会将一个重要的商务谈判任务交于一个蓬头垢面的人呢？正所谓“人靠衣妆马靠鞍”，如果你希望建立良好的形象，那就需要全方位地注重自己的仪表。大多数人对另一个人的认识，可以说是从其仪容仪表开始的。

空姐绝大部分是年轻漂亮的姑娘，她们穿上合身的职业裙装，佩戴上别致的带有公司标志的丝巾，加上得体的举止礼仪，令人赏心悦目。在激烈的航空市场竞争中，空姐的形象和工作态度，对航空公司占领市场、赢得更多的回头客起着至关重要的作用，以致于形成一个“空姐定律”：在同等条件下，航空公司的收入高低与空姐的漂亮程度成正比。

不同的仪表带来不同的第一印象，而不同的第一印象会带来不同的际遇。仪表指人的外表，包括人的仪容、姿态、服饰、风度等。西方学者曾总结出形象沟通的“55387”定律：决定一个人的第一印象有55%体现在外表、穿着、打扮中，38%体现在肢体语言及语气中，而谈话内容只占到7%。可见注重第一印象，注重我们的外表形象对于我们整体的事业和生活来说是多么的重要。

美好的第一印象永远不会有第二次。人们一般在见面后5秒钟内就对对方形成第一印象。一个人的外在形象代表着他的职业与品味，职场中的人必须牢记这一点，即将踏入职场的同学们，尤其需要记住这一点。那么，我们应该如何来设计打造良好的自我职业形象呢？

一个人的职业形象包括内在的和外在的两种主要因素。我们常说“秀于外，慧于中”，也就是把美丽的外表与智慧的内在结合起来，才能追求到真正的美。

一、内在因素

心灵美是所有美的核心，作为青年人，同学们应该积极面对生活，自强不息，即使身处逆境也要孜孜不倦，锲而不舍；在工作或学习之余，应该多阅读包含人生哲理的书籍，提高文化素养；要拥有宽广的胸襟，待人接物要恰到好处，与朋友相处应热情、温和不做作，给人清新自然的第一印象。这里包含的内容十分丰富，需要每个人在日常生活中慢慢沉淀和积累。

小提醒：

外貌是天生的，仪表却是后天的。

世界上没有难看的人，只有不懂得把自己打扮得体的人。

就职业形象设计而言，内在因素指内在性格的外在表现，主要通过举止、谈吐表现出来，我们说说举止礼仪和谈吐礼仪，其中举止方面重点说说握手礼仪，谈吐方面重点说说接电话礼仪。

（一）举止礼仪

就商务营销人员来说，下面的举止细节应该注意：

★站姿要挺拔，抬头，双目平视，下颌微收，双肩放松，躯干挺直，重心应在两腿间，女士尤其要做到挺胸、收腹、立腰。

★坐姿要端正，其要领与站姿一样，关键在于腰，不论怎么坐，腰部都要挺直，放松上身，女士双膝自然并拢，双腿可正放或侧放；男士则双膝打开与肩同宽。

★走姿要大方，重心移动要以腰为中心。女士步履轻捷有节奏，走直线，展示优美温柔之美；男士步履雄健有力，走平行线，展示刚健英武之气。

★蹲姿要优美，要求一脚在前，一脚在后，双腿靠紧向下蹲，前脚垂直全部着地，后脚跟提起，脚掌着地，臀部要向下，切忌弯上身，翘臀部。

★接物应用双手，五指并拢，双臂适当内收，自然将手伸出；递物时应双手从胸前递出，物体尖端不可指向对方，不能一只手拿着物品，更不能直接往对方手里丢东西。

★访问时先按门铃或轻轻敲门，时间不要过长，然后站在门口等候，无人或未经主人允许，不要擅自进入室内。

★当看见顾客时，应该点头微笑致礼，同时要主动向在场人都表示问候或点头示意。

★用积极的态度和温和的语气与顾客谈话。顾客谈话时，要认真倾听；回答时，以“是”为先。眼睛看着对方，注意对方的表情。

★要养成良好的习惯，克服各种不雅举止。不要当着顾客的面擤鼻涕、掏耳朵、剔牙、修指甲、打哈欠、打喷嚏，实在忍不住，要用手帕捂住口鼻，面朝一旁，尽量不要发出很大声音。

讲究举止礼仪是塑造良好的交际形象的重要内容，商务社交中应做到彬彬有礼，落落大方，遵守一般的进退礼节，尽量避免各种不礼貌、不文明习惯。

（二）握手礼仪

握手礼仪主要有以下要点：

★握手的顺序是主人、长辈、上司、女士主动伸出手，客人、晚辈、下属、男士再相迎握手。

★握手时，距离受礼者约一步，上身稍向前倾，两足立正，伸出右手，四指并拢，拇指张开，向受礼者握手。

★平等而自然的握手姿态是两手的手掌都处于垂直状态，这是一种最普通也最稳妥的握手方式。掌心向下握住对方的手，是傲慢的握手方式；伸出双手去捧接对方的手，是极其谦恭的方式。

★握手时应伸出右手，不能伸出左手与人相握。戴着手套握手是失礼行为。

★握手的力度要掌握好，稍许用力，太轻显得敷衍，太重显得粗俗。女士尤其不要把手软绵绵地递过去，显得连握都懒得握的样子，应大大方方。

★握手的时间以 1 ~3 秒为宜，不可一直握住别人的手不放。与大人物握手，男士与女士握手，时间以 1 秒钟左右为原则。

★握手时要面含微笑地注视对方，要寒暄几句。

今天，握手在许多国家已成为一种习以为常的礼节，握手时的礼仪也是一种无声的动作语言。

案例：

某一天，某房地产公司的女总裁在办公室接待了一位建筑建材公司的销售经理。男经理被介绍给女总裁后，主动地伸出手来和对方握了握。但 3 分钟之后他就被送出了办公室，之后这位经理多次打电话找总裁希望洽谈销售事宜都被秘书婉拒了。女总裁事后说：“他是男士，职位又比我低，怎么能像王子一样主动伸出手让我握呢？而且，他的手绵软无力，这样的人根本不懂商业礼仪。既然他们公司雇用这么没素质的人来做销售经理，他们的产品又怎么可能有高质量呢？我们这么大的房地产公司，怎么能放心让他们提供建材？”

握手的力量、姿势与时间的长短往往能够表达出不同礼遇与态度，显露自己的个性，给人留下不同的印象。我们也可通过握手了解对方的个性，从而赢得交际的主动。一个积极的、有力量的、正确的握手，能传达你友好的态度和可信度及对别人的尊重和重视；一个虚弱无力的握手方式可能带来非常不利的第一印象，有时甚至会像那位销售经理一样失去很好的商业机会。

（三）谈吐礼仪

讲究谈吐礼仪的目的是通过传递尊重、友善、平等的信息，给人以美的感受。它通过文明、礼貌的语言建立起情感沟通的纽带。一般来说，要想用语文明礼貌，就要懂得如何使用敬语、谦语和雅语。此外说话时要注意控制语速和语调，语速应不紧不慢，让顾客听清楚；语音语调柔和，尽量多采用升调。

1. 敬语与“谦语”相对，是表示尊敬礼貌的词语。除了礼貌上的必须之外，能多使用敬语，还可体现一个人的文化修养。常用敬语有“请”“您”“阁下”“尊夫人”“贵方”等。另外还有一些常用的词语用法，如初次见面说“幸会”“久仰”，看望别人说“拜访”，等候别人说“恭候”等等。

2. 谦语亦称“谦辞”，是向人表示谦恭和自谦的一种词语。谦语最常用的用法是在别人面前谦称自己和自己的亲属。例如，“愚”“家严”“家慈”“家兄”等。自谦和敬人，是不可分割的统一体，只要你在日常用语中表现出你的谦虚和恳切，人们自然会尊重你。

3. 雅语是指一些比较文雅的词语。雅语常常在一些正规的场合以及一些有长辈和女性在场的情况下，被用来替代那些比较随便，甚至粗俗的话语。多使用雅语，能体现出一个人的文化素养以及尊重他人的个人素质。

电话的普及率越来越高，人们每天要接、打大量的电话。作为商务人员，打接电话均十分重要，可以说是一门学问。

接电话的礼仪：

★迅速接听。最好在铃响三声之内接听，如果电话离自己很远，也应该用最快的速度拿起听筒。如果电话铃响了五声才拿起话筒，应该先向对方道歉。

★重要的第一句。电话一接通，就应发出亲切、优美的招呼声，说："你好，这里是××公司"。要记住，接电话时，应有"我代表单位形象"的意识。

★清晰明朗的声音。接电话时声音要清晰、悦耳、吐字清楚。打电话过程中绝对不能吸烟、喝茶、吃零食，即使是懒散的姿势对方也能够"听"得出来。

★认真清楚地记录。随时牢记5W1H技巧，也就是"When何时、Who何人、Where何地、What何事、Why为什么、How如何进行"，既要简洁又要完备，在工作中这些资料都是十分重要的。

★了解来电的目的。上班时间打来的电话几乎都与工作有关，公司的每个电话都十分重要，不可敷衍，即使对方要找的人不在，切忌只说"不在"就把电话挂了。接电话时也要尽可能问清事由，避免误事。

★挂电话前的礼貌。结束电话交谈时，一般应当由打电话的一方提出，然后彼此客气地道别，说一声"再见"，再挂电话，切不可只管自己讲完就挂断电话。

正是因为电话形象在现代社会中无处不在，而商务交往又与电话"难解难分"，因此凡是重视维护自身形象的单位，无不对电话的使用给予了高度的关注。

案例：

张先生购买的某品牌电脑出现了故障。他忘了该电脑的维修电话，于是从查号台问到该公司电话后打了过去。一位小姐接了电话后，犹豫了几秒钟后说道："我帮你找人来说，你稍等。"谁知这一等就是十几分钟。张先生能听到办公室嘈杂的声音，但就是没人再接电话，那位小姐好像也不知去向。他非常生气，从此对这个品牌的印象大打折扣。

思考：这位工作人员错在哪里？你会怎么做？

这位工作人员接了电话却没有及时回应，客户提出的问题得不到解决，给公司造成不必要的负面影响，有些失职。她应该马上向顾客提供维修部门的电话或者马上让另一位有经验的同事来处理，而不是撂下电话便不再理睬。

二、外在因素

除了内在因素，决定职业形象的外在因素主要包括体型要素、发型要素、化妆要素、服装款式要素、饰品佩件要素等。

（一）体型要素

体型要素是形象设计的重要要素之一。一般来说，无论男女，在选择职业着装时，都需要考虑自身的体型特征，掌握一个原则，就是使服装突出你自身的优点，给人视觉上的协调感和愉悦感。同时要注意，完美的体形固然要靠先天的遗传，后天的塑造也是相当重要的。长期锻炼、合理饮食、加上平和的心态，将有利于保持良好的形体。

（二）发型要素

发型要素也是一个不容忽视的外在因素。保持头发日常清洁是基础，男士一般以短发为主，前发不遮住额头，侧发不遮住双耳，后发不及衣领。女士的头发应视脸型、年龄而异。发型的式样和风格能体现出人的性格及精神面貌，要以美观大方、自然得体为原则。

（三）化妆要素

化妆要素在形象设计中起着画龙点睛的作用。男士一般不化妆，主要是注意平日的清洁和保养，尽量让皮肤和五官呈现良好的状态。女士化妆应与皮肤、年龄、时间、场合相适应，如社交妆宜雅，宴会妆宜浓。值得注意的是，不宜当众化妆，不宜残妆示人，不宜离奇古怪。

（四）服装要素

服装要素是极重要的一个外在因素，因为服装造型在人物形象中占据着很大的视觉空间，因此，也是形象设计中的重头戏。选择服装款式、颜色、材质，还要充分考虑视觉、触觉与人所产生的心理、生理反应。当今社会人们对服装的要求已不仅是干净整洁，而是增加了审美的因素。作为职场中人，我们应该以不变应万变，要把握着装的基本原则，规范穿着职业服装的要求是整齐、清洁、挺括、大方。

小知识： 着装要掌握 TOP 原则，TOP 是三个英语单词的缩写，它们分别代表时间（Time）、场合（Occasion）和地点（Place），即着装应该与当时的时间、所处的场合和地点相协调。

案例：

26 岁的张小姐刚进杂志社不久，领导便安排她去采访一位民营企业的老总，听说是一个既能干又极有魅力的女性。张小姐十分兴奋，事先做了大量的准备工作。到了采访当天，穿什么衣服却让她犯了愁。她心想，对方是一位重量级的人物，尤其是位时尚女性，自己当然不能太落伍了。于是她决定模仿在杂志上看到的吊带装清纯形象。采访那天，她穿了一件紧身小可爱、热裤（虽然腿看起来有点粗壮），换了个在家乡极其流行的发髻，兴冲冲地去了。当她站在公司前台说明自己的身份和来意时，她明显看到了前台小姐那不屑的眼神。采访时，那位女老总谈及“品位、时尚和魅力”的关系时，说：“女人的品位和魅力是来自内心，没有内涵的女人，是散发不出个人魅力，也无法凸显品位的。而时尚不等同于名牌、昂贵和时髦，那是一种适合与得体。”张小姐听了这番话，感觉这番话就是为批评自己而说的。采访一结束就离开了女老总的办公室。

“云想衣裳花想容”，爱美是女人的天性，但对于职业女性来说，最关键的是得体。职业着装通常受到职场的环境因素制约，张小姐没有考虑自己记者的身份，一味追求“时尚”，结果可想而知。合时适宜的着装会给专业形象带来不同的效果，简约、素雅是主要的着装原则。

职场穿着正装的具体规范可以概括为三个“三原则”。

★三色原则。职场中人在公务场合穿着正装，必须遵循三色原则，即全身服装的颜色不得超过三种颜色。

★三一定律。这是指职场中人如果穿着正装必须使三个部位的颜色保持一致，具体要求是：男士穿着西服正装时皮鞋、皮带、皮包应基本一色；女士的皮鞋、皮包及裙裤、袜子等的颜色应该一致或相近，这样穿着显得庄重大方。

★三大禁忌。一是职场男士西服商标不拆者是俗气的标志；二是职场中人最好不要穿尼龙丝袜，应该穿高档棉袜，以免产生异味；三是职场人士不要穿白色袜子，尤其是男士穿着西服正装并穿黑皮鞋时。

总之，职场着装应遵循六大基本规范：一是必须干净整洁；二是应符合潮流；三是应符合个人身份；四是应扬长避短；五是应遵循惯例；六是应区分场合。

（五）佩件要素

饰品、佩件要素可以起到很好的搭配效果。因为职业装一般都有相对固定的色彩要求（如黑白灰经典色）或相对固定的款式（如套裙、西装），这时适当地添加一些饰品、佩件，可以恰到好处地点缀服饰和人物的整体造型。其中女士的手袋和男士的皮包是最重要的一个佩件。男士的皮包以方型为主，最好根据自己的经济实力选择质量相对高档的品牌；女士的手袋则需要根据季节、服装、场合等作出合适的搭配，如夏季选择有亮光的漆皮手袋给人时尚感，冬季选择有纯皮的挎包给人高贵感。

最后，需要特别强调一下清洁卫生对职场形象的重要性。无论你穿得多么光鲜亮丽，如果身上有异味或头屑飘飞、指甲脏黑等，那么一切的修饰都会功亏一篑。因此，常洗澡、洗头、洁面、修指甲、保养眼睛、清理耳朵和鼻子、清洁口腔、保持口气清新、剃须、理发、清洗个人物品等，应该成为职场人士的良好生活习惯。否则，你可能也会因为肩上的一点头屑而失掉一大笔的生意。

小提醒：修饰是对自己的一种爱护，对他人的一份尊重。

练一练

一、案例题

1. 郑伟是一家大型国有企业的总经理。有一次，他获悉有一家著名的德国企业的董事长正在本市进行访问，并有寻求合作伙伴的意向。于是他想尽办法请有关部门为双方牵线搭桥。让郑总经理欣喜的是，对方也有兴趣同他的企业进行合作，而且希望尽快与他见面。到了双方会面的那一天，郑总经理对自己的形象刻意地进行一番修饰。他根据自己对时尚的理解，上穿夹克衫，下穿牛仔裤，头戴棒球帽，足蹬旅游鞋。无疑，他希望自己能给对方留下精明强干、时尚新潮的印象。然而事与愿违，郑总经理自我感觉良好的这一身时髦的“行头”，却偏偏坏了他的大事。

问题：郑总经理的错误在哪里？你有什么建议？

2.《林肯传》中有这样一件事：一天，林肯总统与一位南方的绅士乘坐马车外出，途中遇到一位老年黑人向他鞠躬，林肯点头微笑并摘帽还礼。同行的绅士问道：“为什么你要向黑鬼摘帽？”林肯说：“因为我不愿意在礼貌上输给任何人。”1982 年美国举行民意测验，要求人们在美国历届的 40 位总统中挑选一位“最佳总统”，林肯名列前茅。

问题：林肯向老年黑人脱帽致礼给你哪些启发？

3. 一位先生要找 A 公司，但拿起电话却顺嘴说成了 B 公司。A 公司的员工一听对方要找的是自己的竞争对手，马上说“你打错了”。说完“啪”的一下就挂断了电话。这位先生回过神来，觉得心里很不舒服。他以前也跟接电话的这位员工联系过几次，没想到对方的温文尔雅都是装出来的，实际是这副“德性”，他再也不想和对方合作了。

问题：如果你接到这类电话，你会怎样？为什么？

4. 有一位经理讲了这样一个故事：“有一名推销各种笔的人，进办公室坐在我办公桌旁，开始滔滔不绝地介绍他的笔。我很注意地听他的精彩讲解，对于优秀的销售人员的现场销售表演，爱销售的我怎么能错过呢！正听得津津有味时，不知他是因为我专注的神情而紧张，还是他感觉我们的空调温度不够低，他拿着纸块儿开始扇起来，一阵阵凉风拂过，同时一股难闻的口臭味儿也飘来，我顿时一改对他良好谈吐的欣赏，当然连同他介绍的优质产品一并否决在那飘在空气中的口臭味儿里。”

问题：你从这名销售员身上得到什么教训？

5. 一位先生要雇一个没带任何介绍信的小伙子到他的办公室做事，先生的朋友挺奇怪。先生说：“其实，他带来了不止一封介绍信。你看，他在进门前先蹭掉脚上的泥土，进门后又先脱帽，随手关上了门，这说明他很懂礼貌，做事很仔细；当看到那位残疾老人时，他立即起身让座，这表明他心地善良，知道体贴别人；那本书是我故意放在地上的，所有的应试者都不屑一顾，只有他俯身捡起，放在桌上；当我和他交谈时，我发现他衣着整洁，头发梳得整整齐齐，指甲修得干干净净，谈吐温文尔雅，思维十分敏捷。怎么，难道你不认为这些小节是极好的介绍信吗？”

问题：你从这案例中得到哪些启发？

二、实践题

与同学们分角色进行产品推销的模拟情景练习，注意从电话预约到登门拜访到着装要点到起身告辞的每个礼仪细节。

悟一悟

学习心得：____

____

课题四　时 间 管 理

做一做

【游戏名称】一寸光阴一寸金。

【场地设施】多功能课室/礼堂/操场，细绳若干（长度大约40寸）、剪刀。

【所需时间】15～20分钟。

【游戏步骤】

1. 教师解释游戏的含义和操作方法：绳子的长度象征一个人的寿命，1寸代表1年，通常，人在1～20岁和60～80岁都不工作，人的一生真正能用于工作的可能只有40年的时间。这40年也不可能每时每刻都在工作，那么，我们要用剪刀剪掉每一个和工作无关的时间段。

2. 分发绳子到各小组，教师在黑板上列出一个正常人工作40年的账目表，要求学生剪掉相应的绳子长度，最后看看绳子还剩多长。

表4－1是一个正常人的时间账目参考值。

表4－1

项　目	每天耗时	40年耗时	结余
睡觉	8小时	13.3年	26.7年
吃饭	2.5小时	4.2年	22.5年
交通	1.5小时	2.5年	20年
电话	1小时	1.7年	18.3年
休闲	3小时	5年	13.3年
洗漱	1小时	1.7年	11.6年
聊天等	2小时	3.3年	7.3年
生病等	2小时	3.3年	4年

最后可请同学们根据自己在校的作息表，以一天为例（取绳子24小时），看看自己真正花在学习上的时间有多少。

【注意事项】

- 尽可能准备更多的绳子，让更多的同学亲身体验剪掉的过程。
- 该游戏实际包括两个内容，教师可根据实际情况调整第二个剪绳子的内容，可以是在校三年的时间或一个学年的时间等。

议一议

游戏结束后，教师请同学们举手发表自己的感想，说说从这个游戏中获得的启发。

评一评

同学们交流完毕后，教师对刚才的游戏作评点。

教师评述要点

- 一寸光阴一寸金，寸金难买寸光阴。时间一分，贵如千金。
- 节省时间，就是使一个人的有限的生命更加有效，也就是延长了寿命。
- 谁对时间越吝啬，时间对谁就越慷慨。
- 时间像弹簧，可以缩短也可以拉长。
- 善于利用时间的人，永远找得到充裕的时间。

想一想

完成评点后，教师进一步提出问题，请同学们思考发言：

- 什么样的人能成为时间的主人，什么样的人会成为时间的奴隶？
- 你怎么理解“时间最不偏私，给任何人都是二十四小时；时间也最偏私，给任何人都不是二十四小时”这句话？
- 既然时间经不起浪费，如何才能科学有效地利用每一天、每一分、每一秒呢？

你有过天天都在忙碌但仍然有很多该做、想做的事情没有做的经历吗？你是否觉得自己的许多宏图大志都只有在梦中实现呢？你是否总是被一些琐事烦扰连自己的兴趣爱好都无法安排呢？你是否总觉得要等待“有空的时候”才能去做自己想做的事、读自己想读的书、玩自己想玩的游戏呢？更要命的是，你是否根本找不到“有空的时候”呢？如果是，那么你需要的不是“有空的时间”，而是如何组织和运用时间！

上帝给予每个人的时间都是平等的，每一年 365 天，每一天 24 个小时，每小时 60 分钟。从这个角度来说，没有人有权利埋怨时间不够。可为什么别人总是时间绰绰有余，生命多姿多彩，而有的人总是觉得工作学习压力太大，时间总是拮据不堪呢？这就是每个人在时间管理和运用能力上的差别。我们不妨首先来做个小测试，看看你在时间管理上是否合理。

下面的每个问题，请根据自己的实际情况如实地给自己评分。计分方式为：选择“从不”记 0 分，选择“有时”记 1 分，选择“经常”记 2 分，选择“总是”记 3 分。

1. 我在每个工作或学习日之前，都能为计划中的工作或功课做些准备。
2. 凡是可交派下属（别人）做的事情，或在学校生活中可不用自己亲自做的小事情，我都尽量不做。
3. 我利用进度表来书面规定工作或学习的任务与目标。
4. 我尽量一次性处理完毕每份文件或作业。
5. 我每天列出一个应办事项清单，按重要顺序来排列，依次办理这些事情。
6. 我尽量回避干扰电话、不速之客的来访以及突然的约会。
7. 我试着按照生理节奏变动规律曲线来安排我的工作和学习。
8. 我的日程表留有回旋余地，以便应对突发事件。
9. 当其他人想占用我的时间，而我又必须处理更重要的事情时，我会说“不”。

测试结论：

0～12 分	你自己没有时间规划，总是让别人牵着鼻子走。
13～17 分	你试图掌握自己的时间，却不能持之以恒。
18～22 分	你的时间管理状况良好。
23～27 分	你是值得学习的时间管理典范。

你的成绩怎么样呢？如果成绩已经很不错了，那么祝贺你已经有了良好的时间管理方法；如果成绩还不太理想，也别灰心，通过这一节的内容我们一起来学习提高。

管理时间有什么好用的方法呢？其实很简单，我们只要从两个方面着手，就能轻松解决这个问题：（1）找到运用时间的最佳方法；（2）避免浪费时间的错误观念和行为。

案例：

公司主管通知小美今天正式去公司实习，早晨8点半要准时到公司集合，需携带相关资料和有效证件。兴奋的小美6点不到就起床了，洗漱完毕，小美为穿什么衣服、配什么样的背包犯了愁，她前前后后试穿了好几套服装都不满意，最后一看时间，呀，都过去一个多小时了，一会儿还要挤公交买早餐呢。小美赶紧挑了一套还算不错的衣服，拿起包就准备往门外走。突然又想起要带资料和证件，于是又是一番寻找，总算出门了。踩着高跟鞋的小美在路边随便买了份早餐，急冲冲走到车站，时间已经是7点40分。此时正是上班高峰期，车站人头攒动，可公交车却迟迟不来。左等右盼，总算在快8点时小美才挤上了公交车。车到站时已是8点31分，而小美走到公司大楼还需要至少8分钟的时间。

思考：

你觉得小美的时间是怎么溜走的？该怎样改进？

故事中的小美所犯的毛病也是很多年轻人容易犯的。明知道这一天很重要，却不懂得提前做好准备；重要资料随便乱放；在衣服的细节上浪费大量时间；不知道预留坐公交车的机动时间；最后弄得团团转，越想表现却越弄巧成拙。如果她能在前一天晚上就把第二天要穿的衣服、要带的资料准备好，并且计算好每个步骤大概时间，预留足够的机动时间，然后定好闹钟提醒自己，那么她就不会这么慌乱无措，而是可以有条不紊地梳洗打扮，从从容容地去迎接实习的第一天。

生活中，我们无时无刻不在和时间打交道。这交道打得怎么样，可能很多人都没有认真地去审视过。下面我们来分析一下偷走我们时间的“窃贼”和干扰我们的错误观念。

时间窃贼1：没有计划和目标。

案例：

佳佳同学是某高职学校商务专业的学生，在学校已经度过了一个学年了，但她觉得自己好像什么也没有学到。同班的西西同学则有不同的感受。西西是个极有目标的学生，她入校后了解了专业发展前景后给自己制订出相应的考证计划，明确第一学期学习成绩上要达到三好标准，要加入两个社团；第二学期在继续做好功课的基础上，做好营销师考证的准备工作。一个学年下来她不仅两次获得三好学生的称号，还取得了公共英语四级证书、计算机一级证书，而且为营销师证的考试做好了充分准备。

佳佳和西西是两个不同的代表，我们身边很多人都有佳佳那样的茫然，没有目标和计划，时间总是在不知不觉中溜走。而西西却因为目标明确、计划得当而取得了不一般的成绩。她们在校时间相等，但价值却不同。我们应该反思自己是否也有和佳佳一样的毛病，我们应该学习的对象是西西。

时间窃贼2：懒惰不愿意干活。

“春天不是读书天，夏天炎炎正好眠，秋有蚊虫冬有雪，读书还须待来年。”这首打油诗非常形象地讽刺了空有金榜题名的抱负但又冠冕堂皇地一年四季不读书的懒人，他们做事时“我生待明日”，结果自然是“万事成蹉跎”，人生到头也就只能“老大徒伤悲”了。

懒惰的人从来不会努力去做事，任由时光流逝，而他得到的后果就是叹息和后悔。懒人总是喜欢找借口，把今天的事情推到明天，总是到了最紧要的时刻方才如梦方醒，后悔莫及。显然，这样的状态将永远也不能得到成功的青睐。如果你也有懒惰的坏毛病，那么你需要做的就是振作起来，改变自己，否则你的生命将在一事无成的哀叹声中消失得无影无踪。

时间窃贼3：资料凌乱，时刻找东西。

经理人A：他任何时候都忙得喘不过气，办公室像一间杂货铺，他常在凌乱的文件堆中找东西。他似乎没时间也不懂得如何将手头的东西安置好。他缺乏系统思维，事务处理一团糟，他公司的业务很大但开支更大。

经理人B：他总是平静、从容，不管业务如何繁重，从不见他十分忙碌。他每晚清理写字桌，及时回复重要信件和填发订货单，事务按程序进行。他从不盲目苦干，不躬亲于一切琐事。但在他的公司中一切都有条不紊，大家忙而不乱，各司其职，事务进展顺畅有序。

资料凌乱，不懂得整理看起来只是无关痛痒的小事。实际上，这是管理上的重要学问。正所谓“一屋不扫何以扫天下”，如果连简单的资料数据都不能有效地归类整理，怎么能管理好一个公司？更何况井井有条的数据和资料可以大大提高工作效率，增加经济效益。

时间窃贼4：办事拖拉，注意力不集中。

案例：

林小姐和丈夫经营了一家小公司，她自己负责人事和财务工作。她虽然每天都来公司上班，但却不爱做事，每天上网聊天。日常的财务记账工作都要拖上十天半个月才会做一次，平常都是把单据攒起来，可一到想干活的时候看见一大堆的东西就烦。公司内部账几年了从来没理顺过。她自己也为这个事情十分苦恼，也试着每天集中精力来干正经事，但是最多只能坚持3天。

林小姐的主要问题在于她没有时间观念，做事喜欢拖拉。一般来说，两种人容易拖拉：一种是细心过头，另一种是懒惰至极。前者把时间浪费在细枝末节上，后者则总是找出借口推脱。林小姐基本上属于后者，因为公司是自己经营的，没有老板给她压力，做事动力不够，所以拖拖拉拉。同时，她工作时注意力不集中，总是在电脑上干别的事，浪费了自己的大把光阴。这样下去，公司的经营必然受到负面影响。

时间窃贼5：做事不分轻重缓急。

人总是无时无刻不面对“时间运用”的问题，无论是面对重大的人生转折或芝麻绿豆的生活琐事，难免要作一番抉择，而且必须自己承担抉择的后果。如果时间的运用只须在“好”“坏”之间选择其一，问题当然很简单。然而，时间的运用往往不是在好坏之间取舍，而是好与最好的抉择。事实上，“最好”的敌人，常常便是满足于“好”的心态。

时间窃贼6：一人包打天下，凡事追求完美。

一个人的精力是有限的，凡事都自己去做，往往不能完成多少工作，即使全力付出，非常努力，也可能实现的价值很低。有的人习惯事无巨细并事事躬亲，在很大程度上是因为他太追求完美，总是觉得自己的方式是最好，不相信他人的能力和力量。其实，要想实现更高的价值，就一定要懂得授权，懂得依靠团队。

时间窃贼 7：太过拼命，不懂得休息调节。

可能有人会觉得，既然时间如此宝贵，那我们应该不眠不休，争取每一分每一秒，做个工作狂。其实这样的想法也是不对的，很多时候，不懂得休息和调节换来的结果却得不偿失。

时间窃贼 8：被干扰时，不懂得拒绝。

在作家张恨水的小说《八十一梦》中，有个叫吴士干的人，只要别人说他“热心”，他就可以一大晚上一大晚上地陪人周旋，有一次，他在外面躲牌局躲了一整天，到最后还是被人拉去打牌了。连这个“无事干”的人都知道老是被别人控制和安排自己的时间不太好，我们更应该要警惕这样毫无意义的干扰。

上面列举的这些情况都是浪费时间主要症结所在，现在找到了时间被浪费的症结所在，我们就应该对症下药，掌握有效的时间管理法则，帮助自己成为时间的主人。下面我们介绍几个有效管理时间的法则。

法则一：制订时间管理计划

计划往往与目标紧密相连，要想达到人生的目标，就一定要制订可行的时间管理计划。你可以向自己提这样的一些问题，如：我这段时间的主要目标是什么，具体包括哪几项？这段时间最重要的事情是什么？我该怎么分配时间才是最合理的？什么时候完成哪些任务？等等。然后，你要做的是列出每月、每周、每日的行程表，设定每项活动的完成期限或跟进日期，制定应急措施，预防突发事件。这样一来你便会有条不紊，一切尽在掌握。

同时，在时间管理计划过程中，你要善于把大的目标化成一个个小的目标，这样才能化繁为简，一步一步取得成功。

> 1984 年，在东京国际马拉松邀请赛上，名不见经传的日本选手山田本一出人意料地夺得了冠军。当记者问他为什么能取得如此惊人成绩时，他说：“每次比赛时，我都要乘车把比赛线路仔细看一遍，并把沿途比较醒目的标志画下来，比如第一个标志是银行、第二个标志是一棵大树、第三个标志是一座红房子……这样一直画到赛程的终点。比赛开始后，我以百米冲刺的速度奋力地向第一个目标冲去，等到达第一个目标后，我又以同样的速度向第二个目标冲去……四十多公里的赛程，就这样被我分解成几个小目标轻松地跑完了。起初，我不懂这样的道理，我把目标定在四十多公里外终点线上的那面旗帜上，结果我刚跑十几公里就疲惫不堪，我被前面那段遥远的路程吓倒了。”

有效的长期规划能让你志存高远，勇于接受挑战；明确的短期计划能帮助你集中精力，清楚具体操作。山田本一聪明地在马拉松赛中为自己寻找标志物作为小目标，清楚地看到自己每一步的成功，最终更有信心和动力走向终点。我们也应该在为自己拟订远大的人生规划后，再为自己拟订详细的行进步骤。

法则二：排定工作的优先顺序

传统的时间管理一味要求在最短时间内做很多事，却忽略了依照自己对事情的重视程度来安排时间顺序。我们需要学习的一个重要的时间管理理念，就是“忘掉墙上的闹钟，学会认清事情的急迫性与事情的重要程度”。这是帕累托原则要向你传达的时间管理理念。

> **名词解释**
>
> 帕累托原则：是由 19 世纪意大利经济学家帕累托提出的一种集大成的时间管理理念。他认为生活中 80% 的成果只源于 20% 的行动。因此，要把注意力放在 20% 的关键事情上。

人们根据帕累托原则把日常工作和生活中的事情根据“重要”和“紧急”两个标准分为四个象限，其中第一象限里是重要且紧急的事情，第二象限是重要但不紧急的事情，第三象限是不重要但紧急的事情，第四象限是不重要且不紧急的事情。

第一象限	第二象限
重要且紧急： ☆工作或生活中的危机 ☆有期限压力的计划	**重要但不紧急：** ☆防患于未然的改善 ☆建立人际关系网络 ☆发展新机会 ☆长期工作规划 ☆学习
第三象限	**第四象限**
不重要但紧急： ☆ 不速之客 ☆ 某些电话 ☆ 某些会议	**不重要且不紧急：** ☆ 可参与可不参与的娱乐 ☆ 毫无意义的消遣

根据这一原则，我们应当对要做的事情进行如下的排序：多投资时间在第二象限的事情上，如做好人生规划，不断学习提高；马上处理，但尽量避免扩大第一象限的事情，如救火、抢险；尽量减少第三象限的事情，对于不速之客、无意义的电话要学会说“不”；尽量避免第四象限的事情，如某人请你过去打麻将、追踪毫无意义的肥皂剧等。要记住：时间因为事件的不同而变得意义不同。有的人成功是因为在单位时间内选择了重要的事件去做，有的人不成功是因为在单位时间内选择了不重要的事件去做。单位时间内选择事件的不同，造成人和人之间的差异。

法则三：学会授权和分配工作

如今，个人英雄主义的时代已经结束，企业作为一个团队必须集体行动。无论你处于什么样集体中，你都应该学会适当地授权和分配工作，不要一个人单打独斗。只有借助团队的力量，你才能取得更大的效益。

法则四：养成整洁、有条理的习惯

据对美国 200 家大公司职员所做的调查，公司职员每年都要把六周左右时间浪费在寻找乱放的东西上面。这意味着，他们每年要损失 10% 的时间。对此有一条最好的原则：不用的东西扔掉，不扔掉的东西分门别类保管好，养成整洁、有条理的习惯。

法则五：专心致志，有始有终

自古以来，成事者定要专心致志，容易分神的人往往一事无成。

时间管理上的专心致志，能帮助你高效地完成一项重要工作。需时较长的重要项目，应安排大块完整的时间，避免时断时续的工作方式。研究发现，造成职员浪费时间最多的原因是时断时续的工作方式：一是停顿下来费时，二是重新开始后，还需要花时间来调整情绪、思路和状态，才能在停顿的地方接下去干。因此，如果手头的工作很重要，工作期间不要接电话、聊天等；如果你的工作环境让你不能工作就换个没人打扰的地方；如果这件事情不需要用电脑就可以完成，就把电脑关掉。总之，不要让其他事情影响手头上的工作，要尽量完成一项工作后再开始另一项，切忌有头无尾。

法则六：克服拖延，当日事当日毕

在生活中或工作时，有很多人有拖延的习惯。“等一会再说”“明天再说”“等有空再说”等等推脱的话语成了他们的口头禅。“明日复明日，明日何其多，我生待明日，万事成蹉跎。”拖延令我们丢失今天而永远生活在“明天”的等待之中，拖延的恶性循环使我们养成懒惰的习性、犹豫矛盾的心态，成为一个只知抱怨叹息的落伍者、失败者、潦倒者。克服拖延的最佳方式就是立即行动。我们可以分析利弊，为工作设定完成日期，制订具体的计划，安排跟进，每天都将目标和结果日清日新。如果自己无法正视这个坏毛病，则可请别人对自己进行监督。比尔·盖茨曾向他的员工谈起他的成功之道，他说：“我发现，如果我要完成一件事情，我得立刻动手去做，空谈无济于事！”

法则七：懂得说“不”的技巧

要把时间集中在重要的有意义的事情上面，就一定要掌握说“不”的技巧，对干扰你的各种因素能果断拒绝，尽量减少不必要的应酬，必须应酬时也要设法节省应酬的时间。

著名书法家启功曾因访客太多，在宿舍门上贴上“大狗熊病了，谢绝参观”。

美国科学家弗朗西斯·克里克在获得诺贝尔奖之后，为自己设计了一份别致的谢绝书：“克里克博士对来函表示感谢，但十分遗憾，他不能应您的盛情邀请给您：签名，赠送相片，为您治病，接受采访，发表广播谈话，在电视中露面，赴宴后做演讲，充当证人，为您的事业出力，阅读您的文稿，做一次报告，参加会议，担任主席，充当编辑，写一本书，接受荣誉学位。”

在拒绝别人的时候，首先表示你对他的请求已经有了慎重的考虑，并且给予对方足够的尊重，告诉别人拒绝的理由，使他了解你不是拒绝他本身，而是拒绝他提出的这个事情，这样收到的效果会比较好。

法则八：善用零散时间

零散的时间就像水珠，如果不集中起来，就容易蒸发，变成水雾飘走；如果集中起来，也许会变成涓涓溪流，甚至汇流成河。古今中外有很多成才者都是善于同偷偷溜走的“点滴”打交道的能手。

爱因斯坦一次与朋友相约，他站在桥头一边等候，一边在纸上匆匆地写着。雨淋湿了衣服，他也毫不察觉。朋友终于来了，满怀歉意地说：“对不起，耽误了你宝贵的时间。”爱因斯坦却说：“这段时间对我来说很有益，因为我又有了一个出色的想法。”

正所谓滴水成河，零散的时间可用来从事零碎的工作，利用零碎时间处理杂务，例如坐车、等人时，就可以学习、思考、阅读、更新工作日程、简短地计划下一个行动等等。一旦每分每秒都被你充分利用起来，你的时间就无形之中比别人多出几倍甚至几十倍。

法则九：随时检查反思

每一天做完事，静坐下来好好想想，是不是存在违反时间管理法则的坏习惯。如果有，应该如何改进?

时间管理自行诊断

1. 今天做了哪些有意义的事？
2. 今天有哪些事情是在适当的时间内做的？
3. 今天有哪些事情是在不适当的时间内做的？为什么在不适当的时间做了这些事情？
4. 今天在哪一段时间着手进行最重要的工作？为什么在这段时间做这份工作？这工作是否可以提早做？
5. 今天最有效率的是哪段时间？为什么这段时间最有效率？
6. 今天最没有效率的是哪一段时间？为什么这段效率最没有效率？
7. 今天工作中最大的干扰是什么？为什么会产生干扰？这干扰是否可以控制或排除？
8. 今天最严重的三个时间陷阱是什么？以后有无可能遗忘这些陷阱？如何跨越它们？
9. 今天做了哪些不必要的事情？
10. 今天做了哪些不需要亲自动手的事？
11. 今天花费了多少时间做重要的事？
12. 今天花费了多少时间做不重要的事？
13. 今天有哪些事情本来应花费更多的时间去做？
14. 今天有哪些事情本来可以花费较少的时间去做而不至于减低效果？
15. 从明天开始，应该怎样做才能改进时间的效果？

法则十：掌握自己的生物钟

相信同学们都有过上课打瞌睡的经历吧？如果不能很好地掌握自己的作息时间和生物钟，大把时间都会被浪费在精力不济的恍惚中。遵循自己的生物钟是提高办事效率、节约时间的又一个宝贵法则。你应该清楚地了解自己办事效率最佳的时间是什么时候，将优先办的事情放在最佳时间里。如果你忙得不可开交，应培养随时随地入睡的能力，注重睡眠质量，不要只注重时间长短。要保持旺盛精力，可利用自我暗示与身心放松的方式，定时地运动，练习一些放松自己的技巧，如深呼吸、瑜伽等。

在某大学的一堂体育理论课上，一位老教授写下“$8-1>8$”这个不等式，引起学生的窃窃私语。老教授解释说，我这是帮你们在算学习效益账。每天从紧张学习的8个小时中挤出1个小时，用于跑步、打球等体育锻炼，就会消除大脑疲劳，提高学习效率。

人的身体机能有一定的规律，我们要适当注意劳逸结合，恰如其分地掌握自己的生物钟，这样不仅可以提高办事效率，节约时间，还能使人始终保持身心愉快。

练一练

一、案例题

1. 一位青年画家把自己的作品拿给大画家柯罗请教。柯罗指出了几处他不满意的地方。

“谢谢您！”青年画家说，“我明天就修改。”柯罗激动地问：“为什么要明天？你明天才改吗？要是你今晚就死掉了呢？”

动画片《等明天》里有一个贪玩的猴子，整日无所事事。每当邻居建议他赶快造房子时，它总是满不在乎地说：“等明天吧！”就这样日子一天天地过去了，猴子始终也没有建造好自己的房子。有一天，突然电闪雷鸣，下起倾盆大雨，别的动物都安全地躲到自己的房子里去了，只有猴子无处藏身，淋了个“落汤鸡”，还差点丧了命。

问题：这两则故事给你什么启发？

2. 洗手的时候，日子从水盆里过去；吃饭的时候，日子从饭碗里过去；默默时，日子便从凝然的双眼前过去。我觉察他去得匆匆了，伸出手遮挽时，他又从遮挽着的手边过去。天黑时，我躺在床上，他便伶伶俐俐地从我身上跨过，从我脚边飞去了；等我睁开眼和太阳再见，这算又溜走了一日。我掩着面叹息，但是新来的日子的影儿又开始在叹息里闪过了。

问题：学习完本节内容，再读朱自清先生的《匆匆》，你有什么感悟？

3. 在世界名著《死魂灵》中，描写了一名叫彼得尔希加的青年佣工，他不甘于浑浑噩噩地度日而勤于读书，但读书却毫无目的性和计划性。祷告书也好，爱情故事也好，甚至小学初等读物也好，他完全一视同仁，一样读得很起劲。他所高兴的是他在读书，而并非他在读什么。就这样，他读了不少书，却仍然没有什么知识，一直都是乞乞可夫一名平凡的仆人。

问题：彼得尔希加的时间运用问题出在哪里？对你有什么借鉴作用？

4. 1930 年 10 月，在纽约数学学会会议上，著名数学家科尔登上讲坛，论证了一道 200 年间无人攻克的难题。与会者感慨之余，有人问科尔：“你解这道题费了多少时间？”科尔回答：“三年内的全部星期天。”

我国古代著名画家王冕出身贫寒，家中无力供他上学，他只好到一个姓秦的人家放牛。王冕时刻想着读书学习，每次出去放牛，都借书本带在身上，有时骑在牛背上读书，有时牛在吃草，他就坐在树下看书。就这样，王冕利用点点滴滴的时间，靠自学学到了很多知识。后来他又刻苦画画，终于成了著名的画家。

问题：你从该案例中得到哪些启发？

5.《圣经新约》的翻译者詹姆斯·莫法特的书房里有三张桌：第一张摆着他正在翻译的《圣经》译稿；第二张摆的是他的一篇论文的原稿；第三张摆的是他正在撰写的一篇侦探小说。莫法特的休息方法就是从一张书桌搬到另一张书桌，继续工作。

问题：你从莫法特休息法中得到哪些启发？

二、实践题

1. 评价下面的时间管理观点：

（1）能者多劳，我的能力既然得到认可，多干一点没关系。

（2）自己去干，事情一定做得更好。

（3）这件事很紧急，一定很重要。

（4）加长工作时间，减少休息娱乐就一定会取得良好工作成效。

（5）我每天都很忙，根本没有闲功夫来做整理办公桌之类的琐事。

2. 从现在开始为自己制订时间管理计划，坚持每周检查反省自己。

悟一悟

学习心得：____

____

课题五　健康情绪管理

做一做

【游戏名称】测试你的健康年龄。

【场地设施】多功能课室/礼堂/操场，秒表、一把尺子、一支笔、几张纸、体育课用的垫子。

【所需时间】20～25 分钟。

【游戏步骤】

根据每道题的要求完成相应的内容，记录分数，最后得出健康年龄分数。

学生两两搭配进行测试，一个人测试，另一人帮忙计算分数；然后再反过来测试。

1. 得出你的静态心率（连续三个早上醒来时立刻测量 1 分钟，然后取其平均值）。65 以下：实际年龄减 5；66～89：不加不减；80～90：实际年龄加 2。

2. 计算体重指数［BMI＝体重（公斤）除以身高（米）的平方］。18.5 以下：第一题得分减 2；18.5～24：不加不减；25～30：第一题得分加 2；30 以上：第一题得分加 4。

3. 你每天吸烟多少支？20 支或以上：第二题得分加 2；5 支以下：第二题得分加 2；不吸烟者：不加不减。

4. 你每天喝多少酒？一周都不喝酒，只在周末时喝 20 单位（1 单位＝300 毫升，约为 6 两）：第三题得分加 5；约 4 单位：第三题得分加 2；2 单位以下：不加不减。

5. 60 秒之内你能做多少个俯卧撑？让你的同伴给你计时。0～2 个：第四题得分加 2；2～5个：不加不减；6 个以上：第四题得分减 2。

6. 60 秒你能做多少个下蹲？0～20 个：第五题得分加 5；20～40 个：不加不减；40～60 个：第五题得分减 2。

7. 60 秒你能上多少级阶梯？让你的同伴给你计时。0～20 级：第六题得分加 5；20～30 级：第六题得分加 2；30～40 级：不加不减；40～60 级：第六题得分减 2；60 级以上：第六题得分减 5。

8. 当你努力触摸脚趾的时候，你能摸到多远？膝盖和小腿肚之间：第七题得分加 5；小腿肚和脚踝之间：不加不减；脚趾：第七题得分减 2。

9. 60 秒之内你可以做多少个仰卧起坐？让你的同伴给你计时。0 ~ 10 个：第八题得分加 5；20 ~ 30 个：不加不减；31 ~ 50 个：第八题得分减 2。

10. 后背碰手，保持这个姿势 20 秒。两手之间距离超过 5 厘米（2 英寸）：第九题得分加 2；刚好可以触碰到手指指尖：不加不减；左右两边都可以两手抓住：第九题得分减 2。

11. 背部伸展，保持这个姿势 20 秒。根本不能转动肩膀：第十题得分加 5；能够扭转但是不能保持 20 秒时间：不加不减；很简单地完成这个动作：第十题得分减 2。

12. 你单腿独立能够站多久？保持这个姿势 60 秒。让同伴用秒表给你计时。没到 30 秒就开始摇摆：第十一题得分加 2；能够保持 30 ~ 60 秒：不加不减；能够保持超过 1 分钟：第十一题得分减 2。

13. 与同伴面对面站立，双手张开，相距 15 厘米。让你的同伴在你双手之间垂直丢下一根直尺，丢 5 次，保证每次都是从同一个高度丢下。你能够接住直尺几次？0：第十二题得分加 5；1 ~ 2 次：第十二题得分加 1；3 次：不加不减；4 ~ 5 次：第十二题得分减 2。

14. 盘腿坐 60 秒。膝盖距离地板 12.5 厘米：第十三题得分加 5；膝盖距离地板 6 厘米：不加不减；膝盖碰地：第十三题得分减 2。

【注意事项】

- 如果学生觉得任何运动过于激烈，那就停止。这可能说明他不太健康，应该去看医生。
- 为了节约上课的时间，一定要提前测量身高、体重和心跳。
- 引导学生据实回答。

议一议

游戏结束后，教师请同学分享自己的成绩，说说自己的健康状况，以及从这个游戏中获得的启发。

评一评

同学们交流完毕后，教师对刚才的游戏作评点。

教师评述要点

- 健康是人生第一财富，是其他一切的基础。
- 忽略健康的人，就是等于在与自己生命开玩笑。
- 有规律的生活是健康与长寿的秘诀。
- 人类所能犯的最大错误就是拿健康来换取其他身外之物！
- 幸福的首要条件在于健康。

想一想

完成评点后，教师进一步提出问题，请同学们思考发言：

- 健康为什么是人生最重要的财富？
- 你怎么理解“健康的人未察觉自己的健康，只有病人才懂得健康”这句话？
- 你觉得保持健康是否仅仅是对自己的义务？

伟大的教育家陶行知先生曾提出，我们每天应有四问：一问自己的健康有没有进步；二问自己的学问有没有进步；三问自己担任的工作有没有进步；四问自己的道德有没有进步。为什么把健康排在第一位？因为健康才是生命的根本，有了健康强壮的身体，我们才有资本去实现理想，去寻找幸福，不然的话，一切都是空的。曾经有人用“100000000……”来比喻人的一生，其中“1”代表健康，各个“0”代表生命中的事业、金钱、地位、权利、快乐、家庭、爱情、房子、车子……纷繁冗杂的“0”充斥了人们的生活，“1”常常被忽视，但“1”一旦失去，所有的“0”都失去了意义，浮华喧嚣都会归于沉寂。

小伴读： 健康可使家庭拥有10倍的幸福，可使事业成功拥有100倍的可能。

健康的重要性不言而喻，首先我们来看看怎样才算是健康。根据世界卫生组织的权威定义，健康表现在三方面：**躯体生理健康、心理健康、适应社会的能力**。也有人把健康的标准归纳为“五快三良好”，具体包括躯体健康“五快”：吃得快、走得快、说得快、睡得快、便得快；心理健康“三良好”：良好的个性、良好的处世能力和良好的人际关系。也就是说，要称得起健康，不仅仅是身体没有不适，而且要心理完善健全，有良好的社会适应能力。

那么，现代人的健康状况究竟如何呢？世界卫生组织的一项全球调查结果显示：真正健康的人约为5%；亚健康的人约为75%；疾病的人约为20%。就是说绝大多数现代人都处于亚健康状态。亚健康是指非病非健康状态，是介乎健康与疾病之间的状态。如果保健得当，有希望回到健康状态，任其发展就会导致疾病发生。许多疾病在早期的表现都处在亚健康的状态之中，例如，慢性疲劳、不明原因的疼痛等。也就是大家所说的“到医院检查不出毛病，自己难受自己知道”的那种状态。如果这种状态持续发展，就会进入疾病状态。还有专家将其归纳为三种减退：活力减退、反应能力减退和适应能力减退。

小资料： 国家卫生健康委员会公布的中国居民健康素养监测报告（2018年）显示，2018年中国居民健康素养水平虽比2017年增长了2.88个百分点，但仍只达到17.06%的水平。所谓“健康素养”，是指个人获取和理解健康信息，并运用这些信息维护和促进自身健康的能力。

我们如何知道自己的身体是否处于亚健康状态呢？2009年，我国的亚健康专业委员会首次公布了“亚健康状态自评表”。大家可以根据自己近来一个月的感受进行判断，没有得1分、轻度得2分、中度得3分、偏重得4分、严重得5分。统计所得分数，参考评分标准分析自己是否为亚健康。

亚健康状态自评表

1. 近来时常觉得打不起精神，对什么都没有兴趣。
2. 近来常有恐慌之感，似乎有灾难要发生。
3. 后背痛，肌肉酸痛。
4. 日子过得挺灰暗，常感到压抑。
5. 心跳得厉害，呼吸也不顺畅。
6. 工作一小时后，就感到身体倦怠，头脑也变得迟钝。
7. 不想面对同学和老师，有逃避的愿望。
8. 工作（学习）感受不到乐趣和成就，完全成了一种负担。
9. 睡眠质量差，且早上起床后仍感到头脑昏沉。
10. 学习效率下降，老师已表示了对你的不满。
11. 食欲减退，即使符合自己胃口的饭菜，也感到索然无味。
12. 常感到疲惫，渴望休息，可通过休息也难以恢复。
13. 体重明显减轻，早上起床后常是眼眶深陷，下巴突出。
14. 熟悉的工作感到困难重重，自己也感到什么地方出了毛病。
15. 不再热衷于朋友的聚会，以至于许多好朋友长时间不来往。
16. 早上起床后，有持续的头发掉落，近期经常如此。
17. 感到火气很大，一脸愤愤不平的样子。
18. 手脚总是冰凉的。
19. 昨天想好的事，今天怎么也想不起来了，这样的事近来总发生。
20. 常怀疑自己的能力，不敢尝试新事物，对他人的成功则是既羡慕又嫉妒。
21. 社会发展得太快，感到无所适从认为时代已将自己抛弃。
22. 活力减退，对感兴趣的事也提不起精神。
23. 感到孤独，满腹的心事，却找不到倾诉的对象。
24. 感到自己挺可怜，希望有人能保护自己。
25. 事情一多就感到心情烦乱，有应付不了的感觉。
26. 家人对自己不满意，自己很伤心，也很内疚。
27. 生活没有了激情，很少碰到使自己开心的事，整日茫然的过日子。
28. 容易感冒，流感一来，自己必感冒。
29. 对城市的污染、噪声、拥挤非常敏感，实在难以忍受，渴望清静。
30. 感到事情变得很糟糕，且看不到改善的征兆。

如果你的累积总分超过30分以上，表示你的健康已敲响警钟；50分以上，就需要坐下来，好好地反思你的生活状态，加强锻炼并注重营养搭配等；如果累积总分超过80分，那就到了抽出时间看医生的时候了。虽然这样的测试只为大家提供了一个参考，但仍然希望能引起你对自己健康状态的关注，因为造成我们亚健康或不健康的原因大多是由我们自身的作为引起的。

资料：

《环球时报》曾对我国的国民健康状态进行了调查。调查共设计了20个问题，在“国人存在的主要健康隐患”一题中，抽烟是百姓公认的“第一杀手”（77.44%），“经常熬夜”被63.97%的人看做是健康隐患之一，其余八大隐患依次为“不吃早餐”（45.19%）、“喜欢吃油炸食品、西式快餐”（44.13%）、“每天喝三杯以上的烈酒”（39.89%）、“经常坐着不动”（34.22%）、“经常在外就餐”（33.91%）、“经常饥一顿饱一顿”（33.01%）、“不体检”（32.70%）和“盲目减肥”（28.99%）。

生活中，有的人因为工作、生活的节奏加快，忙于工作、学习，常常透支自己的体力和精力；有的人片面追求所谓的美丽，而忽视了正常的保健；有的人因为错误的生活观念，而陷入健康的误区；还有的人把负面情绪长期积蓄在心中，不懂得舒缓，造成心理压力过重。

那么，如何改变亚健康、不健康的状态，让自己以健康的身心面对生活呢？保持一个好的生活状态，提高自身的免疫力是最好的办法。下面重点为大家介绍几个有效健康管理的方法。

方法一：保持平和积极的心态。

在健康因素中，有一个特别的综合性因素，那就是心态。心态可以使你“返老还童”，也可以使你“一夜白发”，更可以在瞬间结束你的生命，是唯一的乘法因素。有研究表明，压力可以直接降低胃的机能而导致消化能力降低，压力的不同可以降低胃的消化能力达到30%、50%甚至80%，极度坏心情会使胃完全停止工作，而好心情则可以大大提高胃的消化能力，使胃口大开。因此，保持平和积极的心态是进行有效的健康管理的重要方面。

小提醒：古人云，心定则气和，气和则血顺。

当然，积极的心态不是从来没有过消极的情绪，而是不被消极的心态所左右。现代社会人们感觉到压力是一种生活常态。生活中的压力处处可见，工作压力、学习压力、生活压力等等，适度的压力甚至能帮助我们成长，促进我们进取。但如果你面对的压力过重，影响到健康，就需要好好考虑一下如何运用合适的减压方式来帮助自己获得心灵的平衡。以下是几种有效的减压方式：

★放松身体。人在压力重重的情况下，全身上下都会非常紧张，甚至会感觉莫名的肌肉酸痛等症状，放松身体的办法可以帮助我们舒缓紧张的神经。具体的方法有很多，见表4－2。

表4－2

舒尔茨法	找个地方躺下，假想自己已经死去，从头部、颈椎到脚趾的每个关节，每一寸肌肉彻底放松，只需要五分钟就会感觉很好。
按　摩	按摩被证明是一种很棒的压力减轻剂，通过专业人士帮助你松弛肌肉和关节，放松和减慢你的心跳速度，减缓压力和焦虑情绪。也可以自己采取一些简单的按摩方法，如耳穴按摩、太阳穴按摩、眉骨按摩、活动肩胛骨、颈椎等。
洗热水澡	在热水浴中浸泡20分钟或者洗个热水澡，不仅能使你的肌肉得到放松，热量同时也会通过扩张你的血管来降低你的血压，减少压力。
睡眠法	睡觉是最有效的减压方式，不过要保证睡眠质量。尽量避免在晚上12点到深夜3点这个时间段熬夜，在安静舒适的环境下进行睡眠，以保证身体彻底地放松。
深呼吸	深吸一口气后屏住呼吸，几秒钟后再呼气，这可以帮助你放松和伸展身体。

★切断干扰。将困扰自己的事情暂时放在一边，不要去想，等到有闲暇或者情绪平稳时再处理，对那些根本无能为力的事情干脆忘掉，见表4－3。

表4－3

隔离法	切断电话、关掉手机、切断和干扰源一切有关的东西，自己找个合适的地方休息一下或专注另外的工作。
抛弃法	把你的心事都写在纸上，然后包了石头沉到小河里；或者把烦恼写在沙子上，让流水冲走，不要再去想它们，反正你现在也解决不了这些问题。

★自我暗示。通过意念来放松自己，学会自己站起来，相信自己的信念，这样你就不会处于过分内压的危险之下了，见表4－4。

表4－4

相信自己	只要相信自己的能力和责任心，相信自己通过努力能做好，告诉自己我能行，还有什么可担心的呢？
不追求完美	不拘泥于细节，不过分注重完美，即使自己不是最好的、最聪明的，那又怎样呢？人无完人，没有人能十全十美。
听音乐	选择那些平时喜欢的、能让人感到愉悦的音乐，暗示自己处于一片平静祥和之中，慢慢地忘掉烦恼。

★转移视线。选择自己喜欢但平时没有时间去做的事，或者走出让你感觉有压力的空间，到一个没去过的地方进行户外活动都是不错的选择，见表4－5。

表4－5

兴趣活动	去做那些你感兴趣但平时总是没时间去做的事，比如登山、打球、骑行等户外活动；或者找朋友唱K、玩牌等。但注意不要把自己弄得太累，重点是放松身体和心情。
度　假	一定要学会给自己放假，找个幽雅的地方和自己喜欢的人出去度假，是忘记烦恼、排解压力的好办法。
购　物	对于女性来说，逛街购物也许会让你把烦恼伤心的事情都抛在脑后，眼花缭乱的商品吸引你的注意力，如果买到了中意的物品，就会感到十分开心，烦恼压力随之减轻或消除。不过要注意适度开支。

★直接面对。与其无端烦恼，不如直接面对。干脆坐下来静心思考尚未完成或即将去做的工作的各种细节，认真分析其中的要点和难点，想出应对的办法，然后将其写下来，使心理上有了充分的准备，从而放下心来。必要时也可以把应对办法挂在显眼的地方，以强化自己足以完成工作的把握和信心。

★寻求帮助。如果你处于绝望的边缘，每天忍受焦虑和惶恐的话，那么去向一些专业人士咨询就很重要了。找一位专业的心理咨询师/临床医学家来帮助你解决压力的困扰和解脱束缚，找出出路很重要。如果情况没那么严重，就去向你信任的人倾诉吧，可以是一两个知己好友，也可以是值得信赖的长者，或者和一个支持你的朋友多笑笑、放松自己，这样也可以排解一些压力。

总之，我们在日常生活中要学会寻求生活平衡点来排遣压力，通过对心灵的修炼让自己性情平和开朗，凡事宽容豁达。

方法二：坚持均衡健康的饮食。

为什么现在生活好了，反而病还多了？这一方面是因为自然环境的污染，如食物由于大量使用化肥和农药、激素，造成食物的污染；另一方面是由于人们在饮食方面不注意合理搭配，导致营养失衡。如有的人只重色、香、味，忽视了食物在加工中破坏了人体需要的维生素；有的人整天大鱼大肉，从而导致心血管病、高血压、癌症的发病率增高；有的人盲目保健，用多元维生素片代替食物；有的人图省事，常常吃高热量的快餐……如此种种，都是不良的饮食习惯。

基本上每个人人体需要42种以上的营养物质，包括各类蛋白质、脂肪、碳水化合物、各种维生素、各种矿物质、微量元素和水等。如果在日常饮食中长期缺少某一种或几种营养素，就会影响身体健康。

资料：

构成人体所需的42种营养物质的饮食必须由多种多样的食物来提供，这就要求每天进食要保证三大营养素的合理比例，即碳水化合物占总摄入量的60%～70%，蛋白质占10%～15%，脂肪占20%～25%。碳水化合物主要由谷类、薯类和淀粉食品构成；脂肪主要以植物油为主，可有少量动物脂肪；蛋白质中应有1/3以上的优质蛋白质（动物蛋白和大豆蛋白）；维生素要按供给量标准配膳，有特殊需要者另外增加。

为了达到营养的均衡，饮食的结构要合理，既要满足机体的生理需要，又要避免某些营养素过量而引起机体不必要的负担与代谢上的紊乱。古人云：“三分饥寒保平安。”从医学的角度来看是有一定道理的。因为饱食终日而又缺乏运动，则会造成能量过剩，引发心脑血管疾病。现代医学研究证实，八分饱最有利于健康。

方法三：养成良好的作息规律。

小提醒：盈缩之期，不但在天；养怡之福，可得永年。

在生活起居方面，良好的作息规律是保证健康的有效方法。顺应自然是最健康的作息方法，古人有一套对应天时的作息时间，这是他们在长期生活实践中摸索出来的，被现代医学研究证明是符合人体的生物钟的。因此，如果可能的话，应尽量按照这个时间去作息，能达到“天人合一”的效果。

资料：

晚上9～11点（亥时），免疫系统（淋巴）排毒时间，此段时间应安静或听音乐，完全放松身心，进入睡眠的准备状态。

晚间11～凌晨1点（子时）：肝脏在排毒，需在熟睡中进行。

凌晨1～3点（丑时）：胆排毒时间。为什么超过12点睡觉的人，即使睡够了8小时，他还是不能解乏？一个重要的原因就是到了肝胆解毒的时间，他没有睡觉去解毒，而是在拼命工作或干别的事，这样第二天早上起床后精神仍然委靡不振。

凌晨3～5点（寅时）：肺排毒时间。有些人总是半夜咳嗽加重，不明白是怎么回事。为什么白天不咳嗽，而到了半夜就咳嗽，这是因为人体排毒的动作走到了肺，其实这是一个好的现象，证明人体自洁的功能在起作用。这时，不应用药进行止咳，以免抑制废物的排出。

半夜至凌晨4点：为脊椎造血时段，必须熟睡，不宜熬夜。

早晨5~7点（卯时）：大肠在排毒，应上厕所排便。很多人晚上不睡，早上自然就起不来。而一起床后，马上要赶着去上学、上班，因此来不及大便，而改成晚上或其他不确定的时间大便。这实际上是强行改变人体的生物钟，时间长了对人身体不好。

早晨7~9点（辰时）：小肠大量吸收营养的时段，应吃早餐。很多人都有不吃早餐的习惯，久而久之就容易得胆结石。

（资料来源：徐捷：《有什么别有病》，人民军医出版社2007年版。）

此外，作息还应该与四季时令适当结合起来。在中医的养生学里，春季宜早起晚睡不急着减衣，夏季宜晚睡早起防日晒，秋季宜充分睡眠防秋燥，冬季宜早睡晚起勤保暖。现代人生活节奏快，即使不能完全按照古人的作息方式来养生，也要尽可能地使自己的生活作息有规律，比如一日三餐定时定量，若白天工作时间长，中午尽量抽空小憩一下（15~20分钟也是很有效的），尽量避免熬夜。

从健康角度讲，熬夜是在拿健康作赌注，是一种不折不扣的健康冒险。熬夜的直接危害就是让人白天容易疲劳、精神不振；皮肤受损，出现暗疮、粉刺、黄褐斑等问题，容易提前老化；还会影响内分泌，免疫力也会跟着下降，感冒、胃肠感染、过敏等都会找上门；如果长期熬夜，更会出现失眠、健忘、易怒、焦虑不安等精神症状。因此，为了你的健康，需要把握好工作和娱乐的度，切忌熬夜，更不可长期熬夜。

方法四：坚持适当的体育锻炼。

俗语说，动一动，少病痛。为保持身体健康，平常应多做运动。运动的主要目的是消除疲劳，舒展筋骨，但也要注意规律性，应根据自己的年龄、身体状况及职业特点来拟订适合自己的锻炼活动表。锻炼有各种方法，我们不必像运动员一样非去做某个体育项目不可，利用日常生活中的简单方法，也可以达到健身的效果（见表4-6）。

表4-6

多走路	如果不赶时间，尽量不借助交通工具而徒步。徒步可使你的脑筋清爽，中餐或晚餐后坚持散步都是不错的习惯。
做家务	适当做一些家务，拖地、种花、整理内务、打扫卫生等都是活动筋骨的好方法。
舒展身体	利用一切机会舒展身体，做简单的体操，如在办公时抽空扭扭脖子、转转肩膀、伸伸胳膊等都是不错的选择。
爬楼梯	这个方法对于平时根本没有时间去户外运动的人来说比较有效。如果楼道空气好，去办公室或者回家时尽量选择爬楼梯而不是乘电梯。

同时要注意，健康的运动重点在于适量和坚持，而不是长时间不运动，然后突然进行剧烈运动。

方法五：定期检查，防患于未然。

定期进行身体检查更重要，它是身体健康的基本保证。专家指出，定期进行体检可以及时防治疾病，可谓花小钱省大钱，是健康投资的最佳方式。通过身体检查，使大家经常了解自己的身体状况，做到无病报平安、有病早治疗，始终使自己的身体处在健康状态。

生命如花，需要呵护。请记住，聪明的人主动健康，投资健康，健康得到增值；明白的人关注健康，储蓄健康，健康得到保值；无知的人漠视健康，随心所欲，健康就会贬值；糊涂的人透支健康，提前死亡，生命一无所有。希望人人都能好好重视健康，管理健康，活出精彩的人生！

练一练

一、案例题

1. 老李最近做了支架手术，但朋友去探望时并没有在病房找到他。

“请放心，我心态好，不把自己当个病人。”电话里，他反过来宽慰朋友，还论证说：“心态好最重要。所以手术第二天我就出门逛去了，谁也看不出我有什么病。医生让我不抽烟不喝酒，我一切照旧。没有什么了不起的，我相信我能承受一切！”

问题：良好的心态有利于健康，老李的心态到底好不好呢？

2. 45 岁的王女士在某大医院工作。从医二十多年，她亲眼目睹了许多人痛苦地离开了这个世界，她颇为感触地说：“很多人不是死于疾病，而是死于无知！”可她却偏偏摊上了这样一个丈夫，近两三年来每天都有应酬，每天都喝酒，而且从来没在午夜前回过家，身体每况愈下，但就是不肯上医院。王女士不止一次地说：“求求你去做一次体检吧！”可丈夫却说：“我又没什么大毛病，你老让我上医院干什么！要听你们大夫说的那些，我还谈不谈生意了，还挣不挣钱了……”一段时间，让丈夫做体检成了王女士的心病。直到有一天她的丈夫在因血压过高、饮酒过量导致脑溢血住进医院时，才后悔当初怎么不早点去医院。

问题：王女士丈夫的生活方式有哪些需要改进？

3. 美玉很注意饮食，她听说长期吃高脂肪类食物易得心脑血管疾病，于是就开始戒肉；听说吃鱼对记忆力很好，就经常吃鱼。她让自己的孩子也坚持这样的饮食。可是最近医生告诉她孩子的生长发育比同龄人要慢，她觉得很担心，但不知道是什么原因。

问题：你觉得美玉的饮食观是否影响了她孩子的成长呢？

4. 30 岁出头的高先生是一名企业中层管理人员，经常要陪客户应酬、喝酒、联络感情。开头几年他没感觉不适，可是最近发觉自己的颈椎一低头就痛，严重影响了工作；视力也大大减退，看电脑、文件，眼前忽然一片雾蒙蒙的，闭眼好一阵子才会好转；他家住五楼，以前一直是二级并成一级跨步上楼，现在一级一级地走到三楼就上气不接下气。直到他参加了员工体检后才知道，这一切都是疲劳过度引起的，是严重的亚健康状态，再不注意劳逸结合，离生大病就不远了。

问题：你从该案例中得到哪些启发？

二、问答题

对于下面的观点你有什么看法：

1. 海鲜，高蛋白，低脂肪，多吃无妨。
2. 睡觉是美肤的通用法宝，睡睡懒觉无所谓。
3. 去健身房里流汗，就是提高生命质量。

4. 抽烟、喝酒、上网、泡吧是时尚的生活方式。

5. 天气热，还是长期呆在空调房里舒服。

三、实践题

你有不良的生活习惯吗？你有保健观念误区吗？你是否能恰当排遣自身的压力呢？如果学完健康管理的内容让你有所警醒和反思的话，那么赶紧行动吧！

悟一悟

学习心得：____

____

参 考 文 献

1. （英）达纳·佐哈、（英）伊恩·马歇尔著，王毅、兆平译：《灵商：人的终极智力》，上海人民出版社 2001 年版。

2. 瞿文明著：《态度决定命运》，黑龙江科学技术出版社 2008 年版。

3. 李正堂编著：《哲理故事三百篇》，内蒙古人民出版社 2009 年版。

4. 薛灿宏著：《执掌团队》，经济日报出版社 2009 年版。

5. 冯付凯编著：《狼性团队》，东方出版社 2006 年版。

6. （美）史蒂夫·布赫，托马斯·罗夫著，刘建其译：《高效团队入门必读》，汕头大学出版社 2008 年版。

7. 张治国：《成就领袖企业的 36 个法则：蒙牛方法论》，北京大学出版社 2008 年版。

8. 汪中求著：《细节决定成败》，新华出版社 2004 年版。

9. Karen Holems 著，天向互动教育中心译：《个人与团队管理》，中央广播电视大学出版社 2008 年版。

10. 宿春礼、周韶梅：《责任胜于能力》，石油工业出版社 2007 年版。

11. Don Maruska 著，李健译：*How Great Decisions Are MadeL*，McGraw – Hiu Education (Asia) 2004 年版。

12. 姚裕群：《团队建设与管理》，首都经济贸易大学出版社 2006 年版。

13. 黄荣华、梁立邦著：《人本教练模式》，中国社会科学出版社 2007 年版。

14. 唐渊著：《教练——教练型管理者实战操作指南》，经济管理出版社 2007 年版。

15. （美）罗宾等著，大卫编：《引爆潜能——唤醒你心中沉睡的巨人！》，企业管理出版社 2006 年版。

16. 憨氏主编：《职业形象培训课》，内蒙古文化出版社 2005 年版。

17. 李光伟著：《时间管理的艺术》，甘肃人民出版社 1987 年版。

18. 李践著：《假如今天是我生命中的最后一天》，南方日报出版社 2005 年版。

19. 苏西·高德生著：《身体圣经》，长江文艺出版社 2007 年版。

20. 徐捷著：《有什么别有病》，人民军医出版社 2007 年版。

21. 李鸿鹄著：《年龄再造——生命加减法的诞生》，同济大学出版社 2007 年版。

22. 孙健敏：《组织行为学》，复旦大学出版社 2005 年版。

23. 刘迎泽编著：《人际心理学》，海潮出版社 2009 年版。

24. 广东省财政职业技术学校 0512 班林小妮，指导老师易轶：《Design the Future Start from Today》，2007 年全国一等奖获奖作品。

25. 小故事网 http://www.xiaogushi.com/。

26. 中国项目管理资源网 http://www.leadge.com/。
27. 王宇诚潜能训练官方网——肯定教育训练机构，http://www.wangyucheng.com/。
28. 小故事大智慧 www.ibook8.com。
29. 中华励志网 http://www.zhlzw.com。
30. http://blog.csdn.net/ichaos/archive/2008/01/26/2067379.aspx。
31. http://www.mie168.com/marketing/2006-09/177915.htm。
32. http://www.chinaceot.com/article/detail/41006_1-3.htm。
33. 百度百科 http://baike.baidu.com/。